普通高等
教育教材

U0663814

课程思政案例精选

生物分册

万永坤　叶长兵　娄灯吉　编著

化学工业出版社

·北京·

内容简介

《课程思政案例精选 生物分册》为"课程思政案例精选"的一个分册。本套图书秉承"讲好科学故事，弘扬科学家精神"理念，旨在为广大教育工作者提供丰富而生动的教学素材，以促进学科知识与思政教育的有机融合，培养既有扎实专业素养，又具备高尚道德品质和强烈社会责任感的新一代人才。本分册主要包括生物类案例 25 个，每个案例都包含了案例故事和课程思政分析两大部分。

本书可供高等学校生物及化学化工等相关专业教师教学参考，也可作为学生入学教育、通识课程教材，还可作为青少年科普读物。

图书在版编目(CIP)数据

课程思政案例精选. 生物分册 / 万永坤，叶长兵，娄灯吉编著. -- 北京 ： 化学工业出版社，2025. 8.
ISBN 978-7-122-48372-0

Ⅰ. G641；Q-4

中国国家版本馆 CIP 数据核字第 20251KM248 号

责任编辑：丁建华
文字编辑：武一帆　师明远
责任校对：杜杏然
装帧设计：刘丽华

出版发行：化学工业出版社
　　　　　（北京市东城区青年湖南街 13 号　邮政编码 100011）
印　　装：北京天宇星印刷厂
787mm×1092mm　1/16　印张 10¼　字数 224 千字
2025 年 8 月北京第 1 版第 1 次印刷

购书咨询：010-64518888
售后服务：010-64518899
网　　址：http://www.cip.com.cn
凡购买本书，如有缺损质量问题，本社销售中心负责调换。

定　　价：49.00 元

编 委 会

主 任：万永坤　叶长兵　娄灯吉

编 委：曾艳萍　李艳萍　石贵明

前言

——探索科学与人文的水乳交融

在科学技术飞速发展的当今时代，化学、环境与生物等学科领域的研究不断取得突破，为人类应对诸多全球性挑战提供了有力的支撑。然而，科学知识的传授不应仅仅局限于技术和理论层面，更应关注其背后所蕴含的人文价值、社会责任以及道德伦理考量。正因如此，课程思政在化学、环境与生物类专业教育中的有机融入显得尤为重要。

本套案例精选的编纂秉承"讲好科学故事，弘扬科学家精神"理念，旨在为广大教育工作者提供丰富而生动的教学素材，以促进学科知识与思政教育的有机融合，培养既有扎实专业素养，又具备高尚道德品质和强烈社会责任感的新一代人才。

化学作为一门研究物质的组成、结构、性质及变化规律的学科，其发展深刻地影响着人类的生活。从新材料的研发到药物的合成，从能源的利用到环境保护，化学无处不在。然而，化学的应用也带来了一些挑战，比如化学品的安全使用、环境污染等问题。在化学类专业课程中融入思政元素能够引导学生正确看待化学的两面性，培养他们的科学精神和创新意识，同时也能让他们意识到科学家在推动社会发展的过程中所肩负的责任。例如，在讲解化学反应原理时，可以引入工业生产中的节能减排案例，让学生了解如何通过优化反应条件，提高能源利用率，减少废弃物排放，从而实现可持续发展。这不仅能让学生掌握专业知识，还能培养他们的环保意识和社会责任感。又如，在介绍化学实验方法时，强调实验数据的真实性和准确性，可以培养学生严谨的治学态度和诚实守信的品质。

环境科学是研究人类与环境相互关系的学科，其目标是寻求人类社会与自然环境的和谐共生。当前，全球面临着气候变化、生物多样性丧失、环境污染等严峻的环境问题，这些问题不仅威胁着人类的生存与发展，也考验着人类的智慧和担当。在环境科学类专业课程中融入思政元素可以让学生深刻认识到环境问题的紧迫性和复杂性，激发他们为保护环境贡献力量的决心。例如，通过讲述一些环境污染事件，比如日本水俣病事件、英国伦敦烟雾事件等，让学生了解环境污染对人类健康和生态系统造成的巨大危害，从而增强他们的环保意识和法治观念。同时还可以引导学生关注环境政策的制定和执行，培养他们的公共参与意识和社会责任感。

生物学是研究生命现象和生命活动规律的学科，它为人类认识自身、理解生命奥秘、解决健康问题等提供了重要的理论基础。在生物类专业课程中融入思政元素能够让学生更好地理解生命的意义和价值，培养他们尊重生命、关爱自然的情怀。比如，在讲解生物进化理论时可以引导学生思考生命的多样性和适应性，让他们认识到生物与环境相互依存、相互影响的关系，从而树立人与自然和谐相处的理念。在介绍生物技术的应用时可以探讨基因编辑、克隆技术等带来的伦理问题，培养学生的伦理意识和道德判断能力。

作为玉溪师范学院的一个二级学院，化学生物与环境学院为贯彻落实立德树人的根本任务，在全校率先制定并出台《化学生物与环境学院课程思政实施细则》（玉师院化生环〔2021〕14 号），明确党委书记和院长为第一责任人，党建引领推动、保驾护航，把立德树人成效作为检验学院一切工作的根本标准；遵循"全员育人、全过程育人、全方位育人、全课程育人"理念（即"四全育人"理念），大力实施德融课堂，落实、推进课程思政建设与党支部建设同步、与学科专业建设同步、与思政课程同步的"三同步"机制，构建全面覆盖、类型丰富、层次递进、相互支撑的"1+1+X"理工农学类专业课程思政体系；聚焦"讲好科学故事，弘扬科学家精神"，推进课程思政进科研、进课堂、进教材、进实践、进头脑，锚定培养学生爱国、敬业、诚信、友善的个人品质，促进学生的全面发展、成长成才，产出了一批标志性成果，取得了显著的育人成效，积累了一些可推广的经验和做法。

这套课程思政案例精选中的每一个案例故事都是地方高校教育工作者们精心挑选和设计的成果。它们从不同的角度展现了化学、环境与生物类专业课程和思政教育的融合方式，具有较强的针对性和可操作性。我们希望这些案例能够为广大教师提供有益的参考和启示，让他们在教学过程中能够更加自然、有效地将思政教育融入专业课程，实现知识传授与价值引领的有机统一。同时，我们也希望学生们能够通过阅读这些案例感受到科学魅力和人文关怀，树立正确的世界观、人生观和价值观，在追求科学真理的道路上始终保持对人类社会和自然环境的敬畏之心，以所学知识为社会发展和进步贡献自己的力量。

课程思政是一项长期而系统的工程，需要教育工作者们不断探索和创新。我们相信，随着课程思政理念的持续深入和实践的不断推进，化学、环境与生物类专业教育将焕发出新的活力，培养出更多德才兼备的优秀人才，为解决人类面临的重大挑战、实现可持续发展目标做出更大的贡献。让我们共同翻开这套案例精选，开启一段充满探索与思考的高等教育之旅，在科学与人文的交融中培育出更加绚烂的智慧之花！

在本套案例精选得以问世之时，谨向化学、环境与生物类专业课程思政教育教学领域的同仁们致以深深的谢意。感谢你们的不懈探索，正是你们的努力、创新和无私分享为我们提供了丰富的思路和宝贵的经验，激发了我们对课程思政更深层次的思考，拓展了教育教学的视野。我们深知，在推动课程思政教育教学发展的道路上离不开每一位同仁的智慧与付出。愿我们继续携手共进，为培养更多具有高尚品德和扎实专业素养的人才贡献力量！

编著者
2025 年 3 月于云南玉溪

目录

案例1

李时珍《本草纲目》背后的科学精神

李时珍（1518 年 7 月 3 日—1593 年），字东璧，晚年自号濒湖山人，湖北蕲州（今湖北省蕲春县）人，明代著名医药学家；著有《本草纲目》《奇经八脉考》《濒湖脉学》等，被后世尊为"药圣"。1982 年，李时珍墓被国务院列为第二批"全国重点文物保护单位"。

一、学术地位：开启发现之旅

《本草纲目》是李时珍历时 27 年编纂而成的，收录了 1892 种药物，按自然属性分为 16 部 60 类，对植物形态、生态、药用价值进行了系统描述。它的分类方法早于西方林奈的植物分类系统近 200 年，为古代生物学研究提供了重要范式。

《本草纲目》初稿完成于 1578 年（明朝万历六年），其分类体系在书中首次系统呈现，而林奈的植物分类系统以 1735 年出版的《自然系统》（*Systema Naturae*）为标志（该书首次提出基于雄蕊特征的 24 纲分类法，奠定了现代生物分类学的基础），两者时间差为 157 年。

二、少年立志：种下探索种子

1518 年，李时珍出生在一个医药世家。父亲李言闻是当地有名的医生。李时珍从小就观察父亲为病人诊断开方，目睹了药物在治疗疾病中的神奇作用，对医药产生了浓厚的兴趣。他常常跟着父亲上山采药，观察各种植物的形态和生长环境，父亲也会耐心地给他讲解每种草药的功效和用法。

然而，在当时的封建社会，科举考试是读书人出人头地的主要途径，父亲希望李时珍能通过科举考试走上仕途。李时珍虽然努力学习八股文，但对医药的热爱始终无法割舍。在参加科举考试多次失利后，他毅然决定放弃科举，跟随父亲专心学习医学，立志要在医药领域做出一番成就。"父亲，我觉得研究药物、治疗病人同样能为百姓造福，这也是一种伟大的事业。"李时珍坚定地对父亲说。父亲看着他眼中的热忱，最终同意了他的选择。从此李时珍踏上了医药研究的道路，这一选择也为后来《本草纲目》的诞生埋下了种子。

三、质疑传统：踏上编纂之路

在跟随父亲行医的过程中，李时珍发现古代的医书存在许多错误和遗漏。有些药物的分类混乱，有些药物的功效描述不准确，甚至有些药物的名称和实际形态不符，这给临床用药带来了很大的不便。"如果按照这些错误的记载用药，不仅治不好病，还可能危害病人的健康。"李时珍担忧地想。于是，他萌生了重新编纂一部药物学著作的想法。当时，已经有许多经典的药物学著作，例如《神农本草经》《唐本草》等，但李时珍并没有盲目崇拜这些权威，而是以科学的态度对它们进行了审视。他认为，随着时间的推移，人们对药物的认识应该不断更新和完善，不能一味地遵循旧有的记载。

为了实现这个目标，李时珍开始了漫长而艰苦的准备工作。他不仅广泛阅读了大量的古今医书、本草文献，还深入民间向农民、渔民、樵夫、药农等请教，收集民间的用药经验。他发现，民间有许多独特的药物和治疗方法，这些都是宝贵的财富，却没有被收录到现有的医书中。同时，他还注意到，不同地区的药物在形态、功效上可能存在差异，需要进行实地考察和验证。在这个过程中，李时珍敢于质疑传统权威，不迷信书本，这种创新精神正是科学研究所需要的重要品质。

四、实地考察：践行严谨态度

从 1552 年开始，李时珍带着弟子庞宪、儿子李建元等人踏上了实地考察的征程。他们不畏艰险，走遍了湖北、湖南、江西、安徽、江苏、河南、河北等广大地区，登上了武当山、庐山、茅山、牛首山等名山。每到一处，他们都会仔细观察当地的植物、动物和矿物，详细记录它们的形态特征、生长环境、生活习性和药用价值。

在考察过程中，李时珍坚持亲自采集标本，亲自品尝药物，以确定药物的性味和功效。有一次，他在山上看到一种形状奇特的植物，当地的药农说这种植物叫作曼陀罗，具有麻醉和止痛的作用。为了验证这一说法，李时珍亲自尝试了这种植物，结果很快就感到头晕目眩、昏昏欲睡。通过亲身体验，他确定了曼陀罗的麻醉功效，并详细记录了它的用法和用量。"只有亲自尝试，才能准确了解药物的特性，不能仅凭别人的描述就下结论。"李时珍对弟子们说。还有一次，他们在河边看到一种水生植物，当地人称它为菖蒲，但对于它的分类和功效，不同的医书有不同的记载。李时珍仔细观察了这种植物的根、茎、叶的形态，发现它与其他类似植物存在明显的区别。他还观察了它在水中的生长环境和繁殖方式，经过长时间的研究，最终确定了它的正确分类和药用价值。在实地考察中，李时珍以严谨的态度对待每一种药物，不放过任何一个细节，这种治学精神正是生物科学研究的基础。

五、历时二十七载：彰显持之以恒

编纂《本草纲目》的过程并非一帆风顺，李时珍遇到了无数的困难和挫折。在野外考察时，他们常常面临恶劣的自然环境，有时会遭遇狂风暴雨、山洪暴发，有时会遇到毒蛇猛兽的袭击。在整理资料时，李时珍需要对大量的信息进行筛选、分类和归纳，这是一项极其烦琐和耗时的工作。而且，由于当时的印刷技术有限，出版这部著作也面临着很大的困难。

但李时珍从未放弃，他始终保持着坚定的信念和顽强的毅力。白天，他在野外考察、采集标本；晚上，他在油灯下整理资料、撰写书稿。经过 27 年的不懈努力，终于在 1578 年完成了《本草纲目》的初稿。之后，他又对书稿进行了多次修改和完善，直到 1593 年去世前仍在对这部著作进行最后的修订。"这部书凝聚了我一生的心血，我希望它能为后人的医药研究和临床治疗提供帮助。"李时珍临终前说。

六、文化自信：东方药物巨典的光芒

《本草纲目》出版后很快就在国内外产生了广泛的影响。它不仅是一部药物学专著，更是一部生物学巨著。在植物分类方面，李时珍按照植物的自然属性进行分类，将植物分为草部、谷部、菜部、果部、木部等 16 部，每部又分为若干类，里面详细描述了植物的形态、生态、药用价值等方面的内容，为后人研究植物的进化、生态和药用价值提供了宝贵的资料。同时，《本草纲目》中还收录了许多动物、矿物等方面的内容，对整个自然界的生物进行了系统的分类和描述。

在国外，《本草纲目》被翻译成多种文字，传播到日本、朝鲜、欧洲等地，对世界医药学和生物学的发展产生了深远的影响。日本学者称它为"东方医学的百科全书"，欧洲学者也对它赞不绝口。李时珍和他的《本草纲目》向世界展示了我国古代生物学研究的辉煌成就，让我们为自己的传统文化感到自豪。

📚 **教学分析** •••

一、课程思政要素挖掘

1. 科学探究精神

《本草纲目》的编纂历时 27 年，李时珍通过实地考察、亲自采药、尝试药材、走访民间等方式纠正了历代本草书籍中的错误，体现了求真务实、严谨治学的科学态度。这种精神可引导学生确立科学的研究方法，培养敢于质疑、勇于探索的创新意识。

2. 文化自信与家国情怀

作为中国古代医学的集大成之作，《本草纲目》不仅系统总结了 16 世纪以前的中国药物学知识，更展现了中华传统医药文化的博大精深。其内容涵盖植物、动物、矿物等多个领域，是中华文化"天人合一"思想的生动体现。通过学习，学生能够深刻理解中华优秀传统文化的价值，增强文化认同感和民族自豪感，激发传承和弘扬中医药文化的使命感。

3. 社会责任与人文关怀

李时珍编纂《本草纲目》的初衷是"疗民之疾"，他关注民生疾苦，以救死扶伤为己任。这种济世救人的责任担当和以人为本的人文精神可引导学生树立正确的价值观，培养社会责任感和职业道德，尤其是在医学、药学等专业中强化"健康所系，性命相托"的职业信念。

4. 坚韧不拔的意志品质

面对资源匮乏、交通不便、知识局限等重重困难，李时珍坚持完成巨著，体现了锲而不舍、攻坚克难的意志品质。这种精神可激励学生在学习和科研中不畏困难，保持专注与毅力，培养积极向上的人生态度。

二、融入教育教学的方法

1. 案例教学法

引入经典故事：讲述李时珍重修本草的背景（例如旧本草有错误导致用药风险）、实地考察的艰辛（比如翻山越岭采集药材，向药农、渔民请教），分析其科学决策与人文情怀。

结合现代案例：将《本草纲目》中的研究方法与现代科研热点（比如青蒿素提取、中药现代化）对比，引导学生思考科学精神的延续与创新。

2. 情境体验与实践教学

模拟科研过程：组织学生开展"校园本草调查"活动，学习标本制作、文献查阅、数据记录，体会科学研究的严谨性。

文化实践活动：通过参观中医药博物馆、参与传统制药技艺体验（例如炮制、制剂）感受中医药文化魅力，增强文化自信。

3. 跨学科融合教学

结合历史与哲学：探讨《本草纲目》成书的时代背景，分析"格物致知""知行合一"等哲学思想对李时珍研究的影响。

融入思政课堂：在"思想道德与法治"课程中以李时珍的社会责任为切入点，讨论当代青年的使命担当；在"中国近现代史纲要"中对比近代西方医学传入后中医药的发展，强化文化自信。

4. 多媒体与数字化资源

影视素材辅助：播放《本草中国》《典籍里的中国》等纪录片片段，直观展现《本草纲目》的科学价值与人文内涵。

虚拟仿真实验：利用虚拟技术模拟古代采药、辨药场景，增强学生对传统医药知识的理解，同时感受科研的不易。

三、教育教学效果评估

1. 过程性评价

课堂表现：观察学生在案例讨论、小组合作中的参与度，评估其对科学精神、社会责任等思政要素的理解与表达能力。

实践任务：通过实验报告、调研报告、文化作品（如手绘本草图鉴），考查学生是否将科学精神转化为实际行动。

2. 成果性评价

知识测试：在课程考核中设置开放性题目，如"结合《本草纲目》谈谈科学精神对当代科研的启示"，评估学生的理论联系实际的能力。

作品展示与答辩：要求学生围绕《本草纲目》完成创新项目（例如传统药方改良、中医药科普设计），从科学性、创新性、人文性等维度进行综合评价。

3. 总结性评价

问卷调查：收集学生对课程思政融入效果的主观评价，了解其对科学精神、文化自信等要素的认同度变化。

行为观察：通过跟踪学生在后续学习、科研、社会实践中的表现，评估课程思政对其价值观和职业素养的长期影响。

通过系统挖掘"李时珍《本草纲目》背后的科学精神"中的课程思政要素，采用多样化的教学方法并结合科学的评估体系，可有效地将科学精神、文化自信、社会责任等价值观念融入教育教学，实现知识传授与价值引领的有机统一。

📁 **参考文献** ●───────────────────────────────────

[1] 王彦芹，艾尼瓦尔·吐米尔，朱新霞，等. 生物科学类专业课程思政案例集 [M]. 北京：中国农业科学技术出版社，2023.

[2] 杜震宇. 生物学科课程思政教学指南 [M]. 上海：华东师范大学出版社，2020.

[3] 《植物保护专业课程思政案例库》编委会. 植物保护专业课程思政案例库 [M]. 重庆：西南大学出版社，2022.

案例2

中国动物遗传学的奠基人陈桢

陈桢（1894年2月8日—1957年11月15日），字席山，后改为协三，江西省铅山县人，动物学家、遗传学家、教育家、中国科学院学部委员（即院士），中国动物遗传学的创始人和动物行为学、生物学史研究的开拓者。陈桢在金鱼遗传、蚂蚁行为和生物学史研究上均获重要成果，20世纪30年代所编著的《复兴高级中学教科书·生物学》影响数代人，对我国生物学人才培养和中学生物学教学做出了重要贡献。

一、少年求知：从江西小镇到国际遗传学舞台

陈桢生于江苏省邗江区瓜洲镇的一个普通家庭，幼年在江苏读书。他自幼便对自然界的生灵万物充满好奇，展现出对知识的强烈渴望和学习天赋。年少时期，陈桢不仅在学业上成绩优异，还养成了善于观察、勤于思考的习惯，这些特质为他日后在科学研究道路上的探索奠定了基础。1912年，陈桢改入江西省铅山县籍，年末参加江西省公费生考试，初试、复试皆名列榜首。1913年公费进入上海中国公学大学部预科学习，1914年毕业，同年9月考入金陵大学农林科；1918年毕业，获农学学士学位，留校任育种学助教。1919年考取清华学校，公费赴美留学，入康奈尔大学预科。1920年入哥伦比亚大学研究生院，学习细胞学，聆听国际遗传学家T. H. Morgan（摩尔根）的遗传学课程，1921年获哥伦比亚大学理学硕士学位，毕业后随摩尔根专修遗传学理论，成为摩尔根实验室的第一个中国留学生。1922年秋回国，任东南大学生物系教授。1929—1937年，任清华大学生物系教授兼系主任。其中1934年赴欧洲考察，在德国和法国进行学术交流，1935年夏回国。1937年抗日战争全面爆发后，随清华大学南迁至长沙，任教于临时大学。1938年回北平，为避开日方监视，举家转道香港迁往云南，任教于西南联合大学。1940—1955年间，他先后被聘为清华大学生物系主任、北平研究院动物学研究所通信研究员等职，1955年当选为中国科学院生物地学部学部委员。1957年，中国科学院动物研究室扩充为动物研究所，陈桢任所长。

二、金鱼遗传的开创者：四十年耕耘与科学突破

陈桢从事生物学教学和研究40年，是中国现代遗传学的重要开拓者之一，对于现代

遗传学理论在中国的传播和生物学、遗传学人才的培养都做出了重大贡献。陈桢的生物学、遗传学研究主要涉及三个领域：金鱼的变异、演化和遗传；动物的社会行为；生物学史。在金鱼的变异、演化和遗传方面，他认为中国特产的金鱼作为研究生物遗传和变异的实验材料具有很多突出的优点，故而进行了长达 30 年的系统研究，提出了世界各地的金鱼最初都来源于中国的观点。陈桢进行了十余年的金鱼杂交实验，研究了金鱼的外形变异和金鱼的胚胎发育，第一次在鱼类中证实了孟德尔式的遗传，在国际上第一次用金鱼证实了基因的多效性和不完全显性遗传。在动物的社会行为研究方面，他对蚂蚁的社会生活对其筑巢行为的影响进行了深入研究，为我国的动物行为学开拓了新的研究领域。在生物学史研究方面，他是我国生物学史的主要创始人，认为在对动植物、生物变异、生物和环境的关系、生物种间关系、鸟兽同穴和化石的认识等方面，中国从 3000 年前到 16 世纪的生物科学领先于西方。

1921 年，陈桢在摩尔根的指导下学习遗传学，掌握了杂交实验与细胞学研究相结合的方法。归国后，他首先想到的是要用中国所特有的材料进行遗传学研究，进行创新。经过观察与试验，他发现金鱼不仅外形变异明显、品种众多、易于繁育，而且是体外受精，它的卵适合于进行实验胚胎学研究。因此，他选用金鱼作实验材料，试图将杂交实验和细胞学、胚胎学、统计学方法联合应用，以探讨遗传学上的一些重要问题。1925 年，他首先发表了《金鱼外形的变异》的著名论文。该文就金鱼的体形、体长、体高、背鳍、胸鳍、腹鳍、臀鳍、尾鳍、头形、鳃盖、眼、鼻隔、鳞片、体色等记录了各种变异，并用进化论的观点论证了金鱼起源于野生的鲫鱼。在鲫鱼形成金鱼各个品种的过程中，杂交和选择具有重要作用。但是，诸如残缺背鳍、无臀鳍、双臀鳍、龙睛等性状则可能来源于突变。1928 年，他又发表了《透明和五花，金鱼中第一例孟德尔式遗传》一文，用充分的杂交数据证明透明鳞取决于纯合的突变基因型，正常鳞取决于纯合的隐性基因型，五花鱼则有杂合的基因型。因此，这是在鱼类上第一个典型的"不完全显性遗传"的实例。该文的发表震动了生物界。当时国内外不少科学家对于孟德尔定律是否适用于鱼类都抱有怀疑态度，陈桢的这一突破性成果以确凿的证据征服了所有的生物学家。美国和日本的科学家都认为，他是鱼类遗传学研究的先驱。此后，在我国的遗传学教科书中，都引用"透明和五花"作为不完全显性遗传的实例。1934 年，陈桢又发表了《金鱼蓝色和紫色的遗传》一文，证明金鱼的蓝色取决于一对纯合的隐性基因，紫色取决于四对纯合的隐性基因；经杂交产生的五对基因的隐性纯合体则有蓝紫色，而且是一个不再分离的品种。陈桢在几十年里对金鱼遗传所进行的系统性、开拓性的研究工作使人们对金鱼的变异、遗传和进化有了深入的了解，因而他被誉为"金鱼博士"。同时，他严谨、创新的治学精神和方法也为后人树立了榜样。

作为生物学史研究的开拓者，陈桢在对金鱼的遗传做了系统研究的基础上查阅了大量古籍，对金鱼的起源和品种形成历史用全新的观点进行了探讨。1954 年，他发表了《金鱼家化史与品种形成的因素》的论文，用确凿的资料证明金鱼起源于中国。演化的过程大体是：最初，浙江杭州、嘉兴等地野生的鲫鱼中产生了红黄色变异体，称为金鲫鱼，之后经过半家化、家化、盆养、有意识选择等四个时期的演变才形成众多的品种。在这篇论文的总结中，陈桢提出生活条件的改变和人工选择是金鱼品种形成的主要因素，仅用突变不能说明上述不同家化历史过程中品种形成的不同速度。这样，陈桢认为金鱼的品种形成不是通过突变的形式，而是一个渐进的进化过程。陈桢不仅论证了金鱼起源于中国的野生鲫鱼，还指出世界各地的金鱼都是在不同历史时期由中国输出的，最先于 1502 年传到日本，17世纪末已传到欧洲大陆和英国，1874 年传入美国。这篇论文是有关金鱼演化的一篇重要文章，曾被我国进化论教材普遍引用。

三、育才树人：教科书与学科体系的奠基

在 20 世纪 20 年代，我国中学开始设立生物学课程，但是由于缺少教材影响了教学质量。陈桢认识到，想要培养生物学人才，必须从提高中学生物学教学质量入手。为此，他利用假期搜集资料、潜心编著，终于完成《复兴高级中学教科书·生物学》的全稿。1933 年该书由上海商务印书馆出版发行，发行后风靡全国，20 多年总共出版了 159 版，成为公认的通用中学生物学教科书。这本教科书不仅在国内普遍采用，而且也流行于马来西亚、新加坡、泰国、印度尼西亚等地的华侨学校，波及东南亚一带，影响深远。

陈桢在从事科研的同时注重人才的引进和培养，在任清华大学生物系主任期间聘请了一批著名教授任教，安排每周学术报告，使清华大学生物系形成了良好的学术氛围，培养出一批国际知名的生物学人才。

陈桢这位中国动物遗传学的创始人以其卓越的成就和不懈的探索在生命科学领域留下了浓墨重彩的一笔，对中国生物学的发展产生了深远影响。他的科学成就不仅推动了中国动物遗传学的发展，也为中国生物学教育、科研机构建设和科普事业做出了巨大贡献。

📚 教学分析 ●···

一、课程思政要素挖掘

1. 爱国主义精神与家国情怀

陈桢生活于动荡年代，面对国外优厚的科研条件和待遇毅然选择回到百废待兴的祖国。在当时科研资源匮乏、环境艰苦的情况下，他投身于祖国动物遗传学研究与教育事业，以发展祖国遗传学、提升国家科研实力为己任。这种将个人命运与国家命运紧密相连、为国家科研事业无私奉献的精神，是培养学生爱国主义情怀和家国担当的生动素材。通过讲述陈桢的归国历程和奋斗故事，引导学生树立为国家科技发展贡献力量的远大理想。

2. 科学精神与创新意识

陈桢在动物遗传研究中不断探索创新。他通过长期对金鱼遗传现象的系统观察和实验研究，揭示了金鱼形态变异与遗传规律，提出独特的遗传学理论，打破了当时国际上对遗传学研究的固有认知。他在研究过程中展现出的敢于质疑、勇于探索、严谨治学的科学精神，以及不断突破传统思维、开拓新研究方向的创新意识，对于培养学生的科

研素养和创新能力具有重要的示范作用，能够激励学生在学习和研究中保持好奇心与探索欲，大胆创新。

3. 敬业奉献与责任担当

陈桢一生致力于遗传学教育事业，为中国培养了大批遗传学领域的优秀人才。他精心备课、耐心指导学生，即使在生活困难、科研条件艰苦的时期也从未放弃对教育工作的执着。他将全部精力投入学科建设和人才培养中，这种敬业奉献的精神和对教育事业高度的责任担当有助于培养学生对专业的热爱和责任感，让学生明白自己作为未来科研工作者和专业人才的使命与担当。

4. 文化自信与学科传承

陈桢对金鱼遗传的研究将中国传统观赏文化与现代遗传学相结合，挖掘出中国传统文化中蕴含的科学价值，向世界展示了中国文化与科学的魅力。这体现了对中国传统文化的尊重与传承，以及在此基础上发展学科的创新实践，也可以引导学生认识到中国传统文化中丰富的科学内涵，增强文化自信，同时激励学生在学科学习中注重传承与创新，将中国特色融入专业发展。

二、融入教育教学的方法

1. 课堂讲授融入法

在遗传学课程相关理论知识讲解中适时引入陈桢的故事和科研成果。例如，在讲解遗传规律时，通过讲述陈桢对金鱼的研究进而发现遗传规律的过程，将理论知识与科学家的研究实践相结合。这不仅让学生更直观地理解抽象的遗传学概念，还能在故事讲述中自然地渗透陈桢的科学精神、爱国情怀等思政要素，使学生在学习专业知识的同时，受到精神的感染和熏陶。

2. 专题研讨与案例分析

组织学生开展以"陈桢与中国动物遗传学发展"为主题的专题研讨活动。提供陈桢的科研论文、生平传记等资料，让学生分组进行深入研究和讨论。在研讨过程中引导学生分析陈桢在科研道路上遇到的困难与挑战，以及他的应对策略和取得的成果，探讨其背后所体现的思政精神内涵。通过案例分析培养学生的批判性思维和分析问题的能力，同时深化学生对思政要素的理解和感悟。

3. 实践教学融入法

在遗传学实验课程中以陈桢对金鱼的研究为范例，设计相关实验项目。例如，让学生观察金鱼形态特征的变异，进行简单的遗传杂交实验等，模仿科学家的研究过程。在实验过程中强调严谨的实验态度和团队协作精神，引导学生体会陈桢在科研实践中的敬业精神和科学态度，培养学生的实践能力和科研素养，同时将思政教育融入实践环节。

4. 多媒体资源辅助

利用图片、视频、纪录片等多媒体资源生动展示陈桢的科研场景、生活片段以及他对中国遗传学发展的贡献。例如，播放关于陈桢生平的纪录片片段，让学生更直观地感受科学家的人格魅力和精神品质。此外，还可以制作图文并茂的课件，在课堂上展示他的重要研究成果和相关历史背景，增强教学的感染力和吸引力，激发学生的学习兴趣和情感共鸣。

三、教育教学效果评估

1. 过程性评价

课堂表现：观察学生在课堂上对陈桢相关内容的参与度，包括是否积极思考、主动提问、参与讨论等。通过记录学生的发言次数、质量和观点的独特性，评估学生对思政要素的关注程度和理解程度。

研讨活动：在专题研讨和案例分析活动中评价学生的团队协作能力、资料收集与分析能力、表达能力，以及对思政内涵的挖掘和阐述能力。根据学生在小组讨论中的贡献、汇报展示的效果等方面进行综合评分。

实践报告：分析学生在实践教学中的实验报告，查看学生是否在报告中体现出对科学精神、责任担当等思政要素的理解和运用。例如，是否注重实验数据的真实性、对实验结果的分析是否严谨，以及在实验总结中是否能联系到陈桢先生的精神品质对自己的启发。

2. 总结性评价

考试考核：在课程考试中设置与陈桢相关的思政题目，比如论述陈桢先生的科研精神对现代遗传学研究的启示或结合自身专业谈谈如何传承陈桢先生的家国情怀等。通过学生的答题情况考查学生对思政要素的掌握和运用能力，以及是否能够将思政精神与专业知识进行有机结合。

课程论文：要求学生撰写关于陈桢科研成就与精神品质的课程论文，从论文的选题、内容深度、逻辑结构、创新性和对思政内涵的阐释等方面进行评价。评估学生对陈桢相关知识的理解和研究能力，以及能否通过论文表达自己对思政要素的感悟和思考。

学生反馈调查：通过问卷调查、座谈会等方式收集学生对课程思政融入教学的反馈意见，了解学生对陈桢故事和思政内容的兴趣程度、学习收获，以及对教学方法和效果的满意度。同时，鼓励学生提出改进建议，以便不断优化教学内容和方法，提高课程思政融入教育教学的效果。

总之，通过系统挖掘陈桢事迹中的思政内涵，结合多样化教学方法与科学评估体系，可实现知识传授与价值引领的深度融合，培养兼具专业能力与家国情怀的新时代生命科学人才。

📁 **参考文献** ●···

[1] 王彦芹，艾尼瓦尔·吐米尔，朱新霞，等. 生物科学类专业课程思政案例集 [M]. 北京：中国农业科学技术出版社，2023.

[2] 杜震宇. 生物学科课程思政教学指南 [M]. 上海：华东师范大学出版社，2020.

[3]《植物保护专业课程思政案例库》编委会. 植物保护专业课程思政案例库 [M]. 重庆：西南大学出版社，2022.

案例 3

"沙眼衣原体之父" 汤飞凡

汤飞凡（1897 年 7 月 23 日—1958 年 9 月 30 日），是中国微生物学家，中国科学院院士，中国第一代病毒学家、免疫学奠基人，最早研究菌质体的微生物学家之一、沙眼衣原体的发现人之一，长期从事微生物学、病毒学和免疫学研究，被誉为"中国疫苗之父"。

一、特殊历史时期归国效力贡献卓越

1925 年，汤飞凡获得美国哈佛大学医学院奖学金赴美深造，1929 年回国效力。

20 世纪 20 年代末至 30 年代，汤飞凡和秦瑟利用砂棒滤器、普通离心机等简单设备，用物理方法证明了病毒是可过滤、能离心沉淀、能自我复制、有生命的颗粒，是寄生于细胞内的微生物。他们还研制出第一代微孔滤膜（火棉胶膜），并用它测定出各种病毒的大小。

19 世纪末，微生物学创始人之一、德国医师兼微生物学家罗伯特·科赫（Robert Koch）首先提出沙眼的"细菌病原说"，后来被否定了。1907 年，捷克的哈耳伯斯泰特（Halberstaedter）和 V.普罗瓦克（V. Prowazek）发现沙眼病灶细胞中的包涵体后，很多人试图分离出病原体但都没有成功。20 世纪 20 年代中期，法国的 Nicolle 提出了"病毒病原说"，但未被证实。当时沙眼病在世界范围内肆虐，全世界有 25% 的人患有沙眼，中国沙眼的发病率高达 50%，农村更有"十眼九沙"的说法。1928 年，日本学者野口矢重新提出了"细菌病原说"。20 世纪 30 年代，汤飞凡在上海和中国眼科专家周诚浒合作开展沙眼病原体研究，进行了大量动物实验和自我试验，1933 年以可靠的资料为依据发表了《沙眼杆菌与沙眼之研究》论文，否定了当时由野口矢提出的"沙眼杆菌"发现。以后，马基阿韦洛（Macchiavello，1944）、波莱夫（Poleff，1949）、斯图尔特与巴迪尔（Stewart & Badir，1950）、阿雅克（Arakaw，1951）和科干阿白古（KoganAbyezgouz，1955）等都报道过分离出沙眼病原体，但都未被证实。半个多世纪过去了，沙眼病原体的研究没有取得突破。

汤飞凡在抗战后肩负着组织领导生产或研制血清、疫苗、抗生素的重任，暂时放下了沙眼病原的研究。1938 年，他带领工作人员成功地回收利用废琼脂，采用乙醚处理牛痘苗杂菌改良了马丁氏白喉毒素培养基。1943 年，汤飞凡指导研究人员在发霉的皮鞋上找到了霉菌，利用自己分离的中国菌种生产了中国首批5万单位一瓶的青霉素。解放战争时期，他带领有关人员赶制出10万份牛痘疫苗支援解放区；后来他改进生产方法制出大批优质牛痘疫苗，推动了全国规模的普种牛痘运动。1949年，汤飞凡收到哈佛大学的邀请，让他偕夫人赴美国工作。汤飞凡心动了，他看重的倒不是美国优渥的生活条件，而是优越的研究环境。可临上飞机时汤飞凡改变了主意，他对妻子何琏说："离开自己的国家去寄人篱下，我的精神不愉快。"此后，汤飞凡一直为新中国的建设付出自己的心血。

1950年，察哈尔北部鼠疫流行，汤飞凡带领一个突击小组赶制出中国自己的鼠疫减毒活疫苗。后来，为阻止帝国主义的细菌战，他承担对黄热病疫苗的研制工作，领导易有年等解决了病毒毒力变异问题并制出中国自己的黄热病减毒活疫苗，为1960年天花在中国国内绝迹做出了贡献。1951年，汤飞凡主持制定了中国第一部生物制品规范《生物制品制造检定规程（草案）》，中国从此才有了生物制品质量管理的统一体制。

二、沙眼衣原体的惊世发现

1954年以后，汤飞凡同北京同仁医院眼科张晓楼等合作，恢复了原来的沙眼病原体研究工作。他花3年时间收集了201例沙眼典型病例。汤飞凡能够为世界上沙眼研究翻开历史性的一页，是他优良学风和严谨治学态度的必然结果。汤飞凡善于在纷杂事物中抓住最本质的核心问题。他回顾沙眼病原体研究的几十年历史，终于把目光盯在常规操作中使用的青霉素和链霉素上。多年来，人们在研究沙眼病原体过程中形成的操作常规是，在把沙眼病人的结膜接种到鸡胚上时总要加进青霉素和链霉素。这种常规是根据分离病毒的经验制订的。人们知道病毒对抗生素不敏感，为了控制沙眼病人结膜中夹杂细菌的污染，所以要加进这两种抗生素，借以分别抑制革兰氏阳性和阴性细菌的生长。汤飞凡推测沙眼病原体可能与其他病毒不同，对两种抗生素有敏感性。在接种时加进这两种抗生素，沙眼病原体可能早就被破坏掉了，因而无法进行分离。为了证实这一想法，他和张晓楼分析了国内外使用这两种抗生素治疗沙眼的大量临床资料。结果表明，青霉素可以控制沙眼的发展，而链霉素则基本无效。根据这个事实，汤飞凡和助手黄元桐在接种沙眼病人的结膜到鸡胚上时，把青霉素的用量减少到常规用量的1/5。他们一起经过几百次试验，终于在1955年6月12日采用鸡胚卵黄囊接种和链霉素抑菌的方法分离培养出世界上第一株沙眼病毒"TE8"（T表示沙眼，E表示鸡卵，8是第8次实验）。他将沙眼病毒接种在自己的眼里，结果引起典型的沙眼症状与病变，随后又从自己眼里分离出这株病毒。

据报道，为了证明这真的是沙眼病毒，汤飞凡当时做出了一个令人意外的决定：用自己做实验，将病原体滴入自己眼中！他严肃地对助手说："如果科学研究需要人做实验，研究人员应从自己做起！"要知道，当时没有任何治疗沙眼的药，这样做很可能导致失明，但他还是义无反顾。滴入病原体后，他的眼睛肿得像核桃一样，刺痛、流泪，汤飞凡顶着剧烈的疼痛，40天不做治疗只为收集可靠临床数据。最终，他成功将这株沙眼病毒从眼睛中分离出来，从而结束了长达50多年的争论。人们长期为之困惑的问题说穿了却是那么简单。

1956 年，他在《中华医学杂志》英文版上公开发表分离沙眼病毒成功的报告，随后英国等十几个国家的实验室都确认了汤飞凡的研究成果，得到世界医学界的承认并推动了对鹦鹉热和鼠蹊淋巴肉芽肿病原的研究。正是由于有了病原体可供系统研究，微生物学界才正式确定沙眼与鹦鹉热和鼠蹊淋巴肉芽肿的病原体同属于介于细菌与病毒之间的微生物。汤飞凡是迄今为止世界上发现沙眼重要病原体的第一人，国际上把他分离出的沙眼病原体称为"汤氏病毒"。不久之后，汤飞凡研制出相关疫苗并推广接种，使中国沙眼发病率从 95%降到了 5%。

三、成功分离麻疹病毒，获得国内外认可

汤飞凡随后将研究重点转向当时对儿童的健康和生命威胁极大的麻疹和脊髓灰质炎。1954 年，美国微生物学家 J. F. 恩德斯（J.F. Enders）发表了用组织细胞培养分离麻疹病毒成功的报告。汤飞凡认为这是病毒方法学的一个突破，必须尽快掌握它。1955 年，他就带领闻仲权开始建立了人胚和猴肾细胞的组织培养。1958 年，吴绍元在汤飞凡的指导下分离出中国第一株麻疹病毒 M9。组织细胞培养技术的建立不但使麻疹病毒分离成功，而且为制造脊髓灰质炎和麻疹疫苗奠定了基础。然而，同年一场悲剧降临到了汤飞凡头上。在所谓"拔白旗"运动中，他因故被打成了"白旗"，又被诬陷为"国际间谍""特务"。汤飞凡以死抗争，自缢离世。

汤飞凡去世后，他的研究成果继续在国际、国内传播。1970 年，国际上将沙眼病原体等几种介于细菌与病毒之间、对抗生素敏感的微生物命名为衣原体，从而在微生物分类学中又新增添一个衣原体目，沙眼病原体从"沙眼病毒"正式改名为"沙眼衣原体"，汤飞凡也成为国际公认的"衣原体之父"。1981 年，因为汤飞凡在关于沙眼病原研究和鉴定中的杰出贡献，国际眼科防治组织决定向他颁发沙眼金质奖章。同一年，有关国际组织拟将汤飞凡推荐为诺贝尔奖候选人，但因诺奖不授予去世人员，他失去了问鼎诺奖的宝贵机会。在一次国际眼科学大会上，全场人员为故去的汤飞凡默哀三分钟，向这位伟大科学家致敬。

1979 年，中华人民共和国卫生部为汤飞凡平反昭雪，党和政府为其恢复了名誉。1992年 11 月 22 日，邮电部发行了汤飞凡纪念邮票，以纪念我国这位在全世界范围内最早发现沙眼衣原体的著名科学家，在他肖像左侧就是那枚沙眼金质奖章。

教学分析

一、课程思政要素挖掘

1. 爱国奉献精神

毅然回国：汤飞凡在国外学业有成、前景光明之时毅然放弃优厚条件回到祖国。他怀揣着对祖国的热爱和为国家医学事业贡献力量的决心，投身于艰苦的科研工作中。这

一行为可以激发学生的爱国情怀,教育他们在个人发展与国家利益之间做出正确的选择,为国家的繁荣富强贡献自己的智慧和力量。

攻坚克难:在当时国内科研条件极其简陋的情况下,汤飞凡不畏艰难,带领团队克服重重困难,致力于沙眼衣原体等病原体的研究。他的这种坚韧不拔、勇于担当的精神能够激励学生在面对学习和生活中的困难时不退缩、不放弃,努力拼搏,为实现自己的目标而奋斗。

2. 科学严谨态度

精确实验:汤飞凡在科研工作中始终坚持科学严谨的态度,对实验的每一个环节都严格把控。他通过精心设计实验、反复验证结果确保了研究的准确性和可靠性。这种对科学的敬畏和严谨的治学精神可以培养学生在学习和研究中养成认真负责、一丝不苟的态度,追求真理,不弄虚作假。

创新思维:在沙眼衣原体的研究中,汤飞凡敢于突破传统思维,采用新的技术和方法。他的创新精神鼓励学生在学习中敢于质疑、勇于探索,培养创新意识和创新能力,为推动科学技术的进步贡献力量。

3. 团队合作精神

协作攻关:汤飞凡的科研成果离不开团队的协作。他带领团队成员共同努力、分工合作,发挥各自的优势,攻克了一个又一个科研难题。这一精神可以教育学生认识到团队合作的重要性,学会与他人合作、相互支持、共同进步,培养良好的团队协作能力和沟通能力。

二、融入教育教学的方法

1. 课堂教学

故事讲述:在课堂上讲述汤飞凡的生平事迹和科研成就,让学生了解他的爱国奉献精神、科学严谨态度和团队合作精神。通过生动的故事激发学生的学习兴趣,同时让他们深刻体会到思政要素的内涵。

案例分析:结合汤飞凡的科研案例,分析其中蕴含的思政要素。例如,分析他在沙眼衣原体研究中的实验设计和创新思维,引导学生学习科学严谨的态度和创新精神。

小组讨论:组织学生围绕汤飞凡的精神品质进行小组讨论。可以提出一些问题,比如"汤飞凡的爱国精神对你有什么启发""在团队合作中,我们应该怎么做"等,引导学生积极思考,培养他们的团队协作能力和表达能力。

2. 实验教学

实验规范:在实验教学中,强调实验操作的规范性和严谨性,培养学生的科学态度。可以以汤飞凡的实验为榜样,教育学生认真对待每一个实验环节,确保实验结果的准确性和可靠性。

团队实验:安排学生进行团队实验,让他们在实验中体验团队合作的重要性。通过分工合作、共同完成实验任务,培养学生的团队协作能力和沟通能力。

三、教育教学效果评估

1. 多元化考核

在课程考核中，除了考查学生对专业知识的掌握情况外，还应注重对思政要素的考核。可以采用多元化的考核方式，比如考试、作业、实验报告、课堂表现等，综合评价学生的学习成果。在考核内容中可以设置一些与思政要素相关的问题，比如"谈谈你对汤飞凡爱国奉献精神的理解"等，引导学生关注思政要素，提高他们的综合素质。

2. 反馈与改进

及时向学生反馈考核结果，指出他们在思政方面的优点和不足，引导学生进行自我反思和改进。同时，教师根据学生的反馈意见不断改进教学方法和考核方式，提高教学质量。

总之，将"沙眼衣原体之父"汤飞凡的课程思政要素融入教育教学中可以丰富教学内容，提高学生的学习兴趣和综合素质。通过挖掘和利用汤飞凡的精神品质培养学生的爱国奉献精神、科学严谨态度和团队合作精神，为他们的未来发展奠定坚实的基础。

📁 **参考文献** ●┈┈┈┈┈┈┈┈┈┈┈┈┈┈┈┈┈┈┈┈┈┈┈┈┈┈┈┈┈┈┈┈┈┈┈┈┈

[1] 王彦芹，艾尼瓦尔·吐米尔，朱新霞，等. 生物科学类专业课程思政案例集 [M]. 北京：中国农业科学技术出版社，2023.

中国"克隆之父"童第周

童第周（1902年5月28日—1979年3月30日），浙江鄞县（今浙江省宁波市鄞州区）人，毕业于布鲁塞尔大学，生物学家、教育家、社会活动家，中国科学院院士，中国实验胚胎学的主要创始人、中国海洋科学研究的奠基人，生物科学研究的杰出领导者，开创了中国"克隆"技术之先河，被誉为"中国克隆之父"，曾任山东大学副校长、中国科学院生物学部主任、中国科学院海洋研究所所长、中国科学院副院长等职，并当选为第三届至第五届全国人民代表大会常务委员会委员、第五届全国政协副主席、中国海洋湖沼学会副理事长等。

一、从寒门学子到科学巨匠

童第周出生于一个农民家庭。幼年丧父，家境清贫，靠兄辈抚养。1930年，童第周乘火车从满洲里经苏联到比利时比京大学（今布鲁塞尔大学）留学。1934年，他获布鲁塞尔大学哲学博士学位，后到英国剑桥大学做短期访问，年底不顾日本侵略军即将发动大规模侵华战争的危险，毅然放弃国外可以安心工作和生活的优越条件回到中国，任山东大学生物系教授。1948年，他应美国洛氏基金会邀请到美国耶鲁大学任客座研究员；1949年3月，他拒绝了耶鲁大学的高薪挽留，克服了种种阻力，在迎接新中国成立的隆隆炮声中再次回到了山东大学。

长期以来，童第周一直从事发育生物学的研究。早年，他在脊椎动物、鱼类和两栖动物的卵子发育能力研究方面有过独特的发现；从20世纪50年代开始，他又特别研究了在生物进化中占重要地位的文昌鱼卵子发育规律，为国际上提供了系统的重要文献；晚年，他又和美国坦普恩大学牛满江教授等一起，在生物性状遗传中的细胞核和细胞质相互关系的研究方面取得了创造性的成绩，居于世界先进行列。与此同时，他还在防治海洋有害生物、人工养殖经济水产动物、开拓培育经济鱼类新品种等方面做出了很大的贡献。

二、引领生物科学研究，探索生命本质

1930—1934年，在布鲁塞尔大学布拉舍实验室，童第周在对棕蛙卵子受精面与对称面的关系的研究中证明了对称面不完全决定于受精面，而决定于卵子内部的两侧对称结构状态；在对海鞘早期发育的研究中证明了在受精卵中已经存在着器官形成物质，而且

有了一定的分布，精子的进入对此没有决定性的影响。另外，他观察到内胚层和外胚层似乎有相当的等能性，而且吸附乳头和感觉细胞的形成依赖于外来因素，说明了卵质对个体发育的重要性。这项研究成果具有开创性，使他成为中国实验胚胎学的创始人之一。

20世纪40年代，他在经典胚胎学基础理论研究上取得了很大突破，引起国际瞩目。童第周及其合作者揭示了胚胎发育的极性现象：他们在两栖类胚胎发育的研究中发现纤毛运动方向的决定时间在原肠期和神经板初期，证明外胚层纤毛运动的方向决定于中胚层和内胚层，而且这种感应能力在个体发育中是沿着胚胎的前后轴从头到尾逐渐减弱的，表明了胚胎发育的极性现象。他们还证明这种感应能力是由一种未知的化学物质引起的，这种化学物质通过细胞间的渗透作用诱导了胚胎纤毛的运动方向。童第周对鱼类的胚胎发育能力和细胞遗传的研究也做出了卓越的贡献。他在20世纪40年代开始的实验结果中就证明了在金鱼的卵子中赤道线以下植物性半球的一边，卵子含有一种有关个体形成的物质，它在发育的早期由植物极性逐步流向动物极性，是形成完整胚胎不可缺少的物质基础。他在这方面的论文成为鱼类实验胚胎学方面的重要历史文献。

文昌鱼在生物进化中占有重要地位，是脊椎动物的祖先。从20世纪50年代起，童第周领导的研究小组首先在青岛解决了文昌鱼的饲养、产卵和人工授精的技术问题，为系统研究文昌鱼的胚胎发育奠定了基础。接着，研究小组利用显微技术对文昌鱼胚胎发育机理进行了一系列的研究，对文昌鱼卵的发育能力提出了很重要的修正意见，在国际上受到重视。童第周等所证明的文昌鱼卵的这些早期发育特点进一步论证了文昌鱼在进化上的地位是介于无脊椎动物和脊椎动物之间的过渡类型。这方面的工作也支持了他后期关于核质关系的研究。

在研究细胞核与细胞质的关系时，他发现不仅仅是细胞核决定细胞质发育方向，细胞质也决定细胞核的命运，核与质之间不是彼此完全孤立，而是有非常密切的关系，在构造上它们可以互相沟通，在功能上它们可以互相诱发和抑制。这便是核质关系理论。

20世纪60年代初，童第周应用细胞核移植技术把金鱼的细胞核移植到去细胞核的角皮鱼卵内，发现移核后幼鱼的早期性状似乎是源于细胞质的。他把鲤鱼细胞核移植到去细胞核的鲫鱼受精卵内，发现卵发育到成体后有些性状介于两种鱼之间。这两种情况都显示卵的细胞质对性状形成的影响。他还发现把金鱼的细胞核移植到角皮鱼卵子中，发育到一定时期再移回金鱼受精卵，有时能产生出角皮鱼和金鱼杂交胚胎的性状，很可能金鱼细胞核在角皮鱼细胞质中短暂停留，也会受到某种影响。他曾设想通过移植细胞核来进行育种，把两种不能杂交的鱼的优点结合起来，并使之遗传下去。他的研究为动物育种提出一个新的、可能的途径。

20世纪70年代以后，童第周开始注意用生物化学的方法研究核质关系。童第周在与美籍华裔科学家牛满江合作时，探讨了鲫鱼和鲤鱼的信息核糖核酸对金鱼尾鳍的影响。结果证明，这种核糖核酸能诱导金鱼尾鳍的双尾变成单尾等，从而开拓了在发育生物学和分子遗传学中一个非常值得进一步探索的研究领域。此后，童第周还采用了亲缘关系更远一些的种类来做类似的实验，也获得了成功，从而更有力地证实了他的设想。他的科研工作始终贯穿着一条线索，那就是从卵子在受精前后的结构到细胞质与细胞核在发育中的相互关系，进而探讨细胞质在性状遗传中的作用，由此开创了核质互作研究新领域，为克隆技术奠定了理论基础，被国际学术界誉为"克隆技术先驱"。

三、师者本色：海洋科学研究奠基与学术传承

新中国成立后，童第周一方面忙着组织教学工作，一方面继续科研工作。1949年10月26日，童第周和曾呈奎联名给中国科学院筹建人员陶孟和与竺可桢写信，提出建立中国海洋研究机构的建议。在他们的努力之下，1950年8月，新中国第一个海洋研究机构——中国科学院水生生物研究所青岛海洋生物研究室在莱阳路28号成立，童第周任主任。

尽管研究成就卓著，童第周仍然在尽职尽责地教书育人，他用自己的终身所学，带领学生走向生物学的深层研究领域。1951年3月，童第周任山东大学第一副校长。尽管承担着繁重的行政和科研任务，童第周仍坚持给学生上课，他传授给学生的不仅仅是知识，还有他光辉的学术思想和踏实的工作作风。

教学分析

一、课程思政要素挖掘

1. 爱国奉献精神

童第周在海外留学期间面对国外的优厚待遇毅然回国投身科研与教育事业，在艰苦条件下推动中国生物科学发展。这种"科学无国界，但科学家有祖国"的精神是爱国主义教育的生动案例，可引导学生树立家国情怀与民族自豪感。

2. 艰苦奋斗与科研创新

童第周在简陋的实验环境中凭借坚韧不拔的毅力完成多项开创性研究（例如鱼类核移植实验），打破国际技术垄断。其事迹能激励学生克服困难、勇于创新，培养科学精神与工匠精神。

3. 教育情怀与社会责任

作为教育家，童第周注重人才培养，倡导理论与实践结合，以严谨的治学态度影响学生。可借此引导学生树立正确的职业观，培养教书育人、服务社会的责任感。

4. 生命科学伦理与价值观

童第周在胚胎学、克隆技术领域的探索涉及生命科学伦理问题。可结合其研究理念引导学生思考科学研究的伦理边界，树立尊重生命、敬畏科学的价值观。

二、融入教育教学的方法

1. 课堂讲授融入法

在生物学、生命科学等课程中结合细胞生物学、胚胎发育等专业知识，穿插童第周的科研故事与学术成就。例如，讲解核移植技术时引入其鱼类克隆实验，既能深化专业知识，又能传递科学家精神。

2. 案例分析法

设计案例讨论环节，比如"童第周在科研困境中如何突破？""归国抉择背后的精神动力是什么？"通过小组讨论、辩论引导学生思考科学精神与个人价值的关系。

3. 实践教学渗透

在实验课中设置模拟科研情境，让学生体验实验设计与失败挫折，感悟童第周艰苦奋斗的科研态度；组织参观童第周纪念馆或科研成果展，增强直观感受。

4. 跨学科融合

联合思政课、历史课，从时代背景、文化传承角度解读童第周精神；邀请科研工作者分享"新时代科学家精神"，与童第周事迹形成共鸣。

5. 多媒体辅助教学

利用短视频、纪录片（例如《童第周》）、虚拟仿真技术重现科研场景，或通过微信公众号推送童第周语录、科研日记，提升学生兴趣与参与度。

三、教育教学效果评估

1. 过程性评价

通过课堂讨论、小组汇报、实验反思报告等方式考查学生对童第周精神的理解深度，以及将其转化为学习态度、科研素养的能力。

2. 成果性评价

设计主题征文、科研创新项目、社会实践报告等，考查学生能否运用童第周精神解决实际问题，例如撰写"新时代科学家使命"论文或参与社区科普志愿活动。

3. 问卷调查与访谈

定期开展匿名问卷调查，了解学生对课程思政融入效果的反馈；通过个别访谈，收集学生对童第周精神的情感认同与行为改变。

4. 长期跟踪评估

对毕业生进行回访，调查其职业选择、科研态度是否受童第周精神影响，评估课程思政的长效育人价值。

总之，将童第周的事迹与精神融入课程思政能够有效发挥其育人价值，激发学生的科学精神、爱国情怀与责任担当。通过系统挖掘童第周事迹中的思政元素，结合多样化教学方法与科学评估体系，能够实现知识传授与价值引领的有机统一，培养兼具专业能力与家国情怀的新时代人才。

📁 **参考文献** •

[1] 王彦芹，艾尼瓦尔·吐米尔，朱新霞，等. 生物科学类专业课程思政案例集 [M]. 北京：中国农业科学技术出版社，2023.

[2] 杜震宇. 生物学科课程思政教学指南 [M]. 上海：华东师范大学出版社，2020.

[3]《植物保护专业课程思政案例库》编委会. 植物保护专业课程思政案例库 [M]. 重庆：西南大学出版社，2022.

生物物理学领域的璀璨巨星贝时璋

贝时璋（1903 年 10 月 10 日—2009 年 10 月 29 日），浙江省镇海县（今浙江省宁波市镇海区）人，实验生物学家、细胞生物学家、教育家，中国细胞学、胚胎学的创始人之一，中国生物物理学的奠基人与开拓者（曾任中国科学院生物物理研究所荣誉所长），中国生物学早期教育家、中国实验生物学的先行者、中国放射生物学的开拓者，细胞重建学说的创始人。他 1955 年被选聘为中国科学院学部委员（即院士），1957 年成立北京实验生物研究所，1978 年加入中国共产党，曾任中国科学技术大学研究生院生物教学部主任、中国动物学会理事长、浙江大学生物系主任等。

一、从渔村少年到科学先驱

贝时璋出生于一个普通家庭，祖辈是当地的渔民。年少时期，他便展现出对自然科学的浓厚兴趣和强烈的求知欲。贝时璋 1921 年毕业于上海同济医工专门学校医预科。之后，尽管成长环境并不优渥，但他凭借自身的努力和对知识的渴望远赴德国留学深造，先后就读于福莱堡大学、慕尼黑大学和蒂宾根大学，1928 年获蒂宾根大学自然科学博士学位，之后又先后 4 次被该大学授予博士学位荣誉证书。在德国学习期间，贝时璋系统学习了生物学、物理学等多个学科的知识，接触到当时国际前沿的科学研究理念和方法，同时也形成了严谨的学术思想和工作作风，为他日后在科研领域的开拓创新奠定了坚实的基础。贝时璋获得博士学位后留校担任助教，并师从著名实验生物学家 J.W. Harms（哈姆斯）从事科学研究，于 1929 年秋回国。贝时璋学识渊博，治学严谨，对工作认真负责、一丝不苟，学术兼职很多，对分担的工作无不奋力完成。

贝时璋在近 70 年的科研及教学生涯中为中国的科学事业做出了重大贡献。他早年从事无脊椎动物实验胚胎学和细胞学的研究，对细胞数恒定动物与再生的关系作了深入的研究；20 世纪 30 年代初发现了中间性丰年虫，并观察到其雌雄生殖细胞的相互转化现象；20 世纪 70 年代提出了细胞重建学说。他重视交叉学科，致力于中国生物物理学的发展，先后组织开拓了放射生物学、宇宙生物学、仿生学、生物工程技术、生物控制论等分支领域，并开发了相关技术，培养出一批生物物理学骨干人才。

二、学科交叉的先锋：从生物物理学到"生物探空火箭"

20 世纪初，中国的现代科学研究刚刚起步，生物物理学更是一片空白。贝时璋怀着满腔的爱国热忱和对科学事业的执着追求毅然回到祖国，投身于中国生物科学的建设与发展。当时，国内科研条件简陋、研究资源稀缺、专业人才匮乏，但贝时璋毫不退缩。他从零开始，在极其艰苦的条件下创建了实验室，开展生物物理学相关研究。他深入研究细胞重建现象，经过长期细致的观察和严谨的实验，发现细胞在特定条件下能够通过非细胞形态重新构建细胞，这一重大发现打破了传统的细胞学说，为生命科学的发展开辟了新的研究方向，在国际学术界引起了巨大轰动，极大地提升了中国在生物物理学领域的国际影响力。

此外，他在生物控制论、放射生物学等多个领域也取得了一系列开创性的研究成果，为我国生物物理学学科体系的建立和完善做出了不可磨灭的贡献。他以"学科交叉"理念创建了浙江大学生物系、中国科学院生物物理研究所和中国科学技术大学生物物理系，组织开展了"核试验放射性本底自然监测""我国核试验对动物的远后期辐射效应的研究""生物探空火箭"等研究工作，为中国生命科学和载人航天事业做出了杰出贡献。

三、科学外交家：架设中外学术之桥

由于贝时璋在科学上的突出成就，1948 年他被邀任荷兰国际胚胎学研究所研究员，1949 年被选为荷兰国际胚胎学研究所委员。他曾多次以科学家或科学组织者身份出访苏联、英国、瑞典、加拿大、美国、法国、意大利、奥地利、捷克、匈牙利、尼泊尔、巴基斯坦、越南等国，尤其在 1972 年中美关系僵持 20 余年后，他率领中国科学家代表团作为友好使者访问了美国。

贝时璋始终致力于推动中国生物科学与国际接轨。他积极参与国际学术交流活动，与国际顶尖生物科学家保持密切联系，及时了解国际生物科学的最新研究动态和前沿技术，并将其引入国内。同时，他也积极向世界展示中国生物科学领域的研究成果，让世界看到中国在生物科学研究方面的实力和潜力。他与国际同行开展广泛的合作研究，共同攻克生物科学领域的诸多难题，为全球生物科学的发展贡献中国智慧和力量。

在漫长的科研生涯中，贝时璋始终保持着对科学的敬畏之心和对真理的不懈追求，他不仅是杰出的科学家，更是一位伟大的教育家和学科建设者。他长期执教于浙江大学等多所高校，将自己渊博的知识和丰富的科研经验毫无保留地传授给学生。在教学过程中，他注重培养学生的创新思维和实践能力，鼓励学生跨学科学习，拓宽知识视野。他亲自指导学生开展实验研究，培养学生严谨的科学态度和独立解决问题的能力。在他的悉心培育下，一大批优秀的生物科学人才茁壮成长，成为我国生物科学事业发展的中坚力量。他治学严谨，对待每一个实验、每一个数据都一丝不苟，反复验证。他以自己的实际行动诠释了科学家的责任与担当，他的高尚品格和无私奉献精神不仅深刻影响着身边的同事和学生，更为整个科学界树立了一座不朽的丰碑。2003 年，国际小行星中心和国际小行星命名委员会根据中国国家天文台的申报，正式批准将国际永久编号为 36015 的小行星命名为"贝时璋星"。

教学分析

一、课程思政要素挖掘

1. 爱国情怀与科研报国精神

贝时璋早年留学德国，在学业有成之际毅然放弃国外优越条件，于 1929 年回国投身科教事业。在战火纷飞的年代，他辗转多地坚持科研与教学，将个人理想与国家命运紧密相连。这一经历可挖掘出"爱国奉献、科研报国"的思政要素，引导学生树立将个人科研追求融入国家发展战略的价值取向，激发学生为实现科技强国梦而努力学习的使命感。

2. 科学精神与创新意识

贝时璋在生物物理学领域不断探索创新，开创了中国生物物理学学科。他提出"细胞重建"理论，打破了传统"细胞分裂是细胞繁殖的唯一途径"的观念，这一理论是其长期坚持科学探索、勇于突破常规思维的产物。教师可提炼出"勇于探索、敢于创新"的科学精神，鼓励学生在学习和科研中保持好奇心与求知欲，敢于挑战权威、突破固有思维。

3. 严谨治学与坚持不懈的品质

贝时璋一生治学严谨，在研究过程中对实验数据反复验证，对学术观点严谨论证；即使在科研条件艰苦、外界干扰众多的情况下，依然坚持不懈地进行科学研究。这种严谨治学的态度和坚持不懈的品质能够教育学生对待专业知识要认真、细致，面对困难和挫折时不轻易放弃，培养学生踏实认真的学习态度和坚韧不拔的意志品质。

4. 团队协作与教育传承精神

贝时璋不仅自己在科研上取得卓越成就，还十分注重人才培养和团队建设。他培养了一大批优秀的生物物理学人才，组建科研团队共同攻克难题。这体现了"团结协作、甘为人梯"的精神，有助于引导学生认识到团队合作在科研和工作中的重要性，培养学生的协作能力和奉献精神。

二、融入教育教学的方法

1. 课堂讲授融入法

在生物物理学课程的理论教学中，结合具体知识点引入贝时璋的相关事迹。例如，在讲解细胞相关知识时介绍贝时璋的"细胞重建"理论，阐述其提出的过程和创新点，同时讲述他在研究过程中如何克服困难、坚持探索，将科学精神与创新意识融入知识讲解。在介绍生物物理学学科发展时，讲述贝时璋回国建设和发展中国生物物理学学科的经历，激发学生的爱国情怀和学科使命感。

2. 案例分析法

选取贝时璋科研生涯中的典型案例进行深入分析。比如，以"细胞重建"理论的提出过程为案例，组织学生讨论在科研中如何发现问题、提出假设、进行实验验证，引导学生思考创新思维和严谨治学态度的重要性。通过分析贝时璋在组建科研团队、培养人才过程中的做法，让学生讨论团队协作的有效方式和教育传承的意义，培养学生的团队协作和奉献精神。

3. 实践教学融入法

在实验课程中要求学生学习贝时璋严谨治学的态度。从实验设计、操作步骤到数据记录与分析，都要认真细致、规范严谨。鼓励学生在实验中勇于尝试新方法、新思路，培养创新意识。在小组实验中引导学生学习贝时璋团队协作的精神，合理分工、相互配合，共同完成实验任务。

4. 专题讲座与研讨

举办以"贝时璋与生物物理学发展"为主题的专题讲座，邀请相关领域专家或教师深入介绍贝时璋的学术成就和精神品质。组织学生开展研讨活动，让学生分享自己对贝时璋精神的理解和感悟，以及如何将这些精神运用到自己的学习和未来的科研工作中，促进学生对思政要素的深入思考和内化。

5. 多媒体资源辅助

利用图片、视频、纪录片等多媒体资源生动展示贝时璋的生平事迹和科研贡献。例如，播放关于贝时璋的人物纪录片片段，让学生更直观地感受他的爱国情怀、科学精神和人格魅力，增强课程思政的感染力和吸引力。

三、教育教学效果评估

1. 过程性评价

课堂表现：观察学生在课堂上对贝时璋相关内容的参与度，包括是否积极思考、主动提问、参与讨论等，了解学生对思政要素的接受程度和兴趣。

实验态度：在实验教学中评估学生是否践行了严谨治学的态度，是否积极参与团队协作，是否在实验过程中展现出创新意识，通过学生的实验操作、数据记录、团队合作情况等进行综合评价。

研讨表现：在专题研讨活动中评价学生对贝时璋精神的理解深度、表达能力，以及结合自身实际提出具体的学习和行动目标的能力，判断学生对思政要素的内化程度。

2. 总结性评价

课程论文：布置与贝时璋精神和生物物理学相关的课程论文，要求学生阐述对贝时璋精神的认识，并结合专业知识探讨如何在未来的科研或职业发展中践行这些精神。通过论文，评估学生对思政要素的理解和运用能力。

问卷调查：设计专门的调查问卷，了解学生在价值观、态度和行为意向方面的变化。例如，调查学生的爱国情感是否增强、对科研的责任感是否提升、是否更加注重团队协作和创新等，收集学生的反馈意见，为后续教学改进提供依据。

行为观察：在课程结束后的一段时间内，观察学生在学习、生活和科研实践中的行为表现，看学生是否将从贝时璋精神中汲取的力量转化为实际行动，例如是否更加勤奋学习、积极参与科研项目、主动与同学合作等，综合评估课程思政的长期教学效果。

总之，通过深度挖掘贝时璋的科学成就与精神内涵，将思政元素有机融入生物物理学教学全流程，既能提升学生的专业素养，又能培养兼具创新能力与家国情怀的复合型人才。

📁 参考文献 ●··

[1] 王彦芹，艾尼瓦尔·吐米尔，朱新霞，等. 生物科学类专业课程思政案例集 [M]. 北京：中国农业科学技术出版社，2023.

[2] 杜震宇. 生物学科课程思政教学指南 [M]. 上海：华东师范大学出版社，2020.

[3] 《植物保护专业课程思政案例库》编委会. 植物保护专业课程思政案例库 [M]. 重庆：西南大学出版社，2022.

案例6

遗传学领域的领航者谈家桢

谈家桢（1909年9月15日—2008年11月1日），浙江宁波人，毕业于加州理工学院，国际遗传学家、中国现代遗传学的主要奠基人之一。他早年师从国际著名遗传学家摩尔根，之后回国任教于浙江大学，并将"基因"一词首次带入中文。谈家桢从事遗传学研究和教学七十余年，发表了100余篇学术论文，所发现的瓢虫色斑遗传的"镶嵌显性现象"被认为是经典遗传学发展的重要补充和现代综合进化理论的关键论据。他从20世纪30年代初起投身亚洲异色瓢虫色斑的遗传变异研究和果蝇的细胞遗传基因图及种内种间遗传结构的演变研究，被誉为"中国遗传学泰斗"。20世纪50年代，他在复旦大学建立了中国第一个遗传学专业、第一个遗传学研究所和第一个生命科学学院，被誉为"中国的摩尔根"。1999年，国际编号为3542号的小行星被命名为"谈家桢星"。

一、少年立志：从宁波小镇到遗传圣殿

谈家桢出生于宁波江北区的小镇上。他从小便对知识充满渴望，怀揣着对科学的热爱踏上求学之路。幼年随父迁居上海，在教会学校接触到西方科学书籍，一本《天演论》让他对生物演化产生浓厚兴趣。"生物的性状是如何传递的？为什么有的孩子像父亲，有的像母亲？"带着这些疑问，凭借自身的勤奋与天赋，1929年他考入苏州东吴大学生物系，师从中国遗传学先驱陈桢教授，首次在显微镜下观察到果蝇染色体的奇妙结构。

1934年，谈家桢获得美国加州理工学院全额奖学金，成为"遗传学之父"摩尔根的学生。在海外学习期间，谈家桢展现出非凡的学术天赋，系统掌握了遗传学的前沿理论与研究方法，为日后的科研事业奠定了坚实基础。

在帕萨迪纳的实验室里，他每天与数万只果蝇为伴，用毛笔尖轻轻挑起突变个体，在显微镜下记录复眼颜色、翅形的细微差异。当时学界普遍认为"显性性状完全覆盖隐性性状"，但谈家桢在观察瓢虫鞘翅斑纹时发现例外：黑色前缘与红色后缘的杂交子代，竟同时显现双亲性状，形成独特的镶嵌图案。"摩尔根教授，您看这只瓢虫！"1940年的一个深夜，谈家桢举着载玻片冲进了导师办公室。在连续300多天的杂交实验后，他首次提出"镶嵌显性遗传"理论，打破了孟德尔遗传定律的传统认知。这一发现被写入《自然》杂志，成为20世纪遗传学的重要突破之一。

二、归国筑基：在战火中播撒遗传学种子

1937年，抗日战争全面爆发，谈家桢放弃加州理工学院的留校邀请，带着5箱果蝇和瓢虫标本回到祖国，在浙江大学西迁的战火中筹建遗传学专业。贵州湄潭的破庙里没有恒温箱，他就用瓦罐和棉絮为实验生物保温；没有显微镜光源，就借着桐油灯的微光记录数据。"当时连玻璃培养皿都要反复使用，摔碎一个就像丢了宝贝。"晚年谈家桢回忆道。

1952年，全国院系调整，谈家桢受命在复旦大学建立中国第一个遗传学专业。面对苏联"米丘林学派"对孟德尔-摩尔根学说的批判，他顶住压力，坚持"科学研究不能政治化"，在教材中保留染色体遗传理论，并悄悄组织学生研读《基因论》。他常对学生说："遗传学是打开生命密码的钥匙，我们不能让偏见挡住真理的光。"

1961年，谈家桢创立了中国第一个遗传学研究所；1984年，他牵头建立了国内首个生命科学学院。从破庙实验室到现代化科研楼，他用半个世纪完成了中国遗传学从"零"到"体系化"的跨越。

三、育才树人：甘做铺路石的"谈爷爷"

谈家桢不仅在科研上成果卓著，更将毕生心血投入中国遗传学的学科建设和人才培养中。他长期任教于复旦大学，精心培育了一代又一代优秀的遗传学人才。在教学过程中，他始终坚持将科研与教学紧密结合，把国际最前沿的遗传学研究成果融入课堂，激发学生的科研兴趣和创新思维。他注重培养学生严谨的科学态度和扎实的实验技能，亲自指导学生开展研究，鼓励学生大胆探索未知领域。在他的悉心教导下，众多学生在遗传学及相关领域取得了突出成就，成为推动中国生命科学发展的中坚力量。

谈家桢的办公室常年为学生敞开，抽屉里总备着糖果招待来访者。1978年，恢复高考后的首届学生李辉带着"人类肤色遗传机制"的疑问敲响房门，谈家桢不仅耐心解答，还将自己珍藏的《群体遗传学》赠给他，"年轻人，遗传学的未来在你们手里。"作为导师，他鼓励学生挑战权威。学生徐道觉在研究人类染色体时误将24对当成23对，谈家桢没有批评，反而建议，"再仔细看看，或许你离重大发现只差一步。"后来徐道觉修正了人类染色体数目，为细胞遗传学奠定了基础。

谈家桢更注重国际视野的培养，1980年当选美国国家科学院外籍院士后，多次率团赴美交流，推动中美遗传学合作项目的发展。"我们既要把国外的先进技术学回来，更要让世界听到中国科学家的声音。"在他的努力下，复旦大学遗传学专业成为首批与斯坦福大学、加州大学建立联合培养的学科。

四、世纪坚守：99岁的遗传密码守护者

2008年，99岁的谈家桢躺在病床上，仍惦记着实验室的果蝇种群，"记得给2号瓶的突变体补充培养基，温度要控制在25℃……"临终前，他将毕生积蓄捐出设立"谈家

桢生命科学奖"，专门奖励青年科学家。

回顾他的人生，从宁波小镇到世界遗传学舞台，谈家桢始终践行着"科学报国"的信念。他打破西方对遗传学的垄断，让中国在基因研究领域占有一席之地；他培养的学生遍布全球，仅中国科学院院士就有 12 位，形成了中国遗传学界的"谈家军"。在科研生涯中，谈家桢始终保持着对科学的敬畏之心和对真理的执着追求。他治学严谨，对待每一个实验数据、每一个研究结论都反复验证、精益求精。面对学术争议，他坚持真理，敢于捍卫科学的尊严。他的科研精神和学术品格不仅影响着身边的学生和同事，更为整个生物学界树立了崇高的榜样。此外，谈家桢积极推动中国遗传学与国际前沿接轨。他多次受邀参加国际学术会议，在国际舞台上展示中国遗传学的研究成果，提升了中国遗传学的国际影响力。同时，他积极引进国外先进的研究理念和技术，与国内外同行开展广泛合作，共同攻克遗传学领域的难题。他还积极倡导建立学术交流平台，为中国遗传学的国际化发展做出了重要贡献。

谈家桢是蜚声海内外的杰出科学家和具有崇高师德的教育家。2013 年 11 月 1 日，纪念谈家桢先生诞辰 105 周年座谈会在复旦大学逸夫科技楼隆重举行；2016 年 5 月 28 日，谈家桢先生的铜像揭幕仪式在复旦大学江湾校区生命科学学院举行。

📚 教学分析

一、课程思政要素挖掘

1. 科学精神

谈家桢在遗传学研究中展现了求真务实、勇于探索的科学精神。他远渡重洋师从摩尔根，学习当时最前沿的遗传学知识，回国后没有盲目照搬西方理论，而是扎根中国实际开展研究。在研究果蝇和瓢虫的遗传现象时，面对复杂多变的实验结果，他凭借着对科学真理的执着追求，反复验证、深入分析，最终发现了异色瓢虫色斑遗传的镶嵌显性现象等重要成果，为现代综合进化理论提供了重要论据。这种精神可引导学生树立严谨的科学态度，敢于质疑、勇于创新，在科研道路上不怕困难、持之以恒。

2. 家国情怀

谈家桢怀揣科学救国的理想，在国家危亡之际毅然回国执教。此后几十年，无论面对怎样的艰难困苦和复杂的政治形势，他始终坚守在遗传学教育与科研岗位上，为中国遗传学从无到有、从弱到强贡献了毕生心血。他建立中国第一个遗传学专业、第一个遗传学研究所、第一个生命科学院，推动了中国遗传学不断向前发展。这种深厚的家国情怀能够激发学生的爱国热情，培养学生的社会责任感和使命感，让学生明白个人的学术追求要与国家的发展紧密相连。

3. 教育奉献精神

谈家桢一生致力于遗传学人才的培养，培育出了大批优秀人才。他不仅传授专业知识，更注重培养学生的科学思维和品德修养。他因材施教，鼓励学生大胆探索，为学生提供广阔的发展空间。他的教育奉献精神可以激励教师树立正确的教育观，敬业爱生、潜心育人；也能引导学生尊重教师的辛勤付出，传承尊师重道的优良传统，同时激发学生对教育事业的热爱，为未来投身教育领域奠定思想基础。

4. 国际视野与合作意识

谈家桢早年留学美国，与国际遗传学大师交流学习，具备开阔的国际视野。回国后他积极推动中国遗传学领域的国际交流与合作，让中国遗传学研究走向世界。在20世纪60年代初，他领导中苏合作的猕猴辐射遗传研究，为双方在遗传学领域的交流搭建了桥梁。这种国际视野与合作意识能够培养学生的开放思维，让学生明白在全球化背景下，积极参与国际合作、交流学术成果对于学科发展和个人成长的重要性，鼓励学生在未来的科研和工作中主动与国际接轨，共同解决全球性问题。

二、融入教育教学的方法

1. 专题讲座与案例教学

开设关于谈家桢生平与学术成就的专题讲座，详细讲述他的科研经历、重要发现和背后的故事。例如，在讲解遗传规律时引入谈家桢对异色瓢虫色斑遗传变异的研究案例，分析他如何通过细致观察、巧妙实验得出镶嵌显性遗传的结论，让学生在学习专业知识的同时，体会科学精神的内涵。组织学生分组讨论谈家桢的家国情怀和教育奉献精神对自己的启示，引导学生结合自身情况，思考如何在学习和工作中践行这些精神品质。

2. 实践教学与科研项目参与

结合遗传学实验课程，设计以谈家桢研究领域为背景的实践项目，例如让学生模拟研究果蝇的遗传性状，要求学生以严谨的态度对待实验，认真记录实验数据、分析实验结果，培养学生的科研能力和求真务实精神。鼓励学生参与教师的科研项目，在科研实践中感受团队合作的重要性，体会谈家桢积极推动国际合作的意义。同时，引导学生关注科研对国家发展的贡献，增强学生的社会责任感。

3. 课堂讲授融入法

在遗传学课程的日常讲授中适时穿插谈家桢的事迹和精神。比如在介绍遗传学发展历程时，讲述谈家桢在不同历史时期为中国遗传学发展所做出的努力，让学生了解学科发展背后的人文故事，增强学生对学科的认同感和归属感。在讲解遗传学前沿知识时提及谈家桢的国际交流经历，鼓励学生关注国际遗传学研究动态，培养学生的国际视野。通过提问、引导思考等方式让学生参与讨论，激发学生的学习兴趣，将思政教育与专业知识学习有机融合。

4. 文化活动与校园文化建设

举办以谈家桢为主题的文化活动，比如学术展览、征文比赛、演讲比赛等。在学术展览中展示谈家桢的手稿、照片、科研成果等，让学生近距离感受他的学术魅力；征文比赛和演讲比赛则可以让学生深入挖掘谈家桢的精神内涵，表达自己的感悟和思考，从而进一步深化对思政要素的理解和认同。在校园文化建设中设置谈家桢事迹宣传栏，营造浓厚的校园文化氛围，让学生在潜移默化中受到谈家桢精神的影响。

5. 多媒体资源辅助

利用图片、视频、纪录片等多媒体资源生动展示贝时璋的生平事迹和科研贡献。例如播放关于贝时璋的人物纪录片片段，让学生更直观地感受他的爱国情怀、科学精神和人格魅力，增强课程思政的感染力和吸引力。

三、教育教学效果评估

1. 学生课堂表现评估

观察学生在课堂讨论、小组项目中的参与度和表现，评估学生对谈家桢相关思政要素的理解深度和思考深度。例如，在讨论谈家桢家国情怀的课堂活动中，观察学生是否能够结合实际，发表有见解的观点，是否能够认识到个人与国家在学术发展中的关系，以此来判断学生家国情怀的培养效果。

2. 作业与考试评估

在作业和考试中设置与谈家桢精神相关的开放性问题，比如"从谈家桢的科研经历中，谈谈你对科学精神的理解""谈家桢的教育奉献精神对你未来的职业规划有何启示"等，根据学生的回答评估他们对思政要素的掌握程度和应用能力。通过分析学生答案的深度、广度和逻辑性，判断学生是否真正理解并吸收了这些精神内涵。

3. 实践项目评估

在实践教学和科研项目参与中评估学生在实际操作中的表现，例如是否具备严谨的科学态度、团队合作精神等。观察学生在实验过程中对待数据的严谨性，是否能像谈家桢一样认真对待每一个实验环节；在团队合作项目中观察学生的沟通协作能力，判断学生是否理解国际视野与合作意识的重要性。

4. 学生自我反思与反馈

定期组织学生进行自我反思和小组互评，让学生总结自己在学习过程中对谈家桢精神的感悟和收获，以及自身在思想和行为上的变化。收集学生的反馈意见，了解他们对课程思政融入方式的满意度和建议，以便及时调整教学策略，提高教育教学效果。同时，通过长期跟踪学生在后续课程学习、科研活动和职业发展中的表现，评估课程思政对学生的长期影响。

总之，通过系统化挖掘谈家桢的精神内涵与学术贡献，将课程思政深度融入遗传学教学，可实现知识传授、能力培养与价值塑造的协同发展，培育德才兼备的遗传学专业人才。

📁 参考文献

[1] 王彦芹，艾尼瓦尔·吐米尔，朱新霞，等. 生物科学类专业课程思政案例集 [M]. 北京：中国农业科学技术出版社，2023.

[2] 杜震宇. 生物学科课程思政教学指南 [M]. 上海：华东师范大学出版社，2020.

[3]《植物保护专业课程思政案例库》编委会. 植物保护专业课程思政案例库 [M]. 重庆：西南大学出版社，2022.

"糖丸爷爷"顾方舟

顾方舟（1926年6月16日—2019年1月2日），中国科学院院士，英国皇家内科学院（伦敦）院士，欧洲科学、艺术、文学学院院士，医学科学家、病毒学家，中国医学科学院北京协和医学院原院长、一级教授。他对脊髓灰质炎预防及控制的研究长达42年，是中国组织培养口服活疫苗开拓者之一，被称为"中国脊髓灰质炎疫苗之父""糖丸爷爷"，2019年被评为"人民科学家""最美奋斗者"，2021年被评为"时代楷模"，2022年被评为中央电视台感动中国人物。

拓展链接

人类历史上经历了很多细菌和病毒引发的灾难，比如黑死病、埃博拉病毒、流感病毒等。为了提高人体对病毒的抑制效果，很多科学家开展了大量研究。从进化的角度考虑，很多疫苗的生产就是在向病毒学习，通过生产减毒活疫苗或灭活疫苗，最终开发了相关的疫苗。

我国古代文明中出现了大量应用微生物造福人类的实例，比如用微生物酿酒、豆科植物与其他植物轮作等。但是由于封建社会下的科举选拔制度，我国自然科学的发展较为滞后。新中国成立之后，人才培养和教育制度逐渐完善，很多科研成果不断涌现。

一、以身试药：研制脊髓灰质炎活疫苗

脊髓灰质炎是一种人们耳熟能详的可怕疾病，又称小儿麻痹症。1955年，江苏南通暴发了流行病，将近2000个孩子患上了麻痹型脊髓灰质炎（小儿麻痹症），死亡率高达27.75%。当时中国脊髓灰质炎发病率达十万分之三十几，被病毒破坏了脊髓神经的孩子们运动神经元受到损伤，出现肢体瘫痪症状。不少孩子在很小的时候就失去了走路能力。当时形势严峻，病毒学家顾方舟被派去正在研究这一疫苗的苏联了解情况。他了解到就当时的国情而言，中国并不具备普及灭活疫苗的条件。考虑了多种因素之后，顾方舟决定给卫生部写信，建议中国走研发减毒活疫苗的技术路线。从苏联带回活疫苗之后，他又在考虑如何鉴定疫苗安全性和有效性的问题。

1957年，顾方舟临危受命，开始进行脊髓灰质炎研究工作，首次用猴肾组织培养技

术分离出病毒并用病原学和血清学的方法证明了I型为主的脊髓灰质炎流行。1958 年，他从患者粪便中分离出脊髓灰质炎病毒并成功定型，为免疫方案的制定提供了科学依据。1959 年底，国家采纳了顾方舟的建议，中国脊髓灰质炎活疫苗的研究工作展开。顾方舟科研小组克服重重困难和艰苦实验条件，终于在 1960 年成功研制出首批"脊灰"（sabin型）活疫苗。

脊髓灰质炎疫苗到了第一期临床试验阶段，为验证药物的效果，顾方舟先是做了大量的动物实验，后又自己亲自服用，虽然感觉效果都不错，但心里总觉不踏实。由于没有更好的实验对象，顾方舟想到自己那刚满一岁的儿子顾烈东符合实验要求，经过深思熟虑便决定把第一颗药丸偷偷喂给自己的儿子。在顾方舟的带领下，其他实验人员也让自己的子女参与试药。一个月过后，没有孩子染病，第一期临床试验成功。随后，第二期、第三期也便顺利通过，都成功了。经过动物试验和人体试验，1960 年 12 月，首批500 万人份疫苗生产成功，在全国 11 个城市推广。

二、糖丸问世：科研突破与儿童健康的守护

接下来，顾方舟又面临如何让每个孩子都接种的问题。为了建立免疫屏障，阻断病毒的传播，顾方舟提出要以县、乡、镇等为基本单位，在 7～10 天内使 7 岁以下的孩子口服率达到 95%。为了让广大农村地区的孩子们也能及时接种疫苗，顾方舟便把液体疫苗载体从液体改成了糖丸，于 1962 年又牵头研制成功糖丸减毒活疫苗，冷冻后放在保温瓶里送到各个防疫站。不仅如此，为了减少疫苗接种次数，经过合理配比，他将脊髓灰质炎病毒的三个血清型疫苗做了一颗糖丸里，在一定的时间里吃四次，就能对三个型别的病毒产生免疫。"糖丸"疫苗方便保存与服用，不仅性价比高，而且提高了接种率，还能让更多偏远地区的孩子们接种到此疫苗。

三、毕生奋斗：与中国"脊灰"防控的持久战

面对着各种制药问题，为了表明自己死磕脊髓灰质炎一辈子的决心，顾方舟便将全家人都从北京迁到昆明，从开荒、建厂房甚至到自种粮食，他都亲力亲为。顾方舟非常重视疫苗的质量，便制定了脊髓灰质炎活疫苗制造及检定规程，规范疫苗生产与研发的操作规程。就算被调职，他也从未停止研究。1960—2006 年间，昆明生物所生产了 50 亿人份的脊髓灰质炎活疫苗，满足全国孩子接种的需要。1965 年，全国农村逐步推广疫苗，从此脊髓灰质炎发病率明显下降。1978 年，我国开始实行计划免疫，病例数继续呈波浪形下降，"脊灰"年平均发病率大幅度下降，使数十万名儿童免于得病。1981 年起，顾方舟从"脊灰"病毒单克隆抗体杂交瘤技术入手研究。1982 年，他研制成功"脊灰"单克隆抗体试剂盒，在"脊灰"病毒单克隆抗体杂交瘤技术上取得成功并建立起三个血清型、一整套"脊灰"单抗。

2000 年，"中国消灭脊髓灰质炎证实报告签字仪式"在卫生部举行，已经 74 岁的顾方舟作为代表签下了自己的名字。这位为脊髓灰质炎的防治工作奉献了一生的老人得到

了全国人民的尊重和赞美。同年 10 月，世界卫生组织证实，中国本土"脊灰"野病毒的传播已被阻断，成为无"脊灰"国家。

顾方舟在生命的最后时刻留下了两句话："我一生做了一件事，值得，值得。孩子们快快长大，报效祖国。"2021 年 10 月 29 日，顾方舟雕像揭幕仪式在北京协和医学院举行，中国医学科学院北京协和医学院王辰校长和顾方舟女儿顾晓曼共同为雕像揭幕。

教学分析

一、课程思政要素挖掘

1. 无私奉献精神

为了消除脊髓灰质炎对儿童的威胁，顾方舟不惜以身试药，甚至让自己的孩子参与临床试验。他把一生都奉献给了公共卫生事业，这种无私奉献的精神可以激励学生树立正确的价值观，培养他们为了国家和人民的利益，勇于牺牲自我的高尚品质。

顾方舟致力于研发脊髓灰质炎疫苗，不畏艰难困苦，长期扎根艰苦的工作环境中。他的奉献精神提醒学生在面对困难和挑战时要有担当精神，为了实现更大的目标而努力奋斗。

2. 坚定的使命感与责任感

顾方舟深知脊髓灰质炎对儿童健康的巨大危害，他怀着强烈的使命感，毅然投身于疫苗研发工作。这种使命感可以激发学生对自己所学专业的热爱和责任感，让他们明白自己肩负的使命，为推动社会进步和人类福祉而努力学习。

他以保障儿童健康为己任，不遗余力地推广疫苗接种，体现了高度的社会责任感。这可以教育学生关注社会问题，积极参与社会实践，为解决社会难题贡献自己的力量。

3. 创新与进取精神

在疫苗研发过程中，顾方舟敢于创新，不断探索新的方法和技术。他创造性地将疫苗制成糖丸，提高了疫苗的可接受性和普及性。这种创新精神可以鼓励学生在学习和研究中勇于突破传统思维，开拓创新，积极探索解决问题的新途径。

面对重重困难，顾方舟始终保持进取的态度，不断克服技术难题和资源短缺等问题。他的进取精神可以激励学生在学习和生活中保持积极向上的心态，不断追求进步，努力提升自己的能力和素质。

二、融入教育教学的方法

1. 课堂教学

故事讲述：在课堂上讲述顾方舟的生平事迹和研发糖丸的过程，让学生了解他的无私奉献精神、使命感和创新精神。通过生动的故事激发学生的学习兴趣，同时让他们深刻体会到思政要素的内涵。

案例分析：结合顾方舟的案例，分析其中蕴含的思政要素。例如，分析他在疫苗研发过程中的创新思维和面对困难时的坚定信念，引导学生学习他的优秀品质。

小组讨论：组织学生围绕顾方舟的精神品质进行小组讨论。教师可以提出一些问题，比如"顾方舟的奉献精神对你有什么启发""在学习和生活中，如何培养自己的责任感"等，引导学生积极思考，培养他们的团队协作能力和表达能力。

2. 实践教学

科研实践：鼓励学生参与科研项目，培养他们的创新精神和实践能力。在实践过程中引导学生学习顾方舟的严谨治学态度和勇于探索的精神，提高他们的科研素养。

社会实践：组织学生参与社会公益活动，比如疫苗宣传、志愿服务等。通过社会实践让学生体会到顾方舟的社会责任感，培养他们的爱心和奉献精神。

三、教育教学效果评估

1. 多元化考核

在课程考核中，除了考查学生对专业知识的掌握情况外，还应注重对思政要素的考核。可以采用多元化的考核方式，如考试、作业、实践报告和课堂表现等，综合评价学生的学习成果。在考核内容中可以设置一些与思政要素相关的问题，比如"谈谈你对顾方舟创新精神的理解。"等，引导学生关注思政要素，提高他们的综合素质。

2. 反馈与改进

及时向学生反馈考核结果，指出他们在思政方面的优点和不足，引导学生进行自我反思和改进。同时，教师根据学生的反馈意见不断改进教学方法和考核方式，提高教学质量。

总之，将"糖丸爷爷"顾方舟的课程思政要素融入教育教学中可以丰富教学内容，提高学生的学习兴趣和综合素质。通过挖掘和利用顾方舟的精神品质，培养学生的无私奉献精神、使命感、创新精神和社会责任感，为他们的未来发展奠定坚实的基础。

📁 **参考文献** ••

[1] 王彦芹，艾尼瓦尔·吐米尔，朱新霞，等. 生物科学类专业课程思政案例集 [M]. 北京：中国农业科学技术出版社，2023.

世界上第一个人工合成蛋白质——
结晶牛胰岛素

人和动物胰腺内有一种呈岛状分布的细胞，该细胞分泌出的一种叫胰岛素的激素具有降低血糖和调节体内糖代谢的功能。胰岛素是一种蛋白质，蛋白质是生物体的主要功能物质，生命活动主要通过蛋白质来体现。胰岛素是哺乳动物体内的一种重要的激素，负责使血液中的糖进入细胞，为细胞提供生理活动所需的能量。糖尿病是一种慢性疾病，发生在胰腺无法产生足够的胰岛素或人体无法有效使用产生的胰岛素时。糖尿病患者经常伴有高血糖症或血糖升高的现象，这些病症随着时间的流逝会严重损害人体的许多系统，特别是眼、肾、心脏、血管和神经，不少患者甚至因此严重营养不良而失去生命。然而，在很久之前，除了主张严格限食，医学界并没有其他有效可行的方法治疗糖尿病，因此糖尿病在很多年前就被称为"不治之症"。

1889年，俄国医学家奥斯卡·闵可夫斯基（Oskar Minkowski）首次发现了胰腺和糖尿病的关联后，揭开了现代糖尿病研究的帷幕，为最终发现、纯化胰岛素提供了突破口，后来就不断有科学家研究胰腺的神秘内分泌物质。打破"不治之症"这一观念的是加拿大生理学家弗雷德里克·格兰特·班廷（Frederick Grant Banting）等人，他们在1921年从狗的萎缩胰腺中提取出了胰岛素，并在1922年成功应用于糖尿病患者身上，取得了神奇的临床治疗疗效。这是人类在糖尿病治疗史上的里程碑，班廷也因此获得了1923年诺贝尔生理学或医学奖。然而，胰岛素在当时只能从猪、牛等家畜的胰腺中提取，且每吨动物的提取量不足5克，远远不能满足大量糖尿病患者的治疗需求。此外，动物胰岛素和人胰岛素不仅在氨基酸组成和结构上存在差别，还存在大量的杂质，经常受到人体免疫系统的排斥，严重影响治疗的效果。这些问题的出现使人们再次陷入了如何才能生产出有效且廉价易得的胰岛素的困境。1955年，英国化学家弗雷德里克·桑格（Frederick Sanger）用生物降解和标记的方法确定了第一个活性蛋白质牛胰岛素分子的氨基酸排列顺序，为人工合成胰岛素提供了重要的分子依据，获得了1958年诺贝尔化学奖。这给予科学家极大的信心与勇气去攻克这一难题。

一、中国率先人工合成蛋白质——结晶牛胰岛素

作为一种蛋白质，胰岛素由 A、B 两条链共 17 种、51 个氨基酸组成。人工合成胰

岛素首先要把氨基酸按照一定的顺序连接起来组成 A 链、B 链，然后再把 A、B 两条链连在一起。这是一项复杂而艰巨的工作，但是在 20 世纪 50 年代末，人工合成蛋白质是一座从未有人攀登上的科学高峰，*Nature* 杂志曾刊发评论文章认为人工合成胰岛素还有待于遥远的将来。

桑格成功测定牛胰岛素氨基酸排列顺序引起了中国科学家的注意，纷纷将目光转向了人工合成蛋白质。在这种极富挑战的环境下，中国科学家试图在实验室内合成结晶牛胰岛素。

1958 年 8 月，中国科学院上海生物化学研究所大胆提出了"人工合成胰岛素"课题；1959 年 1 月，在国家科学技术委员会的组织领导下，由北京大学化学系和中国科学院上海有机化学研究所等单位共同组成一支统一的科研队伍，开始人工合成胰岛素的研究（国家级代号"601"）课题工作，这样一个从未有人研究、对人类影响深远的基础科研项目在中国正式启动。中国科学院上海有机化学研究所和北京大学化学系负责合成 A 链；中国科学院上海生物化学研究所负责合成 B 链，并把 A 链与 B 链正确组合起来。

20 世纪 50 年代末到 60 年代初是新中国成立以来最为困难的时期，国内自然灾害频发，国际上与苏联关系恶化，在这种情况下开展国际性课题的难度可想而知。当时中国乃至世界完全没有合成蛋白质的经验，而且胰岛素结构复杂并有蛋白质分子的特定构象，其工作量之大、难度之高是生物化学领域中前所未见的，特别是胰岛素合成所需的 17 种氨基酸原料当时中国一个都没有。这些困难并没有压垮钮经义团队科学家们的信心，他们发扬自力更生、艰苦奋斗的精神，在短短几个月内就建立起专门合成氨基酸的简易厂房，保证了研究过程中氨基酸的供应。

在随后的几个月里，中国科学院上海生物化学研究所邹承鲁领导小组成功拆开了胰岛素分子的 A 链和 B 链，进一步证明了天然胰岛素重新组合是有可能的。1959 年 10 月，邹承鲁课题组的研究员杜雨苍代表课题组在全国第一次生物化学学术会议上发表了这一成果。1963 年，研究人员终于找到了处理方法，将恢复活性的胰岛素生产水平提高到了 30%～50%。1964 年，研究人员进一步人工合成 B 链，同天然 A 链重组得到胰岛素，这标志着胰岛素半合成获得了成功。不久后又完成了胰岛素 A 链的化学合成。接下来就剩最后阶段，把经过考验后人工合成的 A 链和 B 链相结合形成人工胰岛素。1965 年 9 月 3 日，在 20 多位科学家团队废寝忘食、夜以继日的努力之下，人工合成的 A 链和 B 链终于组合成功。9 月 17 日，杜雨苍收集了一份样品并采用高倍显微镜进行检测。"我看到了，我看到了！"杜雨苍大声地喊了出来。显微镜下，一个个闪亮晶体的结晶形状与天然牛胰岛素的六面体完全相同。研究人员将胰岛素结晶注入患有糖尿病的小白鼠体内，不久后小白鼠开始活蹦乱跳。整个实验室兴奋起来，世界上第一个人工合成蛋白质在中国科学家的手中诞生了。原国家科委先后两次组织著名科学家进行科学鉴定，证明人工合成牛胰岛素具有与天然牛胰岛素相同的生物活性和结晶形状。

1965 年 11 月，这一重要科学研究成果首先以演示文稿形式发表在《科学通报》杂志上。1965 年 12 月，《人民日报》发表了一篇社论宣布"中国在世界上第一次人工合成结晶胰岛素"。1966 年 3 月 30 日，《结晶牛胰岛素的全合成》全文在《中国科学》发表，整个国际科学界都感到十分震惊，人们很难想象这样难以完成的工作是在科学并不先进的中国完成的，许多国家的电视台和报社先后做了报道，各国科学家纷纷来信表示祝贺，这一工作得到了国际的深度认可。诺贝尔奖获得者、英国剑桥大学托德教授也来信为这一伟大工作向研究者致以最热忱的祝贺。诺贝尔奖委员会主席阿尔内·蒂塞利乌斯（Arne Tiselius）到上海参观胰岛素研究工作之后说："核能力说明了中国的进展，但更有说服力的是胰岛素，因为人们可以在书本中学习制造原子弹，但不能从书本中学习制造胰岛素。"尽管由于种种原因没能让诺贝尔奖青睐，但这项科学成果开启了蛋白质人工合成的新时代。

人工牛胰岛素的合成标志着人类在认识生命、探索生命奥秘的征途中迈出了由量到质转变的关键性一步，促进了生命科学的发展，在我国基础研究尤其是生物化学的发展史上有巨大的意义与深远的影响。班廷于 1921 年发现胰岛素和 1965 年我国科学家首次合成人工胰岛素都成为糖尿病史上的里程碑事件。从那时起，许多重要多肽和蛋白质在实验室里合成并在实际中得到应用，对人类医学研究产生了深远影响。这个项目之所以成功，不仅在于科学家们的团结协作以及每个人的聪明才智在团队中都得到了充分发挥，还在于科学家们对科学研究严谨的科学态度和大无畏的探索精神。1982 年，为表彰这一重大研究成果，人工全合成牛胰岛素研究成果获得了国家自然科学一等奖。

二、理性对待"诺奖情结"

诺贝尔奖是世界闻名的重要奖项，获得诺贝尔奖不仅是获奖者个人的荣耀，也是获奖者所代表国家和民族的光荣，而代表世界先进科技水平的诺贝尔化学奖与诺贝尔物理学奖却始终与中国无缘，这不得不说是一个很大的遗憾。自 19 世纪中叶以来，中国历经了 100 多年的积贫积弱，国人急需诺贝尔奖这样的荣誉来证明自己，这是可以理解的，近百年来的这个现象说明中国人民的心中一直埋藏着难以割舍的"诺奖梦""诺奖情结"。

结晶牛胰岛素的人工合成确实是新中国成立以来在基础科学研究领域取得的一项重大成果。然而，中国人工合成牛胰岛素与诺贝尔奖擦肩而过的说法毕竟只是一个美好的逻辑推论，从逻辑上说我们应该获得这个奖项而已。

我们大可不必对这样的诺奖推论太认真，也不必为所谓擦肩而过的事情伤心。对于诺贝尔奖，既不能急功近利，也不能唯诺贝尔奖马首是瞻，整体性、系统性地提升科技水平才是中国在未来进一步取得诺贝尔奖突破的关键。诺贝尔奖需要厚积薄发，获奖不过是整体实力提升之后的自然而然，一切急功近利的做法都是要不得的。获得诺贝尔奖无疑是对科研工作者能力的一种肯定，但不能作为中国科研工作者的最高目标。2018 年5 月 28 日，在中国科学院第十九次院士大会暨中国工程院第十四次大会上，习近平总书记指出："要把满足人民对美好生活的向往作为科技创新的落脚点，把惠民、利民、富民、改善民生作为科技创新的重要方向。"中国科研工作者首先要为经济建设和社会发展服务，以人民为中心，把事关中国发展的事情做好才是人间正道。

一、课程思政要素挖掘

1. 爱国奉献精神

我国科学家在艰苦的条件下成功合成结晶牛胰岛素，展现了强烈的爱国情怀和为国家科技进步无私奉献的精神。这可以培养学生为国家繁荣富强而努力学习、勇于担当的责任感。例如，讲述科学家们在资源匮乏、技术落后的情况下克服重重困难，坚持自主研发的故事，让学生体会他们的爱国之心和奉献精神。

2. 团队合作精神

合成结晶牛胰岛素是众多科学家共同努力的结果，体现了团队合作的重要性。团队成员各展所长、密切配合，才最终实现了这一重大突破。这可以培养学生的团队意识和协作能力。比如，介绍不同学科背景的科学家如何分工合作，共同攻克难题，引导学生思考在学习和生活中如何与他人合作，发挥团队的最大优势。

3. 创新精神

人工合成蛋白质是一项具有开创性的工作，需要科学家们具备创新思维和勇于探索的精神。这一成就为后来的生命科学研究提供了重要的基础和启示，可以激发学生的创新意识和创造力。在教学中可以分析科学家们在合成过程中所采用的创新方法和思路，鼓励学生在学习中敢于质疑、勇于尝试新的方法和途径。

4. 科学精神

在合成结晶牛胰岛素的过程中，科学家们秉持着严谨的科学态度，进行了大量的实验和数据分析，确保了研究结果的准确性和可靠性。这体现了科学精神的核心价值观。可以培养学生的科学素养和求真务实的态度。例如，通过讲述科学家们对实验数据的反复验证和对细节的严格把控，让学生明白科学研究需要严谨、认真、负责的态度。

二、融入教育教学的方法

1. 课堂教学

在生物学、化学等相关课程中讲解结晶牛胰岛素的合成过程，挖掘其中的思政要素，引导学生进行思考和讨论。例如，在生物化学课上介绍蛋白质的结构和功能时可以引入结晶牛胰岛素的合成案例，让学生了解这一成就对生命科学的重要意义，同时引导学生思考其中蕴含的思政价值。

2. 实验教学

设计与蛋白质合成相关的实验，让学生亲身体验科学研究的过程，培养学生的实践能力和创新精神。比如，在生物实验课中可以安排学生进行简单的蛋白质合成实验，让学生了解蛋白质合成的基本原理和方法，同时体会科学家们在合成结晶牛胰岛素时所付出的努力。

3. 案例分析

选取结晶牛胰岛素合成过程中的典型案例进行深入分析和讨论，培养学生分析问题和解决问题的能力。例如，分析科学家们在面对技术难题时是如何思考和解决问题的，让学生学习他们的创新思维和科学方法。

4. 课外拓展

组织学生参观科技馆、博物馆等场所，了解结晶牛胰岛素的合成历史和科学意义。推荐学生阅读相关的书籍、文章和纪录片，拓宽学生的知识面。比如，组织学生参观生命科学博物馆，观看关于结晶牛胰岛素合成的纪录片，让学生更加深入地了解这一重大成就的背景和意义。

三、教育教学效果评估

1. 学生反馈

通过问卷调查、座谈会等方式了解学生对结晶牛胰岛素课程思政内容的理解和感受，收集学生的意见和建议。例如：在课程结束后发放问卷，调查学生对爱国奉献、团队合作、创新精神等思政要素的认识和体会；组织学生座谈会，让学生分享学习收获和感悟。

2. 学习表现

观察学生在课堂学习、实验操作、课外拓展等活动中的表现，评估学生的学习态度、团队合作能力、创新意识等方面的变化。比如，看学生在课堂讨论中是否积极参与、提出有价值的观点，在实验操作中是否认真严谨、勇于尝试新方法，在课外拓展活动中是否主动学习、深入思考。

3. 考试成绩

在考试中设置与结晶牛胰岛素相关的题目，考查学生对知识的掌握程度和对思政要素的理解。例如，在生物学、化学等课程的考试中设置简答题或论述题，要求学生分析结晶牛胰岛素合成过程中体现的思政价值，或者让学生结合自己的学习和生活，谈谈如何发扬其中的精神品质。

4. 实践成果

评估学生在实践活动中的成果，例如实验报告、研究性学习报告、科技创新作品等，看学生是否能够将思政要素转化为实际行动。比如，评价学生的实验报告是否规范、准确，研究性学习报告是否深入、有价值，科技创新作品是否具有创新性和实用性，以及是否体现了爱国奉献、团队合作、创新精神等思政要素。

📁 **参考文献** ···

[1] 方正军，易兵. 化学化工类课程思政精选案例 [M]. 北京：化学工业出版社，2021.

[2] 姜涛，葛春华. 化学课程思政元素 [M]. 北京：高等教育出版社，2021.

[3] 新中国档案：我国首次人工合成结晶牛胰岛素蛋白 [EB/OL].（2009-09-27）[2024-10-28].
https:// www.gov.cn/test/ 2009-09/27/content_1427654.htm.

中国的粮食安全

"仓廪实，天下安。""悠悠万事，吃饭为大。""粮稳天下安。""五谷者，万民之命，国之重宝。"民以食为天，这是一条古今中外普遍认可的大道理。从古老的农耕文明伊始，华夏儿女便在广袤的土地上春耕夏耘、秋收冬藏。中国人对粮食的珍视凝结着中华民族的生存智慧和人民对美好生活的不懈追求，也承载着国家安全的重要基础——粮食安全。粮食事关国计民生，粮食生产和安全是"国之大者"，是国家安全的重要基础，是实现国家经济行稳致远、社会安定和谐的基础支撑，关乎国家的永续发展与前途命运，关乎广大人民群众的获得感、幸福感、安全感。"手中有粮，心中不慌"，只有全方位夯实粮食安全根基，才能在严峻复杂的世界变局中有效防范抵御各类风险挑战。习近平总书记深刻指出："粮食安全是事关人类生存的根本性问题。""在粮食安全这个问题上不能有丝毫麻痹大意。""只有把牢粮食安全主动权，才能把稳强国复兴主动权。"

保障国家粮食安全是一个永恒课题。那怎样才算是实现了"粮食安全"呢？在物资匮乏的年代，丰年有饱饭吃、灾年不至于饿殍遍野就已经算是粮食安全了。随着经济社会的发展，"粮食安全"这一概念的内涵和外延都丰富了很多。现代意义上的"粮食安全"指的是能确保所有的人在任何时候既买得到又买得起他们所需的基本食品，此概念涵盖三个层面：一是确保生产足够数量的粮食；二是最大限度地稳定粮食供应；三是确保所有需要粮食的人都能获得粮食。但在世界经济、社会进入新格局的形势下，如果以上述三个层面的内容为衡量指标，那么目前全球粮食安全存在着新的挑战。

一、我国的粮食安全保障战略

党的十八大以来，习近平总书记高瞻远瞩、统揽全局，以战略眼光、宏阔视野、深厚情怀就保障国家粮食安全提出一系列新理念、新思想、新战略，系统阐述了保障国家粮食安全的重大理论观点，深刻回答了端牢 14 亿多中国人饭碗的重大实践问题，擘画实施了国家粮食安全战略，为做好新时代国家粮食安全工作提供了强大的思想武器和科学的行动指南，把解决好十几亿人口的吃饭问题作为治国理政的头等大事，提出了"确保谷物基本自给、口粮绝对安全"的新粮食安全观，确立了以我为主、立足国内、确保产能、适度进口、科技支撑的国家粮食安全战略，带领亿万中国人民走出了一条中国特色粮食安全之路：第一，加强党对粮食工作的全面领导；第二，切实筑牢粮食安全基础；

第三，深入开展粮食执法监管；第四，全力做好粮食保供稳价。习近平总书记一直以来高度重视粮食安全问题，对粮食安全主动权、耕地红线、粮食储备调节等几大问题重要问题都作过深刻阐释、谈透了："在粮食问题上不能侥幸、不能折腾，一旦出了大问题，多少年都会被动。""藏粮于地、藏粮于技、藏粮于民""中国人的饭碗任何时候都要牢牢端在自己手上""我们的饭碗应该主要装中国粮""耕地红线要严防死守""确保18亿亩耕地实至名归""用自己的手攥紧中国种子""让农民种粮有利可图、让主产区抓粮有积极性""要让种粮农民有钱挣、得实惠""搞好粮食储备调节""高度重视节约粮食"。以习近平同志为核心的党中央把粮食安全作为治国理政的头等大事，中央一号文件从2014年到2024年持续十一年关注强调坚决守牢确保国家粮食安全，牢牢把住粮食安全主动权。

二、我国的粮食安全保障对策

对中国这样一个 14 亿多人的发展中大国，粮食安全一直是"天字第一号"的大问题。联合国粮农组织 2016 年发布的一份报告显示，全球粮食库存量近 30 年不断下降，目前全世界约有 8 亿人口处在饥饿中。近几年国际粮价大涨，世界粮食储备降到了 30 年以来的最低点，粮价持续飞涨已在 30 多个国家诱发粮食危机，甚至损害了经济增长并危及政治安全。在这种背景下，中国对粮食安全的担忧大为增加。从中长期看，由于人多地少，我国粮食供求仍处于紧平衡态势，且受资源、环境等多重因素制约，持续增产难度越来越大。必须长远谋划，抓住耕地、种子和农民这几个关键因素，从源头上保障国家粮食安全。

1. 坚守耕地红线、实施种业振兴

耕地是粮食生产的命根子。我国耕地质量总体不高，中下等质量耕地占比较高。因此要坚守 18 亿亩耕地红线，遏制耕地"非农化"、防止耕地"非粮化"，加快建设旱涝保收、节水高效、稳产高产、生态友好的高标准农田，不断夯实粮食产能基础。种子是农业的"芯片"，但是新品种培育周期长、难度大、失败率高。因此要全面实施种业振兴行动，加快现代种业转型升级，不断挖掘粮食增产潜力。农民是保障粮食安全的主力军。农民愿不愿意种粮、种多少粮，关键是看能不能赚到钱。因此要健全农民种粮收益保障机制，让"好收成"变成"好收入"，充分调动农民种粮积极性。

2. WTO 框架下的粮食安全对策

自 2001 年加入世界贸易组织（WTO）后，我国按照相关规则，逐步削减非关税壁垒，降低关税及国内农业支持水平，国内农产品市场也将依序渐次开放。中国作为一个农业大国，尤其是粮食生产和贸易大国，将不可避免地受到贸易自由化政策的影响：一方面，加入 WTO 有可能对我国粮食生产和粮食市场产生严重冲击；另一方面，我国粮食安全可能面临一定的威胁。WTO 框架下我国粮食安全选择了"自给自足"与"贸易自由化"相结合模式。粮食安全的"自给自足"模式是指一国粮食的需求完全通过国内粮食生产来满足，即粮食自给率为 100%。粮食安全的"贸易自由化"模式是指一国完全按照比较利益的原则，选择进口或是国内生产粮食来满足国内需求。也就是说根据国际粮

食市场价格和国内自产价格的高低来随时调整粮食自给率。WTO 框架下我国粮食安全对策包括：

① 按照比较优势原则，调整粮食生产布局。

② 加大农业科研力度，加快科技兴粮步伐。

③ 保护农业资源，改善生态环境，确保粮食生产的可持续性。

④ 调整农业保护政策，给予农业以符合国际多边协议的有效保护。

⑤ 建立粮食安全预警系统，以密切注意国际粮食市场动态及我国粮食安全状况。

3. 筑牢粮食安全保障的法治基石

为了保障粮食有效供给，确保国家粮食安全，提高防范和抵御粮食安全风险能力，维护经济国家安全和社会稳定，2023 年 12 月 29 日第十四届全国人民代表大会常务委员会第七次会议通过《中华人民共和国粮食安全保障法》，自 2024 年 6 月 1 日起施行。该法深入总结了党的十八大以来粮食安全领域改革成果，对耕地保护和粮食生产、储备、流通、加工等环节以及粮食应急、节约等分别作出明确规定，共分为十一章七十四条：第一章总则、第二章耕地保护、第三章粮食生产、第四章粮食储备、第五章粮食流通、第六章粮食加工、第七章粮食应急、第八章粮食节约、第九章监督管理、第十章法律责任、第十一章附则。作为我国粮食领域第一部基础性、统领性法律，《中华人民共和国粮食安全保障法》坚持总体国家安全观，深入实施国家粮食安全战略，建立完善粮食安全保障制度体系，全方位夯实粮食安全根基，为保障国家粮食安全提供有力法治保障：

① 明确国家建立健全粮食安全保障投入机制和粮食生产者收益保障机制，要求采取财政、金融等支持政策加强粮食安全保障，调动粮食生产者和地方人民政府保护耕地、种粮、做好粮食安全保障工作的积极性，促进农业增效、粮食生产者增收……以上相关规定给农民吃了"定心丸"，让农民种粮有利可图、让地方抓粮更有积极性。

② 坚持劳有所得、得失相当，一方面要求健全粮食生产者收益保障机制，形成市场为基、农业优惠、粮价科学、农民增收的激励机制，促进农业增效、粮食生产者增收；另一方面要求健全粮食主产区利益补偿机制，充分发挥资源流动的激励导向作用，实现资源调度与利益流动统筹协调。

③ 坚持藏粮于地、藏粮于技，专设耕地保护一章，对社会关注度较高的黑土地、撂荒地、盐碱地等分别作出针对性规定；明确"国家推进种业振兴，维护种业安全，推动种业高质量发展"等。

④ 规定国家建立粮食储备体系，合理确定粮食储备的品种结构、区域布局，确保数量和质量安全；明确承储政府粮食的企业或者其他组织应当严格执行有关规定，建立健全内部管理和风险事项报告制度；地方政府指导规模以上粮食加工企业建立企业社会责任储备，鼓励自主储粮，将饭碗牢牢端在自己手里。

⑤ 规定国家加强粮食生产防灾减灾救灾能力建设，建立健全农业自然灾害和生物灾害监测预警体系，加强防御防控技术研究应用；国家完善政策性农业保险制度，鼓励开展商业性保险业务；国家建立统一领导、分级负责、属地管理为主的粮食应急管理体制，制定粮食应急预案，按规定启动应急响应。

⑥ 规定粮食生产者应当加强粮食作物生长期保护和生产作业管理，减少粮食损失

和浪费；国家鼓励和支持推广适时农业机械收获和产地烘干等实用技术，减少产后损失；国家推广适度加工技术优化工业用粮生产结构，调控不合理加工转化；明确政府部门、粮食生产经营者、企事业单位、学会协会及公民个人、家庭等有关主体的节约义务；规定公民个人和家庭应当树立文明、健康、理性、绿色的消费理念。

⑦ 首次在法律中明确"树立大食物观"，提出构建多元化食物供给体系，明确国家粮食安全既要保数量，也要重质量，确保人民群众吃得安全放心。

4. 安全有序推进植物转基因技术

在全球气候变暖的趋势下，农业面临着干旱、洪涝等气候变化可能带来的不利影响。更为严峻的是，世界人口现已达到历史性的 70 亿，贫困、饥饿和营养不良人口达到 10 亿，粮食严重短缺。近年来国际形势复杂严峻，而美国和法国的世界四大粮商垄断全球 80% 粮食交易，发达国家的跨国种业集团在植物转基因产业布局多年，我国相关产业面临"卡脖子"风险。我国既要坚守 18 亿亩耕地红线，也要利用转基因作物的优势，有关部门要在严格监管、风险可控的前提下加快推进生物育种研发应用，开展生物育种技术体系创新，培育突破性品种，实现种源核心技术与战略品种国产化。

转基因技术是运用现代生物科学工程技术手段从某种生物中提取所需要的一个或多个基因，将其转移到另外一种生物体内与其基因进行重组，从而让后一种生物获得特定的优良遗传新性状，被称为"人类历史上应用最为迅速的重大技术之一"。国际上转基因技术已广泛应用于医药、工业、农业、能源等领域，并成为新的经济增长点，未来将对人类社会产生重大影响。目前广泛使用的人胰岛素、抗生素、疫苗、食品添加剂、食品酶制剂、干扰素和啤酒酵母等都是利用转基因技术生产的。1983 年世界上首例转基因植物转抗除草剂基因烟草由美国华盛顿大学和孟山都生物技术公司联合成功研发，1993 年世界上第一种转基因食品转基因晚熟西红柿在美国上市，随后植物基因工程技术得到了迅速发展。当前转基因作物由抗虫、耐除草剂和抗病等单一性状向复合性状发展，为减轻化学农药对生态和人类健康产生的危害，实现全球农业可持续发展提供了新的思路和途径。

2021 年中央一号文件提出要加快推进农业现代化，并明确指出种子是基础，要加快实施农业生物育种重大科技项目。推进生物育种产业化是保障国家粮食安全和重要农产品有效供给的必然选择。转基因技术无疑将为推进生物育种产业化应用注入新动能。转基因作物育种不仅加快了对农作物品种抗性、品质、产量等多种性状的协调改良，而且有效解决了目前面临的资源约束问题。

转基因作物开始大面积商业化种植始于 1996 年。过去 20 多年，全世界近 30 个国家和地区累计种植了 300 多亿亩转基因作物。21 世纪以来，全球转基因产业化应用发展迅速。2019 年全球种植面积达到 1.904 亿公顷，占全球耕地的 14%。种植转基因植物的国家已达 71 个，其中美国、巴西、阿根廷、加拿大和印度的种植面积高居世界前五。在种类上，全球商业化种植的转基因作物有 25 种，主要是大豆、玉米、棉花和油菜。就单一转基因农作物种植面积占种植总面积的比例而言，全世界转基因大豆、棉花、玉米和油菜的种植面积占比分别为 78%、64%、33% 和 24%。调查发现，美国是转基因作物种植种类和使用用途最多的国家，其次是巴西。

我国转基因作物研究始于 20 世纪 80 年代，目前是仅次于美国的转基因研发强国。2018 年，我国转基因作物种植面积为 320 万公顷，占全球的 1.68%，位列第 7 位，主要种植棉花和木瓜两类转基因作物，其他农作物我国仅持有生产应用证书，并未进行实际的规模化种植，也未批准进行商业化生产。2008 年至 2019 年底，我国培育的转基因抗虫棉新品种多达 176 个，累计推广 4.7 亿亩。目前我国批准大规模种植的转基因作物仅有 Bt 抗虫棉以及少量的抗病毒病转基因木瓜，已获得安全证书的有转基因玉米、水稻、甜椒、番茄等。近 20 年来我国的转基因产业化发展相对缓慢，市场上的转基因产品种类少、品种更新慢。为满足国内市场需求，我国每年从国外进口大量大豆、玉米、油菜、棉花、甜菜等作物及其产品，这无疑在一定程度上增加了我国粮食安全风险。我国已批准 50 多个转基因作物品种的进口，主要进口国家为美国、巴西等转基因作物种植大国。2020 年我国转基因大豆进口量突破 1 亿吨，约占全国大豆消耗量的 90%。

转基因技术不仅可以提高农作物产量和生产效率，而且在一定程度上可以解决病虫害问题，改变作物生长周期，提升市场规模和经济价值。转基因技术的广泛应用有效降低了农业生产人工成本，减少了农药使用量和灾害损失，在缓解资源约束、保护生态环境、改善和提高农产品质量和营养价值、推进绿色发展等方面发挥了重大作用，已经成为国际农业科技战略必争的前沿领域。

但是，国内学术界和社会公众对转基因作物仍存在争议，比如转基因作物收益的不确定性、转基因作物的生态安全性以转基因食品的健康风险等。2012 年湖南"黄金大米"事件在一些媒体的推动下，使国内对转基因食品的负面舆论达到了顶峰。2016 年 133 名诺贝尔奖得主联名签署公开信力挺转基因技术，要求绿色和平组织等不要再反对转基因食品，而社会并不太认可。反对转基因食品的人认为食用转基因食品可能会导致基因突变。显然，公众态度成为制约转基因作物产业化发展的主要原因之一。但主张食用转基因食品的人认为转基因食品产量高、农药残留低、营养含量高，到目前为止还没有大规模的人体实验证实其危害性。

事实上，转基因作物具有较好的经济和农业生态效益，在保障粮食安全和增加农民收入方面具有明显的优势，同时在减少农药和除草剂的用量以及改善土壤生态方面也具有积极作用。相较于常规品种，抗虫棉品种的最大优势在于节药效用，而且对农民收入的持续增长和农业的可持续发展起到了良好的保障作用。

值得一提的是，我国转基因安全性评价体系可谓全球最严。有别于美国模式（仅针对后期产品进行安全性评估）和欧盟模式（仅对操作过程进行安全性评估），我国执行的是对转基因过程和产品进行安全性评估。目前，我国已建立严格规范的农业转基因生物安全评价监管制度以及全过程追溯管理体系，为转基因作物的安全管理和健康发展保驾护航。

我国于 2011 年颁布《农业转基因生物安全管理条例》，2017 年作了修订，规定了农业基因植物研究、生产、加工、经营和进出口活动应遵守的规范、监管责任主体和相关安全评价制度。2017 年修订《农业转基因生物标识管理办法》。2019 年发布《国务院办公厅关于加强农业种质资源保护与利用的意见》，提出要开展种质资源表型与基因型精准鉴定评价，深度发掘优异种质、优异基因，构建分子指纹图谱库，强化育种创新基础。2022 年修订《农业转基因生物安全评价管理办法》，从政策层面保障了我国农业转基因植物新品种的研发和后续发展。

5. 坚决打击境外"黑手"，全民守护、全民共享

保障粮食安全和守护种质资源是国家安全机关贯彻落实总体国家安全观、以高水平安全保障高质量发展的应尽之责。近年来，境外间谍情报机关持续加大对我国粮食领域的渗透力度，窃取我国核心科研情报，对我国水稻种业核心竞争力与粮食安全造成显著危害。国家安全机关坚定履行党和人民赋予的神圣使命，会同有关部门重拳出击，依法侦查破获了一批粮食安全领域间谍窃密案件，斩断了境外伸向我国种质资源的窃密"黑手"，有效防范制止了粮食安全领域泄密风险隐患，全力保障国家粮食安全战略顺利实施，筑牢国家粮食安全防线。粮食安全，全民守护、全民共享。减少粮食损耗是保障粮食安全的重要途径。我们每个人都应该从自身做起，养成节约粮食的好习惯，弘扬节约光荣风尚，提倡健康饮食，坚决制止餐饮浪费行为，让节约粮食在全社会蔚然成风，为国家粮食安全贡献人民力量。

6. 巨大成就

国家统计局 2024 年 9 月 10 日发布的新中国 75 年经济社会发展成就系列报告显示，75 年来我国粮食生产实现跨越式发展，粮食安全保障有力。2023 年粮食产量达到 13908 亿斤，比 1949 年增加 1 万多亿斤，增长 5.1 倍；粮食单产大幅提升，2023 年全国粮食单产 389.7 公斤/亩，比 1949 年增加 321.1 公斤/亩。新中国成立以来，我国农业经济稳步提升，产业结构优化升级。2023 年，我国农林牧渔业总产值 158507 亿元，比 1952 年的 461 亿元增加 158046 亿元。按可比价格计算，1953 年至 2023 年年均增长 4.5%。随着农业生产方式的变革，我国农业生产实现了由"以种植业为主、以粮为纲"的高度单一结构向"农林牧渔全面、多元、协调发展"的历史转变，多元化食物供给体系加快构建。

报告显示，随着居民生活水平不断提高和膳食结构变化，经济作物生产蓬勃发展。重要农产品全面发展，食物供给丰富多元。党的十八大以来，我国畜牧业现代化、规模化进程加快，综合产能进一步提升，肉蛋奶产量多年来一直稳居世界前列。党的十八大以来，国家持续推进高标准农田建设，统筹推进灌溉水源保障和灌区建设改造，农业生产条件明显增强，农业基础更加稳固。截至 2023 年底，全国已累计建成高标准农田 10 亿亩以上。2023 年我国耕地灌溉面积 10.75 亿亩，比 1952 年增长 2.6 倍。报告显示，75 年来，我国农业科技发展从小到大、从弱到强，取得长足进步。党的十八大以来，我国加快实现高水平科技自立自强，培育发展农业新质生产力，农业科技事业加快发展，创新体系更加健全，创新能力显著增强。2023 年，全国农业科技进步贡献率 63.2%，比 2012 年提升 8.7 个百分点，农业科技整体水平跨入世界第一方阵。

新中国 75 年经济社会发展成就系列报告指出，我国农业发展呈现出翻天覆地的巨大变化，实现了举世瞩目的跨越发展。农业经济稳步提升，重要农产品全面发展。随着农业的蓬勃发展，我国农林牧渔业总产值实现较快增长。随着乡村振兴战略深入实施，我国农业产业链条和多功能性不断延伸拓展。2022 年，全国规模以上农产品加工业企业

超过 9 万家，营业收入超过 19 万亿元。新中国成立以来，居民的"菜篮子""果盘子"更加丰富，中国人实现了从吃不饱到吃得好的历史跨越。2023 年，我国经济作物播种面积达到 7.9 亿亩，比 1949 年增长了 2.7 倍；全国蔬菜面积达到 3.4 亿亩，产量 8.3 亿吨；全国果园面积 1.9 亿亩，园林水果产量 2.4 亿吨，分别比 1978 年增长 6.7 倍和 35.5 倍。蔬菜水果品种琳琅满目，品质不断提升。新中国成立以来，特别是改革开放后，我国确立了"以养殖为主"的渔业发展方针，水产品产量迅速增长。2023 年，我国水产品总产量达到 7116 万吨，比 1949 年增长 157 倍，年均增长 7.1%；其中，养殖产量占水产品总产量 81.6%，比 1952 年提高 70 个百分点。

根据相关统计，2023 年我国粮食总产量达 1.3908 万亿斤，连续 9 年稳定在 1.3 万亿斤以上，人均粮食占有量超过 490 公斤。高标准农田建设加快推进，坚决守住 18 亿亩耕地红线，更多粮田变良田，粮食储备数量充足、质量良好、储存安全，粮食库存远高于 17%～18% 的国际粮食安全警戒线，小麦、稻谷库存量能够满足全国人民 1 年以上口粮消费需求，"大国粮仓"保障能力进一步夯实。经过艰苦努力，我国以占世界 9% 的耕地、6% 的淡水资源养育了世界近五分之一的人口，谷物总产量稳居世界首位，从当年 4 亿人吃不饱到今天 14 亿多人吃得好，有力回答了"谁来养活中国"的问题，真正做到中国人的饭碗牢牢端在自己手中、饭碗主要装中国粮，真正做到把粮食安全的主动权牢牢掌握在自己手中，为全面建设社会主义现代化国家提供了坚实保障。

三、维护世界粮食安全的中国担当

当前，在全球经济复苏乏力、极端气候频繁、逆全球化趋势及地缘政治冲突等因素交织影响下，全球粮食安全形势依然严峻复杂。一些国家出于政治或经济目的，采取粮食贸易限制措施，影响粮食进口国的粮食安全。在部分冲突地区，战争和冲突正在引发严重的粮食不安全状况，很多民众面临着饥荒风险。据联合国粮农组织等机构发布的 2024 年《世界粮食安全和营养状况》报告显示，全球饥饿水平连续第三年居高不下，2023 年全球约有 7.33 亿人面临饥饿，较 2019 年新增约 1.52 亿，每 11 人中就有 1 人食不果腹，全球约有 23.3 亿人面临中度或重度粮食不安全，无法全年都获得营养、安全和充足的食物。报告警告，全球到 2030 年将有约 5.82 亿人处于长期食物不足状况，联合国 2030 年可持续发展议程中关于消除饥饿的目标恐难以如期实现。

中国始终是维护世界粮食安全的积极力量。在人多地少条件下，中国解决了自己的粮食供给保障，这本就是对世界粮食安全的重大贡献，同时中国积极开展对外粮食援助，参与国际减贫事业。新时代，中国提出并全面践行全球发展倡议，提出国际粮食安全合作倡议，同世界百余个国家和地区开展农业合作，向发展中国家推广了千余项农业技术，培训了万余名杂交水稻专业技术人才，切实帮助发展中国家提升农业生产和保障粮食安全能力，为保障全球粮食安全提供中国方案、展现中国担当。全球粮食安全困境需要国际社会携手应对，世界各国应当坚持命运与共、和衷共济，加强粮食安全和减贫领域合作，共同提升全球粮食供给保障能力，共同维护全球粮食产业链供应链稳定，共同推进全球粮食安全治理体系更加公平合理，共同建设没有饥饿贫困的世界。

一、课程思政要素挖掘

1. 国家意识与责任感

粮食安全是国家战略问题，关系到国家的稳定和发展。通过学习中国粮食安全的重要性，学生能深刻认识到自己作为国家的一员，有责任为保障国家粮食安全贡献力量。培养学生的国家意识和爱国情怀，增强他们的社会责任感。

强调中国在保障粮食安全方面所做出的努力和成就，激发学生的民族自豪感和自信心，鼓励他们为国家的繁荣富强而努力学习。

2. 节约意识与可持续发展观

粮食安全不仅涉及粮食生产，还与粮食消费密切相关。引导学生树立节约粮食的意识，认识到浪费粮食对国家和社会的不良影响。培养学生的节约美德，养成良好的生活习惯。

探讨粮食安全与可持续发展的关系，让学生了解农业可持续发展的重要性。培养学生的可持续发展观，引导他们关注环境保护、资源利用等问题，为实现经济、社会和环境的协调发展贡献力量。

3. 创新精神与科学态度

为了保障粮食安全，中国不断推进农业科技创新，提高粮食生产效率和质量。通过介绍农业科技的发展成果，激发学生的创新精神和对科学技术的热爱。鼓励学生在学习和生活中勇于创新，积极探索解决问题的新方法和新途径。

强调科学研究在粮食安全中的重要作用，培养学生的科学态度和严谨的治学精神。引导学生用科学的方法分析问题、解决问题，提高他们的科学素养和综合能力。

4. 劳动精神与奋斗精神

粮食生产离不开农民的辛勤劳动和付出。通过介绍农民的劳动场景和奉献精神，培养学生的劳动意识和尊重劳动的价值观。让学生明白劳动创造财富，只有通过辛勤劳动才能实现自己的人生价值。

强调保障粮食安全需要全社会的共同努力和奋斗。激发学生的奋斗精神，鼓励他们在学习和生活中不畏困难、勇于拼搏，为实现自己的理想和国家的发展目标而努力奋斗。

二、融入教育教学的方法

1. 课堂教学

案例分析：通过具体的案例分析，比如中国粮食生产的成功经验、粮食安全面临的挑战等，引导学生深入思考粮食安全问题。在案例分析中融入思政要素，培养学生的综合分析能力和价值观。

小组讨论：组织学生围绕粮食安全的相关问题进行小组讨论，比如节约粮食的重要性、农业科技创新的方向等。鼓励学生发表不同观点，培养学生的团队合作精神和批判性思维。

多媒体教学：利用图片、视频等多媒体资源展示中国粮食生产的场景、粮食安全的重要性等内容。激发学生的学习兴趣，增强教学的直观性和感染力。

2. 实践教学

实地考察：组织学生到农村、农业企业等地进行实地考察，了解粮食生产的过程和现状。让学生亲身体验农民的劳动和付出，增强他们对粮食安全的认识和责任感。

社会实践：鼓励学生参与粮食安全宣传、节约粮食行动等社会实践活动。通过实践活动培养学生的社会责任感和实践能力，让他们将所学知识应用于实际生活中。

三、教育教学效果评估

1. 多元化考核

在课程考核中，除了考查学生对粮食安全知识的掌握程度外，还应注重对思政要素的考核。可以采用考试、作业、实践报告、课堂表现等多种形式进行考核，综合评价学生的学习成果。

2. 反馈与改进

及时向学生反馈考核结果，指出他们在思政方面的优点和不足，引导学生进行自我反思和改进。同时，教师根据学生的反馈意见不断改进教学方法和内容，提高教学质量。

总之，将"中国的粮食安全"的课程思政要素融入教育教学中可以丰富教学内容，提高学生的学习兴趣和综合素质。通过培养学生的国家意识、节约意识、创新精神和劳动精神等，为保障国家粮食安全培养有责任感、有担当的新时代人才。

📁 **参考文献** ....

[1] 王彦芹，艾尼瓦尔·吐米尔，朱新霞，等. 生物科学类专业课程思政案例集 [M]. 北京：中国农业科学技术出版社，2023.

[2] 《植物保护专业课程思政案例库》编委会. 植物保护专业课程思政案例库 [M]. 重庆：西南大学出版社，2022.

[3] 国家统计局. 农业发展阔步前行　现代农业谱写新篇——新中国 75 年经济社会发展成就系列报告之二 [EB/OL].（2024-09-10）[2024-12-11]. https://www.stats.gov.cn/sj/sjjd/202409/t20240910_1956334.html.

案例10

"世界杂交水稻之父" 袁隆平

袁隆平（1930 年 9 月 7 日—2021 年 5 月 22 日），中国工程院院士，国家杂交水稻工程技术研究中心主任，中国杂交水稻育种专家，中国研究与发展杂交水稻的开创者，是享誉全球的"稻田守望者""世界杂交水稻之父""奇迹稻之父"。他先后荣获国家发明奖特等奖、首届国家最高科学技术奖、国家科学技术进步奖特等奖、未来科学大奖生命科学奖、美国费因斯特"拯救世界饥饿奖"和联合国粮农组织授予的"世界粮食安全保障奖""世界粮食奖"等 20 多项国际国内大奖，并当选为美国科学院外籍院士。1999 年中国科学院北京天文台施密特 CCD 小行星项目组发现的一颗小行星被命名为"袁隆平星"。他所发明的杂交水稻被西方专家称为"东方魔稻""巨人稻""瀑布稻"，比常规水稻增产 20% 以上。每年因种植杂交水稻而增产的稻谷可以多养活 7000 万人口，从根本上解决了 14 亿中国人吃饭难的问题。中国发明的杂交水稻除国内发展迅速外，在国外已有越南、印度、菲律宾和美国在大面积生产上应用，并取得了显著的增产效果。如今，杂交水稻已经推广到全世界 20 多个国家和地区，不仅为解决中国人的温饱和保障国家粮食安全做出了杰出贡献，还为世界和平和社会进步树立了丰碑，被誉为"一颗种子改变世界"。

拓展链接

水稻

水稻，稻属谷类作物，代表种为稻（*Oryza sativa* L.），是禾本科一年生水生草本（现已有多年生稻品种）。稻是亚洲热带广泛种植的重要谷物，中国南方为主要产稻区，北方各省也有栽种。种下主要分为 2 个亚种，籼稻与粳稻。亚种下包括的栽培品种极多。水稻按稻谷类型分为籼稻和粳稻、早稻和中晚稻、糯稻和非糯稻，按留种方式分为常规水稻和杂交水稻。水稻是人类重要的粮食作物之一，耕种与食用的历史都相当悠久。全世界有一半的人口食用稻，主要在亚洲、欧洲南部和热带美洲及非洲部分地区。稻的总产量位于世界粮食作物产量第三位，低于玉米和小麦，但能维持较多人口的生活，所以联合国将 2004 年定为"国际稻米年"。

水稻原产于中国和印度，7000 年前中国长江流域的先民们就曾种植水稻。中国南方地区农田多以水田为主，粮食作物以种植水稻为主。中国是世界上水稻栽培历史最悠久的国家，6000 年前，河姆渡人驯化水稻，在植物与土地的单纯关系中加入人类的因素。考古工作者发现的出土于陕西省渭南市东阳遗址的水稻遗存，属于距今 5800 多年的人工栽培品种，为研究水稻种植的起源和传播提供了新的证据。2000 年前，水稻东传日本。后来，水稻向西传入伊朗、希腊、非洲，然后进入西班牙，再传到意大利、法国、德国、英国。新大陆被发现后，水稻又进入美洲。

作为我国最早的诗歌总集，《诗经》里就记载"八月剥枣，十月获稻"（节选自《豳风·七月》），"滮池北流，浸彼稻田"（节选自《小雅·白华》）。其中的"稻"即今天我们所说的水稻、稻谷，去壳后是大米。《诗经》中提到的"稻"，依据历年来各个注释家的意见，应为"秔稻"，即今称"粳稻"，米比较黏，为米饭的主要来源。

水稻具有明显的杂种优势现象，主要表现在生长旺盛、根系发达、穗大粒多、抗逆性强等方面，因此利用水稻的杂种优势以大幅度提高水稻产量一直是育种家梦寐以求的愿望。但是，水稻属自花授粉植物，雌雄蕊着生在同一朵颖花里，由于颖花很小，而且每朵花只结一粒种子，因此很难用人工去雄杂交的方法来生产大量的第一代杂变种子，所以长期以来水稻的杂种优势未能得到应用。杂交水稻指选用两个在遗传上有一定差异、它们的优良性状又能互补的水稻品种进行杂交，产生具有杂种优势的第一代杂交品种。杂种优势是生物界普遍现象，利用杂种优势提高农作物产量和品质是现代农业科学的主要成就之一。在国际上，袁隆平并不是第一个培育出杂交稻的人，美国农学家琼斯于 1926 年首先提出了水稻具有杂种优势的理论。首次成功实现水稻杂交的是来自美国的世界著名水稻育种家亨利·比奇（Henry Beache），他于 1963 年在印度尼西亚完成，因此他也被学术界某些人称为"杂交水稻之父"，并由此获得 1996 年世界粮食奖。但由于亨利·比奇的设想和方案存在着某些缺陷，他的杂交水稻无法进行大规模推广。

一、从挫折到辉煌的研究之路

袁隆平是杂交水稻研究领域的开创者和带头人，一生致力于"二区三系法"杂交水稻技术的研究、应用与推广，从不育系的发现到保持系和恢复系的筛选，历尽千辛万苦终于取得成功。袁隆平于 1964 年开始研究杂交水稻，1966 年其科研团队在总部位于菲律宾的国际水稻研究所（IRRI）培育出奇迹稻（IR8），1973 年发明"三系法"籼型杂交水稻配套技术，1974 年育成第一个杂交水稻强优组合南优 2 号，1975 年研制成功杂交水稻制种技术，1976 年杂交水稻开始在全国进行大面积推广种植，1985 年提出杂交水稻育种战略设想，1986 年提出杂交水稻育种战略，1987 年提出杂交水稻发展战略，1989 年试验成功中国独创的"两系法"杂交水稻并于 1995 年通过验收，2000 年创建了超级杂交稻技术体系并提出和实施"种三产四丰产工程"。

袁隆平的研究之路并非坦途。1965 年他从 14000 多个稻穗中找到了 6 株雄性不育植株，然而在 1968 年 5 月的一个晚上，试验田里的秧苗被全部拔光，最后只在旁边的废井里找到 5 株秧苗才得以继续杂交试验，直到 1970 年才艰难地找到了合适的不育系。

1970 年 11 月，袁隆平在海南发现了一株珍贵的"野败"（野生稻），为杂交水稻研究带来重大转机。然而一场突如其来的台风威胁着这些宝贵的研究材料。当时抱病的袁隆平立即带领团队展开抢救，将稻苗小心转移到安全场所，甚至临时安置在宿舍床铺上。经过昼夜奋战，终于保住了这些关键样本，而袁隆平却因过度劳累几乎虚脱。

在杂交水稻研究的漫长征程中，袁隆平始终以坚韧不拔的科研精神面对各种挑战。正是这种执着追求，最终让他在杂交水稻领域取得举世瞩目的成就。

2000—2012 年间，他带领团队实现超级稻亩产从 700 公斤到 900 公斤的三次重大突破，并于 2013 年启动亩产 1000 公斤攻关。通过"种三产四丰产工程"，推动科研成果大规模转化应用。2012 年起他又组建专业团队进行耐盐碱水稻（海水稻）研发，2017 年在 6‰盐度条件下实现亩产 620 公斤。至 2021 年，在全国建立 8 个"海水稻"试验种植基地，最高亩产达 860 公斤，平均亩产 450 公斤。另外，袁隆平带领的团队更在迪拜热带沙漠成功种植水稻，创亩产 500 公斤纪录，为全球粮食安全提供中国方案。

这些系统性创新使我国水稻育种技术持续领先世界，为保障粮食安全做出历史性贡献。

二、主要学术贡献

袁隆平运用超级杂交稻的技术成果出版中、英文专著 6 部，发表论文 60 余篇，主要学术贡献包括：

① 在中国率先开展水稻杂种优势利用研究。他在撰写的第一篇论文《水稻的雄性不孕性》中提出了："要想利用水稻杂种优势，首推利用雄性不孕性"。他的理论与研究实践是对经典遗传学理论的挑战，否定了水稻等"自花授粉作物没有杂种优势"的传统观点，极大地丰富了作物遗传育种的理论和技术。

② 解决了三系法杂交稻研究中的三大难题。一是提出用"野生稻与栽培稻进行远缘杂交"的技术方案，终于找到了培育雄性不育系的有效途径，于 1973 年实现了不育系、保持系和恢复系的"三系"配套。二是育成强优势的杂交水稻"南优 2 号"等一批组合，并在生产上大面积应用，成为世界上第一位成功利用水稻杂种优势的科学家。三是突破了制种关，制种产量逐渐提高。

③ 提出了杂交水稻的育种发展战略，即方法上由三系到两系再到一系，程序越来越简单而效率越来越高；杂种优势水平上由品种间到亚种间再到远缘杂种优势利用，优势越来越强，促使杂交水稻一步一步向新的台阶迈进。这一思路已被国内外同行采用，并成为杂交水稻育种发展的指导思想。

④ 解决了两系法中的一些关键技术难题，使两系法杂交水稻研究最终取得成功并推广应用。

⑤ 设计出了以高冠层、矮穗层和中大穗为特征的超高产株型模式和培育超级杂交稻的技术路线，并在超级杂交稻研究方面连续取得重大进展，为粮食持续稳定增产做出了新的贡献。

三、光荣与梦想

1981 年，袁隆平被授予新中国第一个国家发明奖特等奖。1982 年，国际水稻研究所学术会首次公认中国科学家袁隆平为"世界杂交水稻之父"。2001 年，袁隆平获得国家最高科学技术奖；2018 年 9 月 8 日，袁隆平获得我国第三届未来科学大奖生命科学奖；2018 年 12 月 18 日，党中央、国务院授予袁隆平改革先锋称号，颁授改革先锋奖章，获评杂交水稻研究开创者荣誉。2019 年 9 月 17 日，国家主席习近平签署主席令，授予袁隆平共和国勋章为表彰袁隆平对全球的杰出贡献，众多国家纷纷向他颁发奖项。联合国粮农组织特聘他为国际杂交水稻发展的首席顾问。

袁隆平一辈子致力于为我国解决粮食安全问题、为百姓的饭碗问题做出了重大贡献，是我国的国宝级人物，可是其本人却朴实无华，心中只有国家与人民。在各个历史时期，由于有了党和国家在背后各个方面的大力支持，袁隆平才在将近 60 年的杂交水稻研发过程中能够克服各种天灾人祸及其他困难，最终取得了举世瞩目的成就。据联合国粮农组织 2016 年报告统计，全世界有超过 8 亿饥饿人口，全球平均每天有两万多人死于饥饿，其中近一半是儿童。为此，袁隆平将目光投向了全世界为饥饿所困的人。他表示："世界上有一半以上的人以稻米为主食，特别是中国有超过 60% 的人以稻米为主食，因此提高水稻产量对保护世界粮食安全有重要作用。""追求高产、更高产是我们永恒的主题。""我有两个愿望：一是 2010 年超级杂交水稻能实现亩产 900 公斤的目标，二是将杂交水稻在全世界推广到 1500 万公顷，多养活 1 亿世界人口。""我梦见我们种的水稻，长得跟高粱一样高，穗子像扫把那么长，颗粒像花生米那么大，我和助手们就坐在稻穗下面乘凉……"这个禾下乘凉梦，袁隆平做了两次。而作为"世界杂交水稻之父"，关于水稻的梦他一做就是 50 多年。

四、袁隆平之后：中国水稻基因组的突破

2000 年 4 月，华大基因正式启动了水稻（籼稻）基因组计划，测序样本是袁隆平杂交稻的父本，希望通过测序找出水稻产量相关基因。外有日本竞争，内有资金困境，可谓是举步维艰，但华大水稻基因项目组成员决心不惜一切代价要在水稻研究上拔得头筹。在极端艰苦、紧张的条件下，华大基因终于赶在日本之前完成了水稻（籼稻）基因组框架图绘制。2001 年 10 月 12 日，中国科学院、国家计委、科技部联合宣布，具有国际领先水平的中国水稻（籼稻）基因组"工作框架图"和数据库在中国完成，并将公布数据供全球无偿共享。这是一项在生命科学领域中具有世界水平的、值得中华民族骄傲的重大科技成果，是我国科学家为人类做出的一项重大贡献。这一成果由我国科学家独立完成，其意义非比寻常，它标志着我国已经成为继美国之后第二个具有独立完成大规模基因组测序和组装分析能力的国家。2002 年 4 月，《科学》杂志以封面文章形式报道了这项工作，当期杂志封面图是中国云南哈尼梯田，山地上层层叠叠的稻田极具民族特色。2005 年，华大基因把绘制完善的水稻基组精细图以封面文章形式发表于 *PLOS Biology* 杂志。在封面图上，

一个穿红衣的孩子抱着大锅煮熟的米饭，暗喻水稻基因组框架图已经足够完美，生米已经煮成熟饭。

2011 年 9 月，华大基因和中国农业科学院、国际水稻研究所共同启动"全球 3000 份水稻核心种质资源重测序计划"，对 3000 多株亚洲稻进行了重测序，这是全球最大的动植物重测序项目之一，能为水稻基因组学研究和育种提供重要资源。经过数年努力，研究人员终于完成了主要测序工作。

当他们把研究成果写成论文向《自然》（*Nature*）杂志投稿时在文中用了"籼"（Xian）和"粳"（Geng）的汉语名字，而没有采用日本命名法。但杂志社审稿人认为这并非传统命名方法，建议把这两个汉字去掉。研究人员坚持使用这两个中文命名，他们反复跟审稿人讲述中国历史，讲述中国古代文献里关于籼稻和粳稻的记载，讲述丁颖的论文；认为水稻不仅在中国有悠久历史，测序结果也显示很多水稻品种起源于中国，所以应该尊重传统文化和生物学客观事实，把"籼""粳"这两个汉字印刷在文章上，以纠正日本人当年的错误。最终，这篇含有两个汉字的论文于 2018 年 4 月成功发表在《自然》杂志上。

从 20 世纪 30 年代起，丁颖等科学家就希望把水稻的两个亚种命名为籼稻和粳稻，但一直没能改过来，如今这两个汉字终于刊登在《自然》杂志上了。这不仅意味着《自然》杂志研究论文中首次出现了汉字，更意味着当年"印度型稻"和"日本型稻"命名得到了纠正，具有重大的历史意义。一碗再常见不过的白米饭，背后是中国人上万年的水稻种植史和中国科学家数十年的努力。

中国水稻基因组测序的成功是继袁隆平杂交水稻技术之后，我国在水稻科学研究领域取得的另一项里程碑式成就，袁隆平的贡献是应用技术的巅峰，基因组测序则是基础科研的卓越成就，它们共同构成了中国水稻科技的完整拼图。

🧲 拓展链接 •••

从 1979 年以来，联合国世界粮食计划署（WFP）在中国实施了 70 个无偿粮食援助项目，总金额达 9.25 亿美元，粮食援助项目遍及我国各省、直辖市和自治区，覆盖 214 个市、县，项目区绝大多数位于我国贫困地区，粮食援助曾使中国 3000 多万人直接受益。鉴于中国经济多年来保持高速发展并实现粮食自给，自 2006 年 1 月 1 日起中国将不再接受 WFP 的援助。在 20 余年中，中国从一个粮食受援国变为援助国并成为世界上最大的人道主义援助机构，这是一个质的变化。《中国农业产业发展报告 2020》显示，2019 年，我国小麦和稻谷两大口粮自给率超过 100%，中国稻谷、小麦和玉米三大谷物的自给率总体达到 98.75%，不再存在口粮进口依赖。这一年中国粮食总产量接近 6.64 亿吨，约为全球粮食总产量的 24.4%，粮食产量连续数十年全球第一，远超其他国家。其中 2014 年以后稻米的自给率均在 100% 以上。2020 年秋，联合国粮农组织前副总干事何昌垂在接受记者采访时称："中国的粮食安全是全球粮食安全的稳定器和压舱石。可以说没有中国的粮食安全就没有世界的粮食安全。中国用不到全球 9% 的耕地面积和 6% 的淡水资源解决了全球 19% 的人口的吃饭问题，这本身就是一个奇迹。中国有长计划、短安排，有可靠的制度与可行的方案，这是中国的一大特色。"

教学分析

一、课程思政要素挖掘

1. 爱国情怀与奉献精神

袁隆平对国家和人民怀有深厚的感情，他把解决中国人的吃饭问题作为自己的毕生追求。在艰苦的条件下，他毅然投身于杂交水稻研究，不畏困难、无私奉献。这种爱国情怀和奉献精神可以激发学生的民族自豪感和责任感，培养他们为国家和人民奉献的意识。

他始终心系国家粮食安全，即使在取得巨大成就后，仍不断努力创新，为实现更高的粮食产量而奋斗。这可以教育学生要有坚定的理想信念和持之以恒的奋斗精神，为国家的繁荣富强贡献自己的力量。

2. 科学精神与创新意识

袁隆平在杂交水稻研究中展现出了严谨的科学态度、勇于探索的精神和创新思维。他不畏权威，敢于质疑传统理论，通过大量的实验和研究，开创了杂交水稻研究的新局面。这可以培养学生的科学精神和创新意识，鼓励他们在学习和研究中敢于突破传统、勇于创新。

他不断追求卓越，持续进行技术创新，提高杂交水稻的产量和品质。这种对科学的执着追求和不断进取的精神，能够激励学生在学习中树立远大目标，努力拼搏，追求更高的学术成就。

3. 坚韧不拔与艰苦奋斗

袁隆平的科研之路充满了艰辛和挫折，但他从未放弃。他在田间地头辛勤耕耘，历经无数次失败，仍然坚持不懈地进行试验。这种坚韧不拔的毅力和艰苦奋斗的精神可以教育学生在面对困难和挑战时，不气馁、不退缩，勇敢地迎接挑战，努力克服困难。

他不怕吃苦，长期扎根农村，与农民一起劳作，为杂交水稻的推广付出了巨大努力。这启示学生要脚踏实地、吃苦耐劳，在实践中锻炼自己，实现自己的人生价值。

4. 团队合作与国际视野

袁隆平的科研团队在杂交水稻研究中发挥了重要作用。他注重团队合作，充分发挥团队成员的优势，共同攻克科研难题。这可以培养学生的团队合作精神，让他们明白团队的力量大于个人，学会与他人合作，共同进步。

袁隆平积极开展国际合作，将杂交水稻技术推广到全球，为解决世界粮食问题做出了巨大贡献。这能培养学生的国际视野和人类命运共同体意识，鼓励他们关注全球问题，积极参与国际交流与合作。

二、融入教育教学的方法

1. 课堂教学

故事讲述：在课堂上讲述袁隆平的生平事迹和科研成就，让学生了解他的爱国情怀、科学精神和奋斗历程。通过生动的故事，激发学生的学习兴趣，同时让他们深刻体会到思政要素的内涵。

案例分析：结合袁隆平的科研案例，分析其中蕴含的思政要素。例如，分析他在杂交水稻研究中的创新方法和团队合作精神，引导学生学习科学研究的方法和团队合作的重要性。

小组讨论：组织学生围绕袁隆平的精神品质进行小组讨论。可以提出一些问题，比如"袁隆平的哪些品质值得我们学习？""我们应该如何在学习和生活中践行袁隆平的精神？"等，引导学生积极思考，培养他们的团队协作能力和表达能力。

2. 实践教学

实验探究：开展与农业科学相关的实验，让学生亲身体验科学研究的过程。在实验中培养学生的科学精神和实践能力，同时让他们体会到袁隆平在科研中的艰辛和付出。

社会实践：组织学生参加农业实践活动，比如参观农业基地、参与农业生产等，让学生了解农业生产的现状和重要性，增强他们对农业科学的兴趣和责任感。同时，让他们体会到袁隆平的科研成果对农业生产的巨大贡献。

三、教育教学效果评估

1. 多元化考核

在课程考核中，除了考查学生对专业知识的掌握情况外，还应注重对思政要素的考核。可以采用考试、作业、实践报告、课堂表现等多种形式进行考核，综合评价学生的学习成果。

2. 反馈与改进

及时向学生反馈考核结果，指出他们在思政方面的优点和不足，引导学生进行自我反思和改进。同时，教师根据学生的反馈意见不断改进教学方法和考核方式，提高教学质量。

总之，将"世界杂交水稻之父"袁隆平的课程思政要素融入教育教学中可以丰富教学内容，提高学生的学习兴趣和综合素质。通过培养学生的爱国情怀、科学精神、奋斗精神和团队合作精神，为他们的未来发展奠定坚实的基础。

📁 参考文献

[1] 王彦芹，艾尼瓦尔·吐米尔，朱新霞，等. 生物科学类专业课程思政案例集 [M]. 北京：中国农业科学技术出版社，2023.

[2] 《植物保护专业课程思政案例库》编委会. 植物保护专业课程思政案例库 [M]. 重庆：西南大学出版社，2022.

中国科学家共同参与完成国际
人类基因组计划

一个生物体内所有基因的总和就是基因组。结构基因组学即通常人们所提到的"基因组学"，它以基因组作图、核苷酸序列测定、确定基因组成及基因定位为主要任务。只有破译了所有基因的秘密，才能从根本上探索生命的本质。科学家们认为，通过测定人类的基因了解基因的功能，可以为治疗和预防癌症、心脏病等疑难疾病提供新的途径。与人类疾病相关的基因是人类基因组中结构和功能完整性至关重要的信息。

对于单基因疾病，科学家采用"定位克隆"和"定位候选克隆"的全新思路，发现了亨廷顿氏舞蹈症、遗传性结肠癌和乳腺癌等一大批单基因遗传病致病基因，为这些疾病的基因诊断和基因治疗奠定了基础。对于多基因疾病，心血管疾病、肿瘤、糖尿病、神经精神类疾病（阿尔茨海默病、精神分裂症）、自身免疫性疾病等是疾病基因研究的重点。健康相关研究是人类基因组计划的重要组成部分，1997 年相继提出"肿瘤基因组解剖计划""环境基因组学计划"，包括对医学的贡献基因诊断、基因治疗和基于基因组知识的治疗、基于基因组信息的疾病预防、疾病易感基因的识别以及风险人群生活方式、环境因子的干预。

一、人类基因组计划

人类基因组计划（Human Genome Project，HGP）由美国科学家于 1985 年率先提出，美国于 1987 年启动。1990 年 10 月 1 日，国际人类基因组计划在美国正式启动，总体计划为 15 年，至少预算投资达 30 亿美元。按照这个计划的设想，在 2005 年要把人类染色体内约 2.5 万个基因、30 亿个碱基对所在位置、结构和作用的遗传信息密码全部解开，同时绘制出人类基因的图谱，并解读出其中所包含的生命信息，为从基因层面上有效地控制疾病、延缓衰老提供可能。这是人类科学史上第一次由全世界多国科学家一起执行的伟大探索和突破工程，被称为生命科学方面的"阿波罗登月计划"。美国、英国、法国、德国、日本和中国六个国家的近万名科学家共同参与完成了这一规模宏大、跨国跨学科事业的具体工作。

2003 年 4 月 14 日，美国联邦国家人类基因组研究项目负责人弗朗西斯·柯林斯博士在华盛顿宣布：人类基因组计划的测序工作已经完成，其中 2001 年 2 月 12 日人类基因组工作草图的发表（由公共基金资助的国际人类基因组计划和私人企业塞雷拉基因组公司各自独立完成，并分别公开发表）被认为是人类基因组计划成功的里程碑；美、英、法、德、日和中国科学家经过 13 年努力共同绘制完成了人类基因组序列图（HGP 主要完成了遗传图、物理图、转录图、序列图 4 张图谱），人体的所有基因被"一网打尽"，测定出了全部碱基顺序，清楚地掌握了全部基因在染色体上的位置、功能、结构及致病突变的情况，至此人类基因组计划所有目标全部实现。

二、中国科学家在人类基因组计划中的贡献

在党和国家的高瞻远瞩、高度重视和大力支持下，我国在 1998 年成立了南方人类基因组中心、北方人类基因组中心，组建中国科学院遗传所并做了很多前期准备工作，有了人力、物力、财力保障，才让我国于 1999 年 9 月顺利加入"人类基因组计划"，中国科学家参与到这项重大的探索计划中，承担其中 1% 的任务，即人类 3 号染色体短臂上约 3000 万个碱基对的测序任务。除了美国、英国、法国、德国、日本五个发达国家，中国是参加这项计划的唯一发展中国家，为了解生命起源、诊断和治疗疾病做出了巨大的贡献。2001 年 8 月，人类基因组"中国卷"的绘制工作宣告完成。

人类基因测序是一门大科学，是生物技术、信息技术等的有机集成，是全人类共同的财富和遗产，其研究结果也由全世界人民平等自由地分享。人类基因组计划在研究人类过程中建立起来的策略、思想与技术，构成了生命科学领域新的学科"人类基因组学"，也可以用于研究微生物、植物、动物。我国科学家通过参与人类基因组计划，展示了自身实力，表明中国在人类基因组学研究中已进入国际领先行列，在生命科学领域紧跟发达国家的步伐，这突出体现了我国社会主义制度的优越性并受到了全世界的认可。

三、未来挑战与展望

中国作为世界上人口大国，有 56 个民族和极为丰富的病种资源，并且由于长期的社会封闭，在一些地区形成了极为难得的族群和遗传隔离群，一些多世代、多个体的大家系具有典型的遗传性状，这些都是克隆相关基因的宝贵材料。但是，由于中国的 HGP 研究工作起步较晚、底子薄、资金投入不足，缺乏一支稳定的、高素质的青年生力军，中国的 HGP 研究工作与国外近年来的惊人发展速度相比差距还很大，并且有进一步加大的危险。如果我们在这场基因争夺战中不能坚守住自己的阵地，那么在未来竞争中我们又将处于被动地位：不能自由地应用基因诊断和基因治疗的权力，不能自由地进行生物药物的生产和开发，也不能自由地推动其他基因相关产业的发展。

科学界将越来越重视生命科学的伦理规范。基因编辑技术引领生命科学来到了一个转折点上。基因编辑已经开始应用于基础理论研究和生产应用中，从研究植物和动物的基因

功能到人类的基因治疗，这些研究和应用有助于生命科学的许多领域。为了生命的意义得以存续，也为了人类新的更美好未来，科学将与伦理同行。分子生物技术在为人类健康发展的研究和应用中发挥了十分重要的作用，实则是一把"双刃剑"。

在美国、德国、日本、澳大利亚等国家，绝大部分是禁止编辑人类胚胎的。即便有例外，也得在迫不得已的理由和严格的多方审批监管下才可以实施。在法国、澳大利亚和加拿大，违法编辑人类基因组甚至要面临十几年的牢狱之灾。早在2014年，中国科技部和卫计委就共同制定了《人类遗传资源管理暂行办法》，并经国务院批准发布施行。该文件指出，只要是从中国病人采集的样本，包括但不限于全血、血清、血浆、组织、唾液、尿液、头发等样本，都属于遗传资源。所有参与的临床试验，无论是否出口出境，都必须在遗传办审批后才能启动。

2007年Barrangou R.等报道了在嗜热乳酸链球菌中发现一些菌株可抵抗嗜热菌体的感染，其基因组中含有一种特别的遗传成分CRISPR。这些菌株可从侵入的外源DNA中获取某些片段插入自身的CRISPR系统重复序列之间，由此获得对侵入病毒或质粒的抗性，这是细菌在进化中产生的一种主动的DNA水平免疫机制。对特定基因进行体内突变扰动操作的最便捷和最高效方法是2013年建立的CRISPR/Cas9技术，借助这项技术可在基因的任何位点特异性删除或插入DNA序列，导致相关基因功能的丧失或获得。CRISPR的简易性和低成本使其获得广泛的研究和应用。由于其精确性和效率高，CRISPR有望成为大规模生产中的选择，表明该技术在推动人类生产生活中具有重要作用。

人类基因组计划完成了人类基因的测序，CRISPR/Cas9技术则可提供精准编辑这些基因的工具，从而推动从基础研究到医学应用的转化。中国一直处于CRISPR研究的最前沿，同时，在基因编辑领域强调严格监管与创新并重，未来将聚焦于技术突破（如CRISPR优化与功能基因组研究）、伦理规范（平衡创新与风险，参与国际规则制定）、产业转化（发展基因治疗、育种等产业链）和公众科普（促进社会共识）。

教学分析

一、课程思政要素挖掘

1. 爱国主义与民族自豪感

中国科学家积极参与国际人类基因组计划，展现了中国在全球生命科学领域的担当和贡献。这能激发学生的爱国主义情感和民族自豪感，让他们认识到中国在国际舞台上的重要地位。

通过讲述中国科学家在计划中克服重重困难、展现出坚韧不拔的精神，激励学生为国家的繁荣富强而努力学习。

2. 科学精神与创新意识

参与国际人类基因组计划需要严谨的科学态度、勇于探索的精神和创新思维。这可以培养学生对科学的敬畏之心，鼓励他们在学习和研究中追求真理、敢于质疑、不断创新。

介绍中国科学家在计划中运用的先进技术和方法以及取得的重要科研成果，激发学生对科学技术的热爱和追求卓越的动力。

3. 团队合作与国际合作精神

国际人类基因组计划是一个大型的国际合作项目，中国科学家与世界各国的科学家紧密合作。这体现了团队合作和国际合作的重要性，培养学生的团队协作能力和跨文化交流能力。

引导学生认识到在全球化时代，国际合作对于解决重大科学问题的必要性，培养他们的全球视野和人类命运共同体意识。

4. 社会责任与奉献精神

基因组研究对于人类健康和未来发展具有重大意义。中国科学家参与国际人类基因组计划，体现了他们对社会责任的担当和奉献精神。这可以教育学生树立正确的价值观，明白科学研究的最终目的是造福人类。

鼓励学生关注社会问题，积极参与公益活动，为社会做出自己的贡献。

二、融入教育教学的方法

1. 课堂教学

案例分析：通过具体的案例，讲述中国科学家在国际人类基因组计划中的贡献和故事，分析其中蕴含的思政要素，引导学生思考科学精神、团队合作、社会责任等问题。

小组讨论：组织学生围绕国际人类基因组计划的意义、中国科学家在计划中的作用等话题进行小组讨论。培养学生的团队合作能力和批判性思维，同时加深对思政要素的理解。

多媒体教学：利用图片、视频等多媒体资源，展示国际人类基因组计划的成果和中国科学家的风采。增强教学的直观性和感染力，激发学生的学习兴趣。

2. 实践教学

实验课程：设计与基因组学相关的实验课程，让学生亲身体验科学研究的过程。培养学生的实践能力和科学精神，同时让他们感受到科学研究的艰辛与乐趣。

科研项目：鼓励学生参与教师的科研项目或自主开展小型科研课题，培养学生的创新能力和团队合作精神，在实践中引导学生将思政要素融入科研活动中。

三、教育教学效果评估

1. 多元化考核

在课程考核中，除了考查学生对专业知识的掌握程度外，还应注重对思政要素的考核。可以采用考试、作业、实践报告、课堂表现等多种形式进行考核，综合评价学生的学习成果。

2. 反馈与改进

及时向学生反馈考核结果，指出他们在思政方面的优点和不足，引导学生进行自我反思和改进。同时，教师根据学生的反馈意见不断改进教学方法和内容，提高教学质量。

总之，将中国科学家共同参与完成国际人类基因组计划中的课程思政要素融入教育教学中可以丰富教学内容，提高学生的学习兴趣和综合素质。通过培养学生的爱国主义情感、科学精神、团队合作能力和社会责任意识，为他们的未来发展奠定坚实的基础。

📁 **参考文献** ••

[1] 王彦芹，艾尼瓦尔·吐米尔，朱新霞，等. 生物科学类专业课程思政案例集 [M]. 北京：中国农业科学技术出版社，2023.

[2] 《植物保护专业课程思政案例库》编委会. 植物保护专业课程思政案例库 [M]. 重庆：西南大学出版社，2022.

[3] 姜涛，葛春华. 化学课程思政元素 [M]. 北京：高等教育出版社，2021.

中国迅速成功防治多种传染病

　　每种传染病都由其特异的病原体引起，病原体可以是微生物或寄生虫，包括病毒、细菌、真菌或寄生虫等。例如，扁形动物门中多个物种属于寄生虫，和人类的"相爱相杀"已经延续数千年以上；线虫动物门等多个动物门类中也有不少寄生虫种类对人类健康造成巨大危害。新中国成立后，在党和政府的支持下，我国科学家和医护人员克服种种困难在很短时间里防治了多种曾肆虐全国的传染病。

一、彻底防治血吸虫病

　　血吸虫病是由裂体吸虫属血吸虫引起的一种慢性寄生虫病，主要流行于亚洲、非洲和拉美美洲的 73 个国家，患病人数约 2 亿。我国自西汉以来便有血吸虫病的流行，比如在湖南马王堆出土的西汉古尸肝脏中就发现了血吸虫卵。新中国成立前，以血吸虫病为代表的寄生虫病肆虐，对人民健康造成了极大的损害。血吸虫病曾广泛分布于我国长江流域及其以南的湖南、湖北、江西等 12 个省份。血吸虫病患者如不能及时治疗，发展到晚期肝脏等器官会受损，出现肝、脾肿大、腹水等症状，人的外貌会变得骨瘦如柴、肚大如鼓，因此民间也称之为"大肚子病"。

　　然而，2000 多年来的血吸虫病在新中国成立后才得到较为彻底的防控和治疗，取得了伟大的成就。这既有科学发展的巨大贡献，但同时也应该注意到血吸虫的中间宿主钉螺在全国分布广、生物量巨大、生活的地理环境十分复杂，如果没有一个强有力的、关怀民生的政党以及中央政府的统一领导和部署，单靠劳动人民的个体意愿和能力是很难在短时期内达成对钉螺的有效灭杀和对全国血吸虫病的有效防控的。在新中国成立后，为彻底防治这些寄生虫病，有一大批生物学家抱着对新中国的赤诚之心和对人民健康的切身牵挂，在极其艰苦的条件下不顾个人健康安危，全身心投入寄生虫研究，常年深入疫病一线进行调查研究，取得了大量真实可靠的研究资料，为最终阐明多种寄生虫的生活史奠定了坚实的基础，从而彻底了解了多种危害巨大的寄生虫的生活史和中间宿主，为寄生虫病的防治提供了正确的科学依据，为保护人民健康做出了巨大贡献。这些为寄生虫防治做出重要贡献的科研工作者后来都得到了国家和人民的高度认可，涌现出一大批院士和著名科学家。例如厦门大学唐仲璋、唐崇惕父女均毕生从事寄生虫研究，先后入选中国科学院院士。事实上，在中国历史上，凡是为百姓苍生做出伟大贡献、毕生为人民服务的人都会得到百姓的爱戴。人民会永远记住为人民服务的人！

血吸虫病是《中华人民共和国传染病防治法》规定的一种乙类传染病。按照国家疾控局通知，2024 年 4 月 8 日～4 月 14 日是我国首个血吸虫病防治宣传周，宣传主题为"传承血防精神，加快消除进程"。《"健康中国 2030"规划纲要》提出"到 2030 年全国所有流行县达到消除血吸虫病标准"。

二、率先基本消灭象皮病

象皮病又叫淋巴丝虫病，是一种由丝虫引起的慢性人体寄生虫病。丝虫卵通过蚊子传播进入人体，影响淋巴系统。患者腿、臂等部位会严重肥大，出现巨大的下肢和阴囊象皮肿，其病理赘生物可达数十斤，因此被称为象皮病。

象皮病在人类社会存在已有数千年之久，但长期以来患者由于肢体畸形症状很难融入正常人社会，医学上也没有更好的办法来预防和根治它。因此，此病至今仍是世界最主要的致残性寄生虫疾病之一，在相当多的国家和地区广泛流行。据世界卫生组织（WHO）估计，在非洲、亚洲和拉丁美洲约有 13 亿人有患上象皮病的风险，而全球大概有 1.2 亿人正在遭受象皮病折磨的痛苦。患者不光要忍受着残酷的恐怖肢体畸形之痛，极度自卑的他们还要在异样的眼光下存活。由于象皮病患者往往具有恐怖的肢体外观，在很多国家和民族中常被人所遗弃，甚至被医护人员所拒收。

我国曾经是世界上淋巴丝虫病危害最严重的国家之一，也一直是淋巴丝虫病流行性高的国家，各地都有相关的民谣反映，例如"四人围桌桌，狗都钻不过"（指患者有肥大的下肢）。据相关数据显示，新中国成立之初该病在中国肆虐范围达 16 个省，受威胁人口达 3.4 亿，该病患者达 3000 多万。但新中国成立后，在党和政府的高度重视和统一领导下，科学工作者和医护工作者通力协作，科学工作者以艰苦奋斗、严谨求实的工作精神很快查清了病因和传播途径，而医护工作者也对患者不离不弃开展精心治疗。目前我国已经在全球 83 个丝虫病流行国家和地区中率先基本消灭了淋巴丝虫病，成为世界象皮病防治的典范。

三、彻底防控住霍乱

霍乱，中医俗称触恶，是由霍乱弧菌所致的烈性肠道传染病，临床上以剧烈无痛性泻吐、米泔样大便、严重脱水、肌肉痛性痉挛及周围循环衰竭等为特征，能在数小时内造成腹泻脱水甚至死亡。霍乱弧菌存在于水中，最常见的感染原因是食用被病人粪便污染过的水。

霍乱这一古老的传染病在人类历史上曾引起 7 次全球大流行，以发病急、传播快、波及范围广为特征。从理论层面讲，霍乱的流行环节与传播机制已十分清楚，而且已有确具实效的防控策略和措施，因此是完全能够预防的。可是，从世界范围来看，霍乱目前仍然是许多地区显著的公共卫生问题，特别是非洲和东南亚地区。

霍乱为我国法定的甲级烈性传染病，要求在发现确诊或疑似病例后 2 小时内上报。纵观我国 2002—2011 年这 10 年间霍乱出现了持续且相对稳定的低水平发病与流行的趋势，尤其自 2006 年以后至 2011 年连续 6 年中发病最多的仅为 2008 年的 168 例，最少的为 2011 年的 24 例，而且自 2007 年以后的连续 5 年中再无一例死亡病例出现。

近年来，我国霍乱防控成效则更为显著，年发病数控制在 10～30 例（如 2022 年报告 12 例、2023 年报告 14 例），且多为散发或输入性病例，无死亡。通过全国监测网络、严格的水源食品监管和应急响应机制，我国连续多年未出现暴发疫情，发病率远低于全球平均水平，防控能力处于国际领先水平。

我国霍乱防控实践所取得的成绩证明，想要长期有效地防控霍乱，需要安定和谐的社会环境，需要发动广大人民群众坚持预防为主的卫生工作方针，需要健全疾病防控体系，而这一切都是在党和政府的高度重视、正确领导以及全国人民的共同努力下所取得的。

教学分析

一、课程思政要素挖掘

1. 国家意志与制度优势

新中国能够迅速成功防治多种寄生虫病，体现了国家对人民健康的高度重视和坚定决心。这彰显了社会主义制度集中力量办大事的优势，能够激发学生的国家认同感和制度自信。

国家在防治寄生虫病过程中的统一领导、科学规划和资源调配，为学生展示了国家治理能力和决策的科学性，培养学生对国家政策的理解和支持。

2. 科学精神与创新意识

防治寄生虫病需要依靠科学知识和技术手段。在这个过程中，科学家们的严谨治学、勇于探索和创新精神起到了关键作用。通过学习这些事迹可以培养学生的科学精神和创新意识，鼓励他们在学习和研究中追求真理、敢于突破。

介绍防治寄生虫病的新方法、新技术的研发历程，让学生了解科学创新的重要性，激发他们的创造力和对科学研究的热情。

3. 奉献精神与社会责任

无数医护人员、科研工作者和基层干部为防治寄生虫病付出了巨大努力，他们的奉献精神令人敬佩。这可以培养学生的社会责任感和奉献精神，让他们明白自己作为社会的一员，有义务为国家和人民的利益贡献力量。

强调防治寄生虫病对改善人民生活、促进社会发展的重要意义，引导学生关注社会问题，积极参与社会实践，为社会进步做出贡献。

4. 艰苦奋斗与坚韧不拔

新中国成立初期，面临着诸多困难和挑战，但在防治寄生虫病方面却取得了显著成就。这背后是广大人民群众和工作人员的艰苦奋斗和坚韧不拔的精神。这种精神可以激励学生在面对困难时不气馁、不放弃，勇敢地迎接挑战，努力实现自己的目标。

二、融入教育教学的方法

1. 课堂教学

案例分析：通过具体的防治寄生虫病的案例分析其中的成功经验和思政要素。引导学生思考国家政策、科学技术、奉献精神等在防治过程中的作用，培养学生的综合分析能力和价值观。

小组讨论：组织学生围绕防治寄生虫病的话题进行小组讨论，比如防治的重要性、面临的困难、取得的成就等。鼓励学生发表不同观点，培养学生的团队合作精神和批判性思维。

多媒体教学：利用图片、视频等多媒体资源展示防治寄生虫病的历史场景、科研成果和人物事迹，增强教学的直观性和感染力，激发学生的学习兴趣和情感共鸣。

2. 实践教学

实地考察：组织学生到曾经发生过寄生虫病的地区或相关的科研机构、医疗机构进行实地考察，了解防治工作的实际情况和成果。让学生亲身体验防治工作的重要性和艰辛，增强他们的社会责任感。

社会实践：鼓励学生参与防治寄生虫病的宣传活动、志愿服务等社会实践。让学生将所学知识应用于实际，培养他们的实践能力和社会服务意识。

三、教育教学效果评估

1. 多元化考核

在课程考核中，除了考查学生对专业知识的掌握程度外，还应注重对思政要素的考核。可以采用考试、作业、实践报告、课堂表现等多种形式进行考核，综合评价学生的学习成果。

2. 反馈与改进

及时向学生反馈考核结果，指出他们在思政方面的优点和不足，引导学生进行自我反思和改进。同时，教师根据学生的反馈意见不断改进教学方法和内容，提高教学质量。

总之，将我国迅速成功防治多种传染病的课程思政要素融入教育教学可以丰富教学内容，提高学生的学习兴趣和综合素质。通过培养学生的国家意识、科学精神、奉献精神和艰苦奋斗精神，为他们的未来发展奠定坚实的基础。

📁 参考文献 •┈┈┈┈┈┈┈┈┈┈┈┈┈┈┈┈┈┈┈┈┈┈┈┈┈┈┈┈┈┈┈┈

[1] 王彦芹，艾尼瓦尔·吐米尔，朱新霞，等. 生物科学类专业课程思政案例集 [M]. 北京：中国农业科学技术出版社，2023.

[2] 《植物保护专业课程思政案例库》编委会. 植物保护专业课程思政案例库 [M]. 重庆：西南大学出版社，2022.

[3] 董瑞丰，田晓航，李恒. 用心守护亿万人民健康福祉——新中国成立 75 周年卫生健康事业发展综述 [EB/OL]. 2024-09-19 [2024-09-24]. https://www.gov.cn/yaowen/liebiao/202409/content_6975418.htm.

案例 13

大产业、大作为的微生物

微生物（microorganism）在自然界中无处不在，主要是由真菌、卵菌、细菌、病毒和原虫等构成的一大类生物群体，通常它们的个体非常微小，肉眼看不到或看不清楚，需要借助显微镜才能观察到。

一、有益微生物

微生物与人类和动植物的生存密不可分：其中部分微生物对动植物的生长发育会造成不良影响，我们将这些微生物统称为病原菌；而另一部分微生物对人类和动植物具有益生等积极作用，主要包括香菇、木耳等食用菌以及乳酸菌等益生菌。

1. 食用菌

食用菌以其丰富的营养、鲜美的味道被人们称为"绿色食品""保健食品"。随着人们越来越重视膳食结构以及食用菌栽培技术不断进步，越来越多的食用菌成功实现了商业化栽培并进入消费市场，我国食用菌产量也随之不断增长。作为食用菌第一大生产国和消费国，我国 2020 年食用菌总产量为 4061.43 万吨（鲜品），总产值 3465.65 亿元，较 2011 年增加了 132.83%。其中，我国食用菌年产量居前七位的分别是香菇、黑木耳、平菇、金针菇、杏鲍菇、双孢菇、毛木耳。这七种食用菌年产量总和占全国食用菌总产量的 83.97%，是我国食用菌的主要栽培品类。食用菌主要利用秸秆、木屑、玉米芯、棉籽壳等农林下脚料生产高蛋白、低脂肪、低热量的菌类产品，具有生态循环利用价值。食用菌生产后的菌糠也可以用于有机肥、育苗基质、栽培基质的生产，具有改良土壤、节肥增效的作用。食用菌产业真正实现了不与人争粮、不与粮争地、不与地争肥、不与农争时、不与其他产业争资源（"五不争"），因此食用菌产业在市场经济条件下逐渐发展成为一个新兴产业。尤其在退耕还林、退耕还草、退耕还湖的背景下，食用菌产业已成为支撑国家食物安全的生力军。

食用菌产业是集经济效益、社会效益和生态效益于一体的农业产业，在促进农民增收中发挥着重要的作用。由于食用菌产业具有"短、平、快"的特点，许多地方都把食用菌产业作为扶贫产业来抓，尤其是在土地资源相对匮乏的山区。党的十九大后，各地方政府将发展珍稀食用菌产业作为特色产业，短时间内涌现出了一批规模化的新兴食用菌产区，促使我国食用菌产业跃升为继粮食、油料、果树、蔬菜之后的第五大类作物。

各地各部门在推进实施乡村振兴战略过程中产生了一批做出卓越贡献的优秀个人和团体，比如"木耳院士"李玉教授利用黑木耳、香菇等食用菌显著提升了当地农民收入。李玉院士致力于蕈菌的研究，更是将自己的一生所学"学有所成、学有所用"，不忘初心系农民，用实际行动带动贫困县脱贫攻坚、助力农村发展，体现了老一辈农人的爱国情怀以及用科技支撑农业发展、助力乡村振兴的爱农情怀。

2. 益生菌

益生菌是经适量服用后有益于其宿主健康的微生物。它可对人体或动物体进行稳态调节，具有抑制有害菌增殖、促进营养物质吸收、代谢合成营养物质、改善肠道菌群失调、抗氧化、调节血脂等保健功效。此外，随着消费者健康意识逐渐增强，益生菌产品越来越受到消费者的青睐，其市场规模也不断扩大。2015—2020年，我国益生菌市场规模复合年均增长率为11.83%。在食品、医药和饲料等行业中，乳酸菌等作为重要的益生工业微生物可以带来许多有价值的产物。乳酸菌产生的代谢产物主要包括乳酸、双乙酰、细菌素和胞外多糖等。其中，乳酸的生成可以增加基质的酸度，提高抗菌活性；细菌素可以提高抑菌活性，可作为新型的食品生物防腐剂用于食品保鲜；胞外多糖作为乳酸菌代谢产物可以抑制肿瘤细胞生长，具有抗肿瘤活性，能增强人体对癌症的抵抗能力。此外，乳酸菌还具有降低胆固醇、调节胃肠功能和刺激免疫系统等生理作用。

二、菌蕈文化

自古以来，我国人民就以菇、菌、蕈、耳等高等真菌入药、入撰、入诗、入画，历经数千年的演化发展形成了独特的菌蕈文化。

蕈菌（mushroom）又称伞菌，是一个通俗名称，通常是指那些能形成大型肉质子实体的真菌，包括大多数担子菌类和极少数的子囊菌类。蕈菌广泛分布于地球，与人类关系密切，全球可供食用种类就有2000多种（我国有1500余种），目前已鉴定的食用菌已有981种，常见的有双孢蘑菇、木耳、银耳、香菇、平菇、草菇、金针菇和竹荪等，还有许多种可供药用，比如灵芝、云芝、马勃、茯苓和猴头等；少数有毒或引起木材朽烂的种类则对人类有害。

1. 描写菌蕈的古诗文

在浩渺的史籍中，关于菌蕈的诗词多和哲学思想紧密相连，其中不乏名家之作，值得读者去仔细品味。有的状景咏物对菌蕈做了生动而传神的描述；有的借菌抒情或感怀身世或抒发爱国忧民之情；有的惊叹大自然对人类的厚赐，赞赏菌草菜肴风味之鲜美。

以下这首诗引自《中国古代菌蕈诗选录》（刘亚，1994）。

蕈子

（宋）杨万里

空山一雨山溜急，漂流桂子松花汁。

土膏松暖都渗入，蒸出蕈花团戢戢。

戴穿落叶忽起立，拨开落叶百数十。

蜡面黄紫光欲湿，酥茎娇脆手轻拾。

响如鹅掌味如蜜，滑似莼丝无点涩。

伞不如笠钉胜笠，香留齿牙麝莫及。

菣羔楮鸡避席揖，餐玉茹芝当却粒。

作羹不可疏一日，作腊仍堪贮盈笈。

　　此外，在古代文学作品中也有关于人类栽培菌蕈的内容，比如栽培草菇、灵芝、银耳等。在宋朝陈仁玉创作的《菌谱》中，作者使用了大量诸如"仙居""仙灵"等词来形容浙江台州的菌蕈。正是在"尽菌之性"的理念指引下，陈仁玉创作的《菌谱》成为世界首部菌蕈专著，其中共收录菌类产品 11 种并从产地、形态、功效等多个角度进行详细论述。

2. 佳肴保健食药同源

　　在数千年的中国文化中，饮食文化始终占据重要位置，菌物在可食美味中备受赞许。菌蕈文化是我国文化体系的起源之一，其文化萌芽可以追溯至旧石器时代人们的"采食文化"。《吕氏春秋》中就有"齐文宣帝凌虚宴取香菌以供品味"的记载。中医药学历来讲究"药食同源"，将菌物作为药材在我国具有悠久历史。2000 多年前，我们的祖先已经用"神曲"治疗积食，用豆腐上的霉治疗疮痈。我国现存最早的药书《神农本草经》和之后的历代本草著作中都记载了至今仍在广泛使用的真菌类药物，比如茯苓、灵芝、马勃、虫草等。李时珍的《本草纲目》记载了 34 种真菌并进行了分门别类的介绍。可见，我国古代菌物学的研究历史是很悠久的。

　　美食与文化交相辉映，共同推动着食用菌产业的发展，菌类的附加价值开始体现。2017 年中央一号文件提出做大做强优势特色产业，实施优势特色农业提质增效行动计划，促进杂粮杂豆、蔬菜瓜果、茶叶蚕桑、花卉苗木、食用菌、中药材和特色养殖等产业提档升级，把地方土特产和小品种做成带动农民增收的大产业。目前，我国食用菌年产量已超过 4000 万吨，占全球产量的 3/4，是当之无愧的食用菌生产大国。香菇是我国最早实现人工种植的一个品种，也是我国产量最大的食用菌栽培品种。我国双孢菇产量在国内排第四，但在全球排第一。过去，羊肚菌只有野生的，但近几年羊肚菌栽培技术取得了突破，人工种植羊肚菌呈现蓬勃发展态势。另外，我国灵芝产业规模超百亿元，包括灵芝孢子粉、灵芝油、灵芝菌粉、灵芝提取物等深加工产品。

　　菌蕈文化是一种复合型文化结构，与经济、社会、医养和文学等多个领域深度融合，成为内涵丰富、地域特色突出的文化体系，呈现出多样性的文化特征。在浩瀚的生命世界里，在生物进化的漫漫长河中，菌物扮演了非常重要的角色，让我们继续发掘自然界菌物资源，不断认识、开发和利用菌物，使菌物更好地造福人类。

三、"木耳"院士

　　李玉是目前我国食用菌领域唯一的院士，人称"蘑菇"院士、"木耳"院士。他把真菌学、黏菌学的研究延伸到与国民经济紧密结合的食用菌工程技术和产业化领域，他利用食用菌生产带动数万农户脱贫致富，他立志把祖国建设成为食用菌产业强国。2012年我国脱贫攻坚战役打响后，李玉满腔热忱地投身扶贫事业。他主张以食用菌产业开展精准扶贫，大力倡导"南菇北移""北耳南扩""木腐食用菌草腐化栽培"的食用菌产业扶贫发展战略，累计研发食用菌栽培技术300余项。

陕西省柞水县因柞树多而得名。柞树又称"耳树"，顾名思义就是生长有木耳的树。柞树上生长的黑木耳品质高也很珍贵，当地农民一直有种植这种黑木耳的习惯。但是，黑木耳并没有给百姓带来富裕生活。由于地处秦巴山区集中连片特困地区，柞水县贫困面广且程度深。全县有脱贫任务的村79个，2014年初当地贫困发生率高达44.04%。

2017年起，中国工程院李玉院士团队在柞水县开启了科技扶贫行动。柞水木耳是吉林农业大学在柞水县对口帮扶的精准扶贫项目。3年多来，他们积极开展秦巴山木耳种质资源发育与高产栽培关键技术研究，按照"一区一馆五库"的食用菌资源保育利用的技术体系为柞水县选育出5个宜栽品种并实现大面积推广，辐射带动全县9个镇42个村发展木耳产业，帮助当地建成1个木耳研发中心、1个木耳菌种生产加工基地、1座木耳物馆，还建成了独具特色的"木耳小镇"，年产木耳菌包可达1亿袋，年栽培规模维持在7500万袋左右，年产干木耳3750吨，实现产值近3亿元，已有3138户贫困户依靠木耳产业认定脱贫。李玉院士团队先后指导当地建设了木耳深加工产品研发基地，全面开展木耳深加工产品研发，提升柞水木耳产品附加值和市场核心竞争力。此外，他们已经帮助柞水县制定了柞水木耳生产标准，制定了黑木耳菌包生产、玉木耳菌包生产、黑木耳大棚吊袋栽培、玉木耳大棚吊袋栽培4项技术规程，为木耳工厂化生产、科学化大田管理、等级划分提供了技术支持；先后派遣科研骨干人员30余人次开展木耳产业管理和菌包生产等人员技术培训。2019年，柞水县依靠木耳产业实现了脱贫摘帽。柞水木耳产业扶贫入选全国十大产业扶贫典型案例。

2020年是脱贫攻坚的收官之年，李玉院士团队加大对柞水木耳产业的科技扶贫力度，继续推广黑木耳、玉木耳轻简化栽培技术，引入先进的栽培模式和栽培机械，扩大木耳栽培技术培训规模，引入为柞水选育的木耳杂交品种，改良传统栽培基质，推动当地农林废弃物循环发展；努力让柞水木耳产业向智能化、轻简化、机械化发展，提高柞水木耳产业发展的效率和质量，进一步强化科技扶贫由输血向造血转变，为柞水木耳产业的持续发展提供科技支撑。柞水木耳已被认定为国家地理标志证明商标和农产品地理标志产品。2020年4月20日，习近平总书记前往柞水县小岭镇金米村培训中心考察，称赞柞水木耳是"小木耳大产业"。"总书记的点赞给了我们莫大的鼓舞，我将和全国科技工作者一起肩负起历史赋予的重任，抓住世界新一轮科技革命和产业变革带来的机遇，努力把科技成果应用到农业现代化建设、脱贫攻坚和民族复兴的伟大实践中。"李玉说。

2024年6月，李玉院士及其团队申报的《食药用菌全产业链关键技术创新及应用》项目荣获国家科学技术进步奖一等奖。"1978年，中国食用菌年产量仅有5.7万吨，2019年发展到了近4000万吨，而今这个数字增长了700倍以上，约占世界总产量的八成。食用菌产业在世界上创造了奇迹，可以说我们现在处在世界的领跑位置。很希望在今后的发展中我们不仅是食用菌的大国，更是食用菌强国。"李玉表示，蘑菇产业已经成为我国国民经济重要的组成部分，但还必须加倍努力，让祖国发展成为食用菌产业强国。

四、菌草技术

"以树养菇"是 20 世纪香菇栽培中常用的技术手段，而由此造成的"菌林矛盾"生态恶化问题非常突出。国家菌草工程技术研究中心首席科学家林占熺教授经过十几年的探索发明了"以草代木"的菌草技术。这项技术成功解决了香菇生产中的突出问题。此外，应部分非洲国家政府邀请，中国菌草专家组成功将该技术在当地推广应用，帮助人们脱贫致富。当地人将菌草称作"中国草"或"人类命运共同体草"。如今，菌草技术已被推广至全球 100 多个国家。菌草技术的成功不仅为我国脱贫攻坚做出了巨大贡献，而且引起了联合国开发计划署和粮农组织的关注。2017 年，菌草技术被联合国列为"和平发展基金项目"重点项目并向全球推广。2021 年，国家主席习近平向菌草援外 20 周年暨助力可持续发展国际合作论坛致贺信，指出菌草技术是"以草代木"发展起来的中国特有技术，实现了光、热、水三大农业资源综合高效利用，植物、动物、菌物三物循环生产，经济、社会、环境三大效益结合，有利于生态、粮食、能源安全；强调中国愿同有关各方一道继续为落实联合国 2030 年可持续发展议程贡献中国智慧、中国方案，使菌草技术成为造福广大发展中国家人民的"幸福草"！

五、毒蘑菇及其合理利用

"红伞伞白杆杆，吃完一起躺板板……"想必很多人都知道这首"神曲"。它出自云南的一首童谣，用来提醒人们不要乱采乱食野生菌。2021 年，云南发布《预防野生菌中毒预警公告》提醒广大群众提高食品安全意识，网友还创作了顺口溜《云南吃毒蘑菇中毒顺口溜》。2022 年，改编自《孤勇者》的野生菌版《菇勇者》以喜闻乐见的形式再次提醒人们谨防毒蘑菇中毒。

毒蘑菇又称毒菌或毒蕈，是担子菌或大型子囊菌中那些食后能使人中毒甚至丧命的一类真菌。我国野生蘑菇资源丰富且具有多样性，在已知的 4000 多种蘑菇中，毒蘑菇就有 400 多种。《菌谱》记述"杜蕈者，生土中，俗言毒蛰气所成，食之杀人，甚美有恶，宜有所黜。"

几千年前古代人就发现了有些"魔菇"具有神奇作用，食用者往往会产生幻觉，感觉自己灵魂出窍置身于各种变幻莫测、离奇古怪的场景中。南美洲古代印第安人把这种蘑菇称为"神之肉"，认为它是神或上帝赐予的一种能"显灵的圣物"。巫师们常借助"魔菇"与神灵"沟通"。其实这些"魔菇"均含有致幻物质，食用后会使人神经兴奋、神经抑制、精神错乱以及产生各种幻觉反应。

古往今来，由毒蘑菇造成的悲剧一直都在上演，误食毒蘑菇中毒事件可谓屡见不鲜。在欧洲历史上，罗马帝国皇帝查理六世外出狩猎时误食毒蘑菇而亡，因他无男性后嗣引发了欧洲两大阵营长达 8 年的奥地利王位继承战争。难怪伏尔泰说这盘蘑菇改变了欧洲的命运。野心家也利用毒蘑菇夺权篡位：罗马帝国时代几位皇帝都喜食一种橙盖伞鹅膏菌，美其名曰恺撒鹅膏菌，每逢宫廷宴会要用银制器皿盛出以示珍贵。恺撒继承者克劳狄的第四任妻子阿格丽品娜和御厨串通，在克劳狄喝的菇汤里偷偷掺入了毒鹅膏菌汁，克劳狄喝了此汤后不久便中毒死亡，之后阿格丽品娜与前夫之子尼禄顺利登基做了罗马皇帝。

有关误食毒蘑菇中毒的症状及解毒方法，我国早有记载。南宋陈仁玉撰写的《菌谱》中说："凡中其毒者必笑，解之宜以苦茗杂白矾，勺新水并咽之，无不立愈。"

在我国2004—2011年报道的444起误食毒蘑菇中毒事件中，有98起事件报告了共22种毒蘑菇，它们在分类学上分属于4个目、8个科和11个属。其中，致命鹅膏等6种鹅膏菌属的真菌是导致中毒事件、中毒例数和中毒死亡例数最多的，其次是亚稀褶红菇。2016—2020年间，长沙市误食毒蘑菇中毒事件中致人死亡的主要为裂皮鹅膏菌和灰花纹鹅膏菌。所以有毒的蘑菇不光是红伞伞，还有它们的"亲戚"白伞伞、灰伞伞和褐伞伞等。以杨祝良研究员为首的中国科学院昆明植物研究所毒蘑菇研究团队针对鹅膏科真菌总结提炼出"头上戴帽＋腰间系裙＋脚上穿鞋"的蘑菇不要吃，对开展毒蘑菇鉴别与中毒防控起到了积极作用。

不同毒蘑菇的致毒成分不相同，引起的中毒症状不一，轻则恶心、呕吐、腹泻、头晕或兴奋等，重则使人因器官衰竭而死亡。引起比较轻的神经精神型症状如致幻作用的中毒，比如毒蝇鹅膏菌俗称蛤蟆菌，属于鹅膏菌属的真菌，是一种典型的红伞伞。其外表靓丽，常出现在各类画作和文学作品中。欧洲和北美大部分致毒事件中都有该菌的影子。多种鹅膏菌属毒蘑菇，主要含有异恶唑衍生物，可使中毒者不能行走、精神错乱、视觉畸变、头晕兴奋、嗜睡等。裸盖菇是致幻蘑菇的一种，所含的裸盖菇素具有神经致幻作用，含有该类毒素的蘑菇亦有"神圣的蘑菇"或"幻觉蘑菇"之称。20世纪70年代以来，德国、英国、美国等欧美国家的许多青年普遍食用含此类毒素的蘑菇用于消遣，但若长期或过量服用此类蘑菇会引起神经中毒，所以这些蘑菇在美国已被列为控制物品。另外，含有鹅膏肽类毒素的蘑菇，如淡红鹅膏可引起急性肝损害；含丝膜菌毒素的蘑菇，如史密斯鹅膏可引起急性肾衰竭；其他中毒症状还有胃肠炎型、溶血型和光过敏性皮炎型等。误食毒蘑菇会对中毒者造成不同程度的危害，甚至死亡。

但凡事都有两面性，有些毒蘑菇所含的多种活性物质可抗菌、抗虫、抗病毒等，在治疗疾病和病害虫的防治方面有积极作用。例如，毒蝇鹅膏菌属树木外生菌根菌，因毒蝇而得名，所含毒蝇碱等毒素对苍蝇等昆虫的毒杀力很强，可用于农林产业生物防治，对小白鼠肉瘤180有抑制作用。此外，有研究发现，致幻蘑菇中的成分有助于治疗抑郁症。研究者在一个小规模试验中尝试用致幻蘑菇中一种具有迷幻作用的成分来治疗抑郁症患者，取得了一定效果。另有研究显示，裸盖菇素在诊断和治疗精神疾病、帮助吸毒者戒毒、辅助心理治疗、抑制病原菌等方面都有一定作用，而且比较温和、毒性很低，适合用于心理治疗，是一种很有潜力的精神疾病诊断和治疗药物。目前，裸盖菇素已用于精神分裂症、阿尔茨海默病、强迫性神经失调、身体畸形恐惧症等疾病的研究和治疗，应用前景广阔。

随着科技的不断发展，相信人类对不同的毒蘑菇及其毒素会有更多的认识，如能对其进行合理利用将造福人类。

一、课程思政要素挖掘

1. 创新精神与探索未知

微生物领域的发展充满了创新和探索。从最初对微生物的未知到如今广泛应用于各个产业，科学家们不断开拓新的研究方向和技术手段。这可以激励学生在学习和研究中敢于创新，勇于探索未知领域，培养学生的科学探索精神和创新思维。

微生物产业的不断发展也需要持续的创新，比如新型微生物发酵技术、微生物制药技术等。通过介绍这些创新成果，激发学生的创造力和对科学技术的热爱。

2. 可持续发展与生态责任

微生物在环境保护、资源循环利用等方面发挥着重要作用。例如，微生物可以用于污水处理、土壤修复等，促进可持续发展。这可以培养学生的生态意识和环保观念，让他们认识到自己在推动可持续发展中的责任。

强调微生物产业的可持续发展，比如绿色生产、节能减排等，引导学生关注产业发展与环境保护的平衡，树立正确的发展观。

3. 团队合作与国际合作

微生物领域的研究和产业发展往往需要跨学科、跨领域的团队合作。介绍微生物研究中的团队合作案例，培养学生的团队协作精神和沟通能力，让他们明白合作的重要性。

微生物领域也是国际合作的重要领域，各国科学家共同努力解决全球性问题。通过介绍国际合作项目培养学生的国际视野和合作意识，鼓励他们积极参与国际交流与合作。

4. 敬业精神与社会贡献

微生物领域的科学家和从业者们以敬业精神为推动产业发展做出了巨大贡献。讲述他们的故事，培养学生的敬业精神和对职业的敬畏之心，让他们明白只有通过努力工作和奉献才能实现自己的价值。

微生物产业的发展为社会带来了巨大的经济效益和社会效益，比如改善人类健康、提高生活质量等。引导学生认识到自己所学专业的社会价值，激发他们为社会做出贡献的责任感。

二、融入教育教学的方法

1. 课堂教学

案例分析：通过具体的微生物产业案例，比如微生物制药、发酵工程等，分析其中蕴含的思政要素。引导学生思考创新、可持续发展、团队合作等问题，培养学生的综合素养。

小组讨论：组织学生围绕微生物领域的热点问题进行小组讨论，比如微生物与环境保护、微生物产业的未来发展等。鼓励学生发表不同观点，培养学生的团队协作能力和批判性思维能力。

多媒体教学：利用图片、视频等多媒体资源展示微生物的神奇世界和微生物产业的发展成果。激发学生的学习兴趣，同时让他们更直观地感受思政要素的体现。

2. 实践教学

实验教学：开展微生物实验，让学生亲身体验微生物的研究过程和应用，在实验中培养学生的科学精神、团队合作能力和创新能力。

实习实训：安排学生到微生物相关企业进行实习实训，让他们了解微生物产业的实际运作和发展需求。培养学生的职业素养和社会责任感。

三、教育教学效果评估

1. 多元化考核

在课程考核中，除了考查学生对专业知识的掌握情况外，还应注重对思政要素的考核。可以采用考试、作业、实践报告、课堂表现等多种形式进行考核，综合评价学生的学习成果。

2. 反馈与改进

及时向学生反馈考核结果，指出他们在思政方面的优点和不足，引导学生进行自我反思和改进。同时，教师根据学生的反馈意见不断改进教学方法和内容，提高教学质量。

总之，将"大产业、大作为的微生物"的课程思政要素融入教育教学中可以丰富教学内容，提高学生的学习兴趣和综合素质。通过培养学生的创新精神、可持续发展意识、团队合作能力和敬业精神，为他们的未来发展奠定坚实的基础。

📁 **参考文献** ••

[1] 王彦芹，艾尼瓦尔·吐米尔，朱新霞，等. 生物科学类专业课程思政案例集 [M]. 北京：中国农业科学技术出版社，2023.

[2] 《植物保护专业课程思政案例库》编委会. 植物保护专业课程思政案例库 [M]. 重庆：西南大学出版社，2022.

防控病虫害，助力水稻和小麦
稳产保供

对于世界上任何一个国家和地区而言，"吃"永远是当地人民群众的头等大事。粮食问题不能只从经济上看，必须从政治上看，保障国家粮食安全是实现经济发展、社会稳定、国家安全的重要基础；解决好十几亿人口的吃饭问题始终是我们党治国理政的头等大事；中国人的饭碗任何时候都要牢牢端在自己手中，我们的饭碗应该主要装中国粮。

一、水稻、小麦"患癌"成拦路虎

自然界中能够侵染并影响粮食作物的病原物有很多，它们遍布于世界各地。随着《中华人民共和国生物安全法》的颁布和实施，很多国外的有害生物被有效拒于国门之外。解决了"外患"，还有"内忧"——水稻"癌症"稻瘟病和小麦"癌症"赤霉病，它们是国内极具毁灭性且防治困难的真菌病害，在我国广泛发生，成为国内粮食安全的"拦路虎"。

水稻是全球近一半人口的主粮。一些植物病原真菌也"喜欢"水稻，其中的典型代表便是引起稻瘟病的灰梨孢真菌。一旦遇到高温多雨的天气，这种病原菌产生的分生孢子便会传播到水稻植株上，然后孢子萌发并侵入水稻表皮细胞，随后"安营扎寨"，疯狂吸收水稻内的营养并不断增殖。最开始受到侵染的水稻被称为中心病株，灰梨孢在中心病株上的分生孢子又会随着风雨向周围的健康水稻植株传播。稻瘟病在水稻田中一传十、十传百，如此反复，最终会像癌细胞在人体中扩散一样使得整个水稻田全部沦陷。该病害发生严重时，整块稻田甚至颗粒无收。

在我国，另外一种重要的主粮作物便是小麦了。小麦与水稻类似，在生长过程中面临各种病原菌危害的风险。对小麦危害最严重的是由禾谷镰刀菌引起的赤霉病。禾谷镰刀菌常于小麦扬花期进行侵染。这种病原菌在小麦穗部大量繁殖并产生包括脱氧雪腐镰刀菌烯醇、雪腐镰刀菌烯醇、玉米赤霉烯酮等在内的多种会使人体致畸、致癌的毒素。在过去的 20 年里，有 9 个年份的小麦赤霉病发生面积超过 333 万公顷，个别年份赤霉病发生面积甚至超过 1000 万公顷。

2022 年 3 月 6 日，习近平总书记在看望参加全国政协十三届五次会议的农业界、社会福利和社会保障界委员并参加联组会时强调："要未雨绸缪，始终绷紧粮食安全这根弦。"对于农业科技工作而言，消灭两大主粮"癌症"成了首要任务。

二、加强水稻病虫害防控能力

我国是水稻的原产地，水稻栽培历史悠久、分布范围广阔、种质资源丰富。2020 年数据显示，我国常年种植水稻面积占全世界水稻面积的 20%，产量多年保持在 2 亿吨以上，占全世界大米总产量的近 40%。不断提高水稻生产水平，加强病虫害防控能力，增加稻谷产量，对确保我国粮食安全具有十分重要的意义。

水稻病毒持续为害，造成水稻减产。水稻病毒病害不同于一些常发性病害，其发生流行更具突发性，往往会给水稻生产造成巨大损失，危及粮食安全，甚至引起饥荒。因此，弄清病害流行规律、揭示病害成灾机理十分必要。

我国科研工作者持续对水稻病毒病开展研究，齐心协力摸清水稻病毒流行规律。经过不懈努力和深入研究，科学家们防控水稻病毒的理念发生了转变，从以针对病毒、传播介体为主导的防治策略转向以针对水稻健康为主导的生态防控。生态防控的核心是建立有利于植物生长而不利于病毒发生、流行的农业生态系统，确保植物群体健康。生态防控的一个有效对策是在弄清"人-植物-病毒-介体-环境"五者相互关系与机制的基础上，遵循"抗、避、除、治"四字原则。近年来，我国科学家通过综合利用品种抗性做好品种布局、调整播种、插秧时间和采取网盖避虫、化学防治等措施有效防治水稻条纹病毒和水稻矮缩病毒。

在 20 世纪末的很长一段时间里，施用农药成为唯一防治稻瘟病的办法。但农药的过度使用会给人类和自然带来严重危害，因此中国科学家们开始积极参与到抗稻瘟病的水稻品种培育中，而培育抗病品种的前提是找到抗病基因。抗病基因的挖掘绝非易事，目前仅在植物中分离出 6 种赋予植物对病原微生物的广谱抗性基因，然而其中大部分抗性基因都与不良的农业性状连锁。因此必须挖掘出既抗稻瘟病又不影响农业性状的广谱抗病基因。通过坚持不懈的研究，科学家们终于从"地谷"品种中挖掘出了对水稻产量性状没有明显影响的广谱抗性基因 *Bsr-d1*。该基因编码的转录因子通过调控过氧化氢降解酶的表达来实现对稻瘟病菌的抗性，构成了稻瘟病抗性的新机制。

三、挖掘抗赤霉病主效基因

对于赤霉病这种世界范围内极具毁灭性且防治困难的真菌病害，培育与利用抗病品质是最佳选择。但是受制于理论认知和技术水平，关于赤霉病的研究鲜有突破性进展。目前国际上鉴定并命名的 7 个抗赤霉病主效基因也并非全部都有高效抗病性，其中有些基因尽管有抗病性，却以牺牲产量为代价。值得注意的是，禾谷镰刀菌产生的脱氧雪腐镰刀菌烯醇（又称呕吐毒素）严重污染食品和饲料，食用后可在人和哺乳动物体内逐渐积累诱发免疫功能下降，引起人畜中毒。因此，小麦赤霉病严重威胁着我国的粮食安全。

中国科学家们经过 20 年持续研究，从小麦近缘植物长穗偃麦草中发现了抗赤霉基因 *Fhb*7。从抗病基因初定位、精细定位，到图位克隆和抗病分子机制解析，最终成功将该基因转移至小麦品种并明确了其在小麦抗病育种中的稳定抗性、应用价值及其对镰刀菌属病原菌的广谱抗性。令人惊喜的是，*Fhb*7 基因还能有效分解呕吐毒素产生解毒效应，这一特性有望在粮食加工中得到广泛应用。目前 *Fhb*7 基因已被广泛用于小麦赤霉病抗性的遗传改良。*Fhb*7 基因在抗病育种领域的推广应用得益于科学家们在田间地头、在实验室中夜以继日的辛勤付出。正是这种匠人精神使我国农作物种质资源创新水平不断提升，为产业提质增效、国家粮食安全提供了重要保障。

四、严控病虫害提高小麦产量

中国是全球最大的小麦生产国，近年来年产量稳定在 1.3 亿吨左右。然而，我国小麦年产量因病虫害等原因仍有较大损失。

山东省农业科学院植物保护研究所与中国科学院动物研究所合作，在中国小麦病虫害造成的产量损失时空分布格局研究方面取得重要进展。其结果显示，病虫害每年造成我国黄淮海地区、长江中下游地区、西南地区、黄土高原地区、东北地区和新疆地区的小麦产量损失高达 1767 万吨，相当于 2.89 亿人的口粮。其中，作为占全国冬小麦总产量 68% 的黄淮海地区每年因病虫害造成的小麦损失达 1394 万吨，约占全国小麦产量损失总量的 79%，相当于 2.28 亿人的口粮。该研究成果表明，我国小麦生产因病虫害导致的损失仍然十分严重，而小麦锈病、小麦蚜虫及小麦白粉病仍是当前威胁我国小麦安全的高风险病虫害。因此最大限度控制小麦病虫害，尤其是减少黄淮海地区小麦病虫害造成的损失，是保护我国小麦安全的"压舱石"。

近年来我国在小麦病虫害防控和增产方面取得显著成效：通过建立全国监测预警系统，研发推广抗病品种和绿色防控技术，使主要病虫害防控效果达 85% 以上，损失率控制在 5% 以内。目前抗病品种种植面积占比达 85%，"一喷三防"等集成技术应用超 3 亿亩，配合水肥精准管理，推动小麦单产提升至 387 公斤/亩。2023 年全国小麦总产量达 1.37 亿吨，连续多年保持世界首位，近十年累计挽回产量损失约 1500 万吨，为保障粮食安全做出重要贡献。

中国以占世界 9% 的耕地、6% 的淡水资源养育了世界近 1/5 的人口，从当年 4 亿人吃不饱到今天 14 亿多人吃得好，有力回答了"谁来养活中国"的问题。党的十八大以来，以习近平同志为核心的党中央把粮食安全作为治国理政的头等大事，提出了新粮食安全观，确立了国家粮食安全战略，引领推动了粮食安全理论创新、制度创新和实践创新，中国特色粮食安全道路越走越宽广。当前中国处于近代以来最好的发展时期，世界处于百年未有之大变局，两者同步交织、相互激荡。在这样的时代背景下，我们应心系家国、励精图治，积极助力粮食稳产保供，保障粮食安全，为国家高质量发展提供坚实的物质基础。这是党和人民赋予我们的历史重任，也是我们义不容辞的使命担当。

中国粮商大战国际资本

1. 小麦的战略意义及幕后的资本斗争

小麦是小麦系植物的统称，是单子叶植物，是一种在世界各地广泛种植的禾本科植物，其颖果是人类主食之一，磨成面粉后可制作面包、馒头、饼干、面条等食物，发酵后可制成啤酒、酒精、白酒（比如伏特加）或生物质燃料。小麦富含淀粉、蛋白质、脂肪、矿物质、钙、铁、硫胺素、核黄素、烟酸、维生素 A 及维生素 C 等。小麦是三大谷物之一，几乎全作食用，仅约有六分之一作为饲料使用。小麦起源于亚洲西部，是新石器时代的人类对其野生祖先进行驯化的产物，栽培历史已有 1 万年以上。两河流域是世界上最早栽培小麦的地区，中国是世界上最早种植小麦的国家之一。《诗经》里记载有"爰采麦矣，沫之北矣。"（节选自《鄘风·桑中》）"硕鼠硕鼠，无食我麦。"（节选自《魏风·硕鼠》）其中的"麦"俗称小麦，是世界上最早栽培的农作物之一，起源于西亚，后传入我国。《诗经》中"麦"作为粮食词汇出现，所提及的"麦"所代表地区表明距今 3000 年左右，中国黄河中下游地区已经普遍栽种小麦了。《诗经》中还有另一个也指代小麦的粮食词汇"来"，大麦称为"牟"，比如《周颂·思文》中的"贻我来牟，帝命率育"。

2010 年小麦是世界上总产量位居第二的粮食作物（6.51 亿吨），仅次于玉米（8.44 亿吨）。全世界超过 40% 的人以麦为主粮，小麦供应和价格的变动往往牵一发而动全身，会产生极为深远的影响。然而，一直以来全球 80% 的粮食交易都掌握在四大粮商手中，即美国的 ADM、邦吉、嘉吉三家公司和法国的路易达孚。自中国加入 WTO，中国粮食企业与国际资本的斗争也逐渐拉开序幕。

2. 大豆的战役

大豆，通称黄豆，是豆科大豆属一年生草本。大豆原产中国，中国各地均有栽培，亦广泛栽培于世界各地。大豆是中国重要粮食作物之一，已有五千年栽培历史，古称菽，中国东北为主产区，是一种其种子含有丰富植物蛋白质的作物。大豆最常用来做各种豆制品、榨取豆油、酿造酱油和提取蛋白质。豆渣或磨成粗粉的大豆也常用于禽畜饲料。《诗经》里记载有"中原有菽，庶民采之。"（节选自《小雅·小宛》），"采菽采菽，筐之莒之。"（节选自《小雅·采菽》），其中的"菽"即豆类的总称或特指大豆。中国是世界公认的栽培大豆起源地，栽培历史悠久，栽培地区广大。现今世界各地的大豆都直接或间接从中国引进，并且保留了"菽"的读音。

2003 年，美国政府单方面对中国挥舞关税与配额"大棒"，迫使中国大量购入美国大豆。与此同时，美国利用限制供给和散布不实消息恶意抬高大豆价格，导致中国企业恐慌性购买。随后，国际大豆价格迅速回落，最高时甚至跌了一半。由于此次采购规模巨大，中国半数相关企业都因为无力消化采购成本或无力还贷而破产出局。当中国大豆产业哀鸿遍野时，跨国粮商露出了他们的獠牙，乘虚而入大举收购破产的大豆压榨企业，迅速控制了 80% 的大豆进口货源和 85% 的国内油脂压榨产能。此役过后，中国大豆产业逐渐丧失自主权，对美国大豆的依存度与日俱增。

3. 漂亮的翻身仗

2005 年，国际粮商想要故技重施，妄图继续在中国粮食市场吸血，然而国内在大豆战失败后早已做好主粮战争的准备。在此后接近 3 年时间里，国际小麦价格涨了 4.6 倍，而国内小麦价格却只涨了 0.7 倍。这并非国际资本手下留情，而是中国动用了国家储备：国际粮价暴涨时，国内粮价也开始蠢蠢欲动，中国随即开始抛售储备小麦。尽管资本方拼命抬价全部吃进，试图造成供不应求的假象，但我方不为所动，仍源源不断地抛储，以至于最后无人敢接。当时没人知道中国的粮食储备到底有多少，但所有人都相信中国储备足以撑死炒作的投机资本。因此，局面开始出现反转，先前大量买进的西方资本争先恐后地抛售，粮食价格急剧下降。连锁反应之下，所有大宗商品价格也全面暴跌。中国打赢了这场小麦价格保卫战，也粉碎了国际资本进一步侵蚀我国粮食市场的野心。中国在短短几年之内就能在国际资本的压力下打个翻身仗，要归功于粮食的自给自足并能有所盈余可以建立庞大的国家储备。习近平总书记强调，中国人的饭碗任何时候都要牢牢端在自己手上；我们的饭碗应该主要装中国粮。目前，中国小麦储存量累计占全球 50%以上，可以从容应对全球粮食市场的各种异动。

教学分析

一、课程思政要素挖掘

1. 责任与担当

确保水稻和小麦的稳产保供关系到国家粮食安全和人民的基本生活需求。通过学习防控病虫害对粮食生产的重要性，让学生深刻认识到自己在农业领域所肩负的责任，培养他们为国家和人民的利益而努力的担当精神。

强调农业工作者在防控病虫害、保障粮食生产中的关键作用，激发学生对未来职业的认同感和责任感，鼓励他们积极投身于农业事业，为国家的粮食安全贡献自己的力量。

2. 科学精神与创新意识

防控病虫害需要依靠科学知识和技术手段。在教学中引导学生了解病虫害的发生规律、防治方法以及最新的科研成果，培养他们严谨的科学态度和勇于探索的精神。

鼓励学生关注农业科技的发展动态，激发他们的创新意识，引导他们思考如何运用新技术、新方法来提高病虫害防控的效果，为实现粮食稳产保供提供创新思路。

3. 生态平衡与可持续发展

病虫害的防控不仅要考虑短期的效果，还要注重生态环境的保护和可持续发展。通过介绍生态防治、综合防治等理念和方法让学生认识到农业生产与生态环境的密切关系，培养他们的生态意识和可持续发展观念。

引导学生思考如何在保障粮食生产的同时，减少对环境的负面影响，实现农业的可持续发展，为子孙后代留下良好的生态环境。

4. 团队合作与协作精神

防控病虫害是一个复杂的系统工程，需要多学科、多部门的协作配合。在教学中通过介绍病虫害防控的实际案例，让学生了解团队合作的重要性，培养他们的协作精神和沟通能力。

鼓励学生在学习和实践中积极与同学、教师以及农业领域的专业人员合作，共同解决问题，提高团队的整体效能。

二、融入教育教学的方法

1. 课堂教学

案例分析：通过具体的病虫害防控案例分析其中的成功经验和不足之处，引导学生思考如何更好地防控病虫害，保障粮食稳产保供。在案例分析中融入思政要素，培养学生的综合分析能力和价值观。

小组讨论：组织学生围绕病虫害防控的热点问题进行小组讨论，比如绿色防控技术的应用、农业可持续发展等。鼓励学生发表不同观点，培养他们的团队合作精神和批判性思维。

多媒体教学：利用图片、视频等多媒体资源展示病虫害对粮食生产的危害以及防控病虫害的重要性。激发学生的学习兴趣，增强教学的直观性和感染力。

2. 实践教学

实地考察：组织学生到农田、农业企业等地进行实地考察，了解病虫害的发生情况和防控措施，让学生亲身体验农业生产的实际过程，增强他们对病虫害防控的认识和责任感。

实验教学：开展与病虫害防控相关的实验，让学生掌握病虫害的识别、监测和防治方法。在实验中培养学生的科学精神和实践能力，同时让他们体会到团队合作的重要性。

三、教育教学效果评估

1. 多元化考核

在课程考核中，除了考查学生对病虫害防控知识的掌握程度外，还应注重对思政要素的考核。可以采用考试、作业、实践报告、课堂表现等多种形式进行考核，综合评价学生的学习成果。

2. 反馈与改进

及时向学生反馈考核结果，指出他们在思政方面的优点和不足，引导学生进行自我反思和改进。同时，教师根据学生的反馈意见不断改进教学方法和内容，提高教学质量。

总之，将"防控病虫害助力水稻和小麦稳产保供"的课程思政要素融入教育教学中可以丰富教学内容，提高学生的学习兴趣和综合素质。通过培养学生的责任担当、科学精神、生态意识和团队合作精神，为保障国家粮食安全培养有责任感、有担当的农业人才。

📁 **参考文献** ●┈┈┈┈┈┈┈┈┈┈┈┈┈┈┈┈┈┈┈┈┈┈┈┈┈┈┈┈┈┈┈┈┈┈┈┈┈┈

[1] 王彦芹，艾尼瓦尔·吐米尔，朱新霞，等. 生物科学类专业课程思政案例集 [M]. 北京：中国农业科学技术出版社，2023.

[2]《植物保护专业课程思政案例库》编委会. 植物保护专业课程思政案例库 [M]. 重庆：西南大学出版社，2022.

外来物种入侵的防范和应对

一、外来物种入侵定义

在生物学上，外来物种是指出现在其自然分布范围和分布位置以外的物种、亚种或低级分类群，包括这些物种能生存和繁殖的任何部分、配子或繁殖体。外来物种入侵是指生物物种由原产地通过自然或人为的途径迁移到新的生态环境的过程，包括两层含义：第一，物种必须是外来的、非本土的；第二，该外来物种能在当地的自然或人工生态系统中定居、自行繁殖和扩散，最终明显影响当地生态环境，损害当地生物多样性。外来入侵物种指一个外来物种引入后可能因不能适应新环境而被排斥在系统之外；也有可能因新的环境中没有相抗衡或制约它的生物，这个引进种可能成为真正的入侵者而打破平衡，改变或破坏当地的生态环境。

伴随着人们的经济活动和国际交往，一些物种由原生存地借助人为作用或其他途径移居到另一个新的生存环境，并在新的栖息地繁殖并建立稳定的种群，这些物种被称为外来物种。有针对性地引进优良动植物品种既可丰富引进国的生物多样性，又能带来诸多效益，但若引种不当或缺乏管理则会引发较大的负面影响。

根据世界自然保护联盟的定义，外来物种是在自然和半自然的生态系统和生境中建立的种群，当其改变和危害本地生物多样性时就是一个外来入侵物种，其造成的危害就是外来物种入侵。外来物种入侵主要有以下三个方面危害：一是造成农林产品产值和品质的下降，增加了成本；二是对生物多样性造成影响，特别是侵占了本地物种的生存空间，导致本地物种死亡和濒危；三是对人畜健康和贸易造成影响。

德国因大闸蟹泛滥而损失近亿欧元，美国则因鲤鱼问题饱受困扰，这些在中国人眼里简直不可思议——吃了它们呀！不过看似荒唐的新闻却表达着不容乐观的事实：全球化背景下物种入侵的破坏力已经愈发强大。为提高产蜜量引进的蜜蜂进化成具有攻击性的"杀人蜂"等案例令人感到担忧，生物入侵表象下可能是全球生态遭受毁灭性打击的开始。

二、中国外来物种入侵现状

截至 2025 年，中国外来物种入侵现状呈现以下新特点：

1. 入侵物种数量与危害加剧

① 新增入侵物种：2024 年《中华人民共和国进境植物检疫性有害生物名录》新增 47 种检疫性有害生物，包括脐橙螺、阿根廷蚁等，总数达 493 种。农业农村部《重点管理外来入侵物种名录》（2023 年 1 月 1 日起施行）明确 59 种重点管控物种，涵盖植物、昆虫、软体动物等 8 类。

② 经济损失扩大：外来入侵物种每年造成直接经济损失超 2000 亿元，其中水葫芦单种损失近 100 亿元。齐氏罗非鱼从两广扩散至长江上游，导致本土鱼类种群锐减；福寿螺北侵至北京，造成水稻减产 50%。

2. 入侵途径与热点问题

（1）人为引入为主

① 异宠贸易：2024 年全国海关截获"异宠"1.3 万只，如长戟犀金龟、巨首收获蚁等 1209 种国内无自然分布物种。巴西龟年产量超 2500 万只，放生后威胁本土水生生态。

② 养殖逃逸：美洲牛蛙养殖产业扩张（例如江西赣州 50 亩基地年利润超 500 万元），但逃逸个体被列为全球百大入侵物种。

（2）自然扩散加速

松材线虫致松树大面积枯死，红火蚁通过货物包装材料扩散，已入侵南方多省。

3. 防控措施与治理进展

（1）政策强化

① 2023 年中央一号文件首次将"异宠"管理纳入重点，海关开展三年专项行动。

② 农业农村部实施"一种一策"精准治理，比如福寿螺防控结合农业、生物措施。

（2）技术应用

① 基因监测技术用于追踪鳄雀鳝放生源头，2023 年河南汝州"抽湖捕鱼"事件推动公众意识提升。

② 内蒙古科尔沁草原用长刺蒺藜草固沙，辩证利用其耐旱特性。

4. 未来挑战

① 监管难点：跨境电商加剧"异宠"走私，例如 2025 年福州截获 52 种 400 余只昆虫。

② 生态平衡：需权衡经济利用（比如牛蛙养殖）与生物安全，完善《重点管理外来入侵物种名录》动态调整机制。

三、外来物种入侵成因及危害

自然界中的物种总是处在不断迁移、扩散的动态中，而频繁的人类活动又进一步加剧了物种的扩散，使得许多生物得以突破地理隔绝拓展至其他环境当中。在外来物种中，一部分物种是因为其用途被人类有意地将其从一个地方引进到另外一个地方，这些物种被称为引入种，比如加州蜜李、美国樱桃等。这些物种大多需要在人为照管下才能生存，对环境并没有危害。然而，在外来物种中也有一些在移入后逸散到环境中成为野生状态的物种。若新环境没有天敌的控制，加上该物种具有旺盛的繁殖力和强大的竞争力，其就会变成入侵者，排挤环境中的原生物种，破坏当地生态平衡，甚至造成对人类经济的危害性影响。此类外来物种则通称为入侵种，比如红火蚁、福寿螺、布袋莲、玛瑙螺（即非洲大蜗牛）、巴西龟、松材线虫等。外来物种入侵的标准：①通过自然原因或有意、无意的人类活动而被引入一个非本源地区域。②在当地的自然或人造生态系统中形成了自我再生能力，具有高生长速度、强大繁殖能力和快速蔓延的能力。③可耐受各种环境，可以改变生长模式以适应现有环境，给当地的生态系统或地理结构造成明显的损害或影响。需要注意，外来的不等于国界外的。国界是人为概念，国界内也可以发生物种入侵。

外来入侵物种进入中国的途径主要分为三种：

① 自然入侵：这种入侵不是人为原因引起的，而是通过风媒、水体流动或由昆虫、鸟类的传带，使得植物种子或动物幼虫、卵或微生物发生自然迁移而造成生物危害所引起的外来物种的入侵。例如豚草就是因为修建铁路、公路时造成周围植被的破坏，逐步从朝鲜扩散至中国的。

② 有意引种：是指人类有意实行的引种，将某个物种有目的地转移到其自然分布范围及扩散潜力以外（这类引种可以是授权地或未经授权地）。这些入侵种由于被改变了物种的生存环境和食物链，在缺乏天敌制约的情况下泛滥成灾。例如水葫芦起初是以净化水源或作为饲料为目的而引进的，但因为环境适宜、繁殖太快等原因，对中国多处水源造成危害；再如福寿螺，起先作为一种营养价值较高的食用螺类被引入广东，最后引入北京，全国大面积养殖，但是因为味道掺杂腥味，被养殖者"放生"在国内水田、河流中，造成了一系列危害。

③ 无意引种：无意引种是指某个物种利用人类或人类传送系统为媒介，扩散到其自然分布范围以外的地方，从而形成非意的引入。这种引进方式虽然是人为引进，但在主观上并没有引进的意图。

通常是随人及其产品通过飞机、轮船、火车、汽车等交通工具，作为"偷渡者"或"搭便车"被引入到新的环境。随着国际贸易的不断增加、对外交流不断扩大和国际旅游业的快速升温，外来入侵生物借助这些途径越来越多地传入我国。除交通工具外，建设开发、军队转移、快件服务、信函邮寄等也会无意引入外来物种。有的入侵生物并不是只通过一种途径传入，可能通过两种或多种途径交叉传入，在时间上并非只有一次传入，可能是两次或多次传入。多途径、多次数的传入加大了外来生物定植和扩散的可能性。许多外来物种随着交通路线进入和蔓延，加上公路和铁路周围植被通常遭到破坏而退化，因此这些地方通常是外来物种最早或经常出现的地方。例如新疆的褐家鼠和黄胸鼠就是通过铁路从内地传入的。

一个外来物种进入一个新的生态系统，最终是否形成入侵通常取决于两个因素：进入新环境的外来入侵物种的自身特点以及这个环境是否容易被这个物种入侵。

第一，入侵物种特点是指广域的分布和快速的扩散能力。这两个特征可以进一步引申为具有入侵性物种的生活史较短、结果时期较长、种子数量较大、种子体积较小、种子存活时间较长、易于被风和动物传播等。另外，一些研究也指出生活型或功能群与可入侵性有关，但没有哪一种生活型在所有生境中都具有入侵性。

第二，和外来入侵物种一样，容易遭到入侵的生态系统也具有一些共同特点：有足够的可利用资源、缺乏自然控制机制、人类进入的频率高。资源供给经常处于一种波动状态的生境要比具有稳定的资源供给的环境更容易受到入侵，当一个生境中的限制性资源突然升高或降低时更易受到入侵，受干扰、疾病或虫害侵袭后的生境的可入侵性也将增加。资源供给增加后，当本地的植物能利用这些资源所间隔的时间延长时，可入侵性增加；群落引入捕食者后，将使得生境更容易受到入侵。

依据外来入侵种的传入途径以及入侵种和生态系统的特点，可以预计在中国，外来物种容易入侵的区域有：

① 重要的港口、口岸附近，铁路、公路两侧。经国际货运传入的外来物种往往首先在港口、口岸附近登陆，遇到适宜的环境条件建立小的种群而后开始扩散；轮船的压舱水排放和营附着生活的海洋物种也常常在港口落脚；火车、汽车携带的外来物种则容易在铁路、公路两侧定居、扩散。

② 人为干扰严重的森林、草场。人类活动可直接带来外来物种。森林、草原等生态系统本来是稳定的，严重的人为干扰（例如乱砍滥伐、过度放牧）使生态系统退化、多样性下降，给外来物种的入侵创造了良好的条件。

③ 物种多样性较低、生境较为简单的岛屿、水域、牧场。物种多样性低，自然抑制力也低，天敌种类少，外来物种容易生存，种群容易扩增。

④ 受突发性的自然干扰，比如火灾、洪水和干旱等破坏后的生态环境。在这些生态环境中，生态系统短时间内受到严重破坏，物种组成和群落结构变得简单，入侵种极易迅速占据大量的生态位而成为优势物种。

⑤ 温暖湿润、气候条件好的地区，比如中国的南方地区，常常给外来入侵种的大暴发提供良好的条件。

外来物种入侵的主要生态影响包括：

① 对个体的影响。入侵种对于本地种个体有着快速而显著的影响。例如，个体在面临入侵的捕食者或竞争者时生长或生殖率会出现明显的下降。同时，生物个体的形态在面对入侵者时也会产生改变。个体也会由于入侵者的捕食或竞争而产生行为学上的反应，例如改变对资源的利用模式。

② 对遗传的影响。入侵种和本地种之间可以通过直接的基因交流（例如杂交和基因渗透）而对本地种的遗传产生影响。入侵种与本地种之间可能通过杂交产生一种新的、有入侵性的杂合体基因型；入侵种和本地种可能还会杂交产生不育的杂合体，与本地种竞争资源，对于濒危种其实是浪费配子；入侵种和本地种可能产生一群杂交体和广泛的基因渗透，通过"基因污染"导致本地种的灭绝。入侵种也可以通过改变自然选择的模式或本地种群间的基因流通，间接影响本地种的遗传。例如，当入侵种施加强烈的选择压力时，本地种的自然种群可能会改变其等位基因频率；入侵种还可能通过造成本地种种群的斑块化，从而切断基因流动。

③ 对种群的影响。种群的分布、结构（年龄或大小）以及增长率等都会严重受到入侵种的影响。例如入侵种可能会通过占领本地种的生态位、减少本地种的可利用资源导致本地种种群的增长大大降低，进而将本地种排斥出去。

④ 对群落的影响。入侵种会严重影响群落的组成与结构。尽管入侵种的大量迁入可

能会增加总体的物种丰富度，但由于入侵种竞争力强，本地种往往被其取代，甚至群落的建群种也会发生变化。这些变化进一步改变了原有的生境，导致其他本地种的消失，引起生物多样性的下降。例如引入澳大利亚北部的刺轴含羞草（*Mimosa pigra*）将开阔的莎草湿地转变成灌木丛，导致一些特异的本地动植物失去其生境而消失。此外，入侵种还可能通过对本地种的捕食、寄生等作用而影响到本地种的生存，进而改变群落的组成和结构。

⑤ 对生态系统过程的影响。入侵种对某一生态系统功能和过程的影响可能会引起资源库或供应速率、动植物对资源的获取率、干扰体系的变化。例如，入侵树种火杨梅（*Myrica faya*）通过固氮和增加土壤中可利用的氮而影响在贫瘠火山土里的演替进程。入侵种也可以通过改变生境的物理特性而极大地改变生态系统功能。例如，非本地草食动物可导致大量的侵蚀与滑坡，因而严重地影响了溪流生态系统。

⑥ 社会影响。首先是经济损失，新病虫害造成农业损失。外来物种通过改变生态系统所带来的一系列水土、气候等不良影响从而产生间接经济损失。其次是健康威胁，引发人类新疾病。外来物种传染病病原体中带有本地不常见的类型，本地物种可能缺乏对于新病原体的免疫力，对人群产生不良影响。

四、外来物种入侵防治方法

1. 人工防治

依靠人力捕捉外来害虫或拔除外来植物。人工防治适用于那些刚刚传入、定居，还没有大面积扩散的入侵物种。人工防治可在短时间内迅速清除有害生物，但对于已沉入水里和土壤的植物种子及一些有害动物则无能为力。高繁殖力的有害植物容易再次生长蔓延，需要年年防治。人工防治有害动植物后，如不妥善处理动植物残体，它们可能成为新的传播源，客观上会加速外来生物的扩散。

2. 机械去除

利用专门设计制造的机械设备防治有害植物。机械去除有害植物对环境安全，短时间内也可迅速杀灭一定范围内的外来植物。利用机械打捞船在非洲的维多利亚湖等地控制水葫芦等水生杂草取得了一定的效果。云南昆明市也曾设计制造过一艘机械打捞船清除滇池水葫芦，福建农业大学也曾帮助福建宁德地区设计制造"割草机"控制大米草，但均因技术等原因最终未获成功。除技术问题外，机械去除后如不妥善处理有害植物残株，这些残株依靠无性繁殖仍有可能成为新的传播源。通过物理学的各种途径防治也可控制外来有害生物，比如用火烧控制有害植物、黑光灯诱捕有害昆虫等。

3. 替代控制

主要针对外来植物，是一种生态控制方法，其核心是根据植物群落演替的自身规律，用有经济或生态价值的本地植物取代外来入侵植物。替代控制的不足在于对环境要求较高，很多生境并不适宜人工种植植物，比如陡峭的山地、水域等，同时人工种植本地植物恢复自然生态环境涉及的生态学因素很多，实际操作起来有一定的难度。利用替代植物控制外来有害植物时，应充分研究本地土生植物的生物生态学特性，比如它们与入侵植物的竞争力、他感作用等，掌握繁殖、栽培这些植物的技术要点，并探讨本地植物的经济特性、市场潜力等，以便同时获得经济和生态效益。

4. 生物防治

是指从外来有害生物的原产地引进食性专一的天敌将有害生物的种群密度控制在生态和经济危害水平之下，类似于生态系统的自我调节。生物防治方法的基本原理是依据有害生物-天敌的生态平衡理论，在有害生物的传入地通过引入原产地的天敌因子重新建立有害生物-天敌之间的相互调节、相互制约机制，恢复和保持这种生态平衡。因此生物防治可以取得利用生物多样性保护生物多样性的结果。生物防治的一般工作程序包括：在原产地考察、采集天敌；天敌的安全性评价；引入与检疫；天敌的生物生态学特性研究；天敌的释放与效果评价。天敌一旦在新的生境下建立种群，就可能依靠自我繁殖、自我扩散长期控制有害生物，所以生物防治具有控效持久、防治成本相对低廉的优点。另外，引进天敌防治外来有害生物也具有一定的生态风险性，释放天敌前如不经过谨慎的、科学的风险分析，引进的天敌很可能成为新的外来入侵生物，从而带来"引狼入室"的后果。

5. 综合治理

将生物、化学、机械、人工、替代等单项技术融合起来，发挥各自优势，弥补各自不足，达到综合控制入侵生物的目的，这就是综合治理技术。综合治理并不是各种技术的简单相加，而是它们有机融合，彼此相互协调、相互促进。

五、我国应对外来物种入侵的法律措施

我国应对外来物种入侵的法律措施已形成以《中华人民共和国生物安全法》（2021年4月15日起施行）为核心，多部法律法规协同配合的监管体系，主要措施包括：

1. 核心法律

《中华人民共和国生物安全法》设专章（第六章）规定"防范外来物种入侵"，明确：建立风险评估制度，对引进物种进行安全审查；制定并动态更新外来入侵物种名录，禁止擅自引进或放生；要求对已入侵物种采取监测、清除和生态修复措施。

2. 配套法规与制度

《中华人民共和国野生动物保护法》（2023年5月1日起施行）禁止随意放生外来野生动物，违者需承担生态损害赔偿责任。《中华人民共和国进出境动植物检疫法》（1992年4月1日起施行）规定在口岸加强检疫，拦截可能携带入侵物种的货物、运输工具等。《中华人民共和国农业法》（1993年7月2日起施行）、《中华人民共和国渔业法》（1986年7月1日起施行）规范农业、渔业领域的外来物种引进，防止因养殖或种植导致生态失控。

3. 重点管理措施

① 名录管理：国家林草局、农业农村部等六部门发布的《重点管理外来入侵物种名录》（2023年1月1日起施行），明确对59种入侵物种（如红火蚁、福寿螺）加强防控。

② 联防联控：生态环境部、农业农村部等多部门联合开展入侵物种普查和治理行动。

③ 公众责任：法律明确禁止个人或机构擅自放生外来物种，违者最高可罚款10万元（如放生鳄雀鳝等案例）。

我国法律体系已覆盖外来物种入侵的事前预防、事中监管和事后治理全环节，但执法效能与公众意识仍需进一步提升。

拓展链接

1. 外来物种入侵案例

1987年，四川引入原产于南美洲亚马孙流域的瓶螺，在四川省泸州市等地形成田间自然种群，危害水稻及其他水生作物，对当地水生贝类、水生植物造成严重威胁。瓶螺由于携带管圆线虫，2006年造成131人食用福寿螺致病事件。紫茎泽兰从西南边境传入我国，在云贵川等地迅速泛滥成灾，其可引起动物哮喘病，在1979年造成云南52个县、179个乡的马患病5015匹、死亡3486匹，甚至出现"无马县"现象，严重侵害当地的农作物和牲畜安全。我国前些年社会上兴起了藏獒养殖热潮。然而随着藏獒经济崩盘，无数藏獒被遗弃在青藏高原，造成物种入侵并带来严重后果。流浪的藏獒不但攻击野生生物，破坏当地的生态系统，而且导致以狗为宿主的棘球蚴病、狂犬病流行，危害人体健康。这些藏獒甚至直接攻击人类，造成生态灾难。

近年来盲目放生的行为也成为导致我国外来物种入侵的重要途径之一。2015年10月，放生人士在南京江楼风景区附近的护城河边投放几十袋、数千斤螺蛳，因投放密集造成了大量螺死亡并致河水发臭。2016年1月，两位雇主雇用一辆小货车运载一车动物，包括狸、斑鸠、黄鳝等，还有11笼近百只老鼠，准备在广东某村放生，被村民制止。据村民反映，经常有人在河里放生鱼、毒蛇，在山里放生的兔子死去不少，恶臭难闻。

上述盲目放生现象主要源于公众科学认识的缺失。不可否认，保护和善待动物是生态文明建设进程中不可或缺的部分，这也是环境道德规范的要求之一。然而，生态系统是一个精密、相互关联的体系，随意地添加或者减少其组成部分或改变各个部分之间的比例关系都会对系统的稳定和健康造成危害。对动物的放生行为意在保护动物的生命，但应该是一种严格的、科学的、专业的活动，而不应该成为一种随意的、大众的、作秀的活动。科学放生是热爱自然与绿色意识的体现，放生者应该尊重自然、爱惜生命，对被放生动物的习性、放生地的生态等要充分了解，学习科学放生知识和环境保护常识后再去放生。做到科学放生，让放生回归本意和初心。

2. 防范外来物种入侵和保护生物多样性是否矛盾？

人类是地球生命共同体的成员，其他生物亦然。人类与其他物种构成相互依存的系统。由于人类社会的快速发展，当今人类已面临生物多样性降低的环境问题，保护生物多样性已成为热点话题。生物多样性是人类生存不可或缺的组成部分，保护生物多样性是人类的共同责任，需要社会各方面、学界各学科的共同关注和行动。保护生物多样性已引起世界各国的高度重视，早在1992年6月在巴西里约热内卢召开的联合国环境与发展大会上就通过了《生物多样性公约》，截至1993年公约生效时，已有168个国家在公约上签字。此外，联合国大会于2000年2月通过了第55/201号决议，宣布每年5月

22 日为"国际生物多样性日"。这标志着保护生物多样性已成为世界各国政府、组织和公民应尽的义务和责任。长期以来,中国政府在生物多样性保护领域做出了一系列重大决策部署,全国多地建立了全面的保护体系,社会各界也积极参与这一保护行动,尽己所能贡献着自己的智慧和力量。保护生物多样性和防范外来物种入侵并不矛盾,而是相辅相成的。两者的核心目标都是维护生态系统的健康和稳定——防范外来物种入侵可以避免它们破坏本地生态平衡,从而保护原生物种的生存空间。虽然并非所有外来物种都有害(如许多农作物和观赏植物),但通过科学评估和风险管理(如检疫制度和生态修复),可以区分有意引种和潜在入侵物种,实现二者的协调统一。因此,防范外来物种入侵是生物多样性保护的重要措施,关键在于基于生态学的科学管理,而非"一刀切"的禁止。

📚 教学分析

一、课程思政要素挖掘

1. 生态保护意识

外来物种入侵对中国的生态环境造成了严重破坏,通过学习这一内容让学生深刻认识到生态保护的重要性,培养学生尊重自然、保护自然的意识,树立正确的生态价值观。

引导学生关注生态平衡,明白每一个物种在生态系统中都有其特定的地位和作用,外来物种的入侵可能会打破这种平衡,进而影响整个生态系统的稳定。

2. 责任担当与行动

强调每个人在防止外来物种入侵中的责任。学生作为社会的一员,有义务传播正确的生态保护知识,从自身做起,不随意引进、放生外来物种。培养学生的社会责任感和担当精神,促使他们积极参与到生态保护行动中。

介绍相关部门和科研人员在防控外来物种入侵方面所做的努力,激发学生的使命感,鼓励他们未来为解决生态问题贡献自己的智慧和力量。

3. 科学精神与理性思维

分析外来物种入侵的原因、途径和影响需要运用科学的方法和理性的思维。在教学中培养学生严谨的科学态度,学会客观地分析问题、解决问题。

引导学生认识到科学技术在防控外来物种入侵中的重要作用,激发他们对科学研究的兴趣和追求,培养创新精神,为探索更有效的防控措施奠定基础。

4. 全球视野与合作精神

外来物种入侵是一个全球性的问题,中国也在积极参与全球生态治理。通过学习全球生态治理的方法,让学生了解国际合作在生态保护中的重要性,培养学生的全球视野和合作精神。

鼓励学生关注国际生态保护动态,学习其他国家的先进经验和技术,为共同应对全球生态挑战贡献力量。

二、融入教育教学的方法

1. 课堂教学

案例分析：通过具体的外来物种入侵案例，比如加拿大一枝黄花、福寿螺等，分析其危害和防控措施。在案例分析中融入思政要素，引导学生思考生态保护的重要性和个人责任。

小组讨论：组织学生围绕外来物种入侵的问题进行小组讨论，比如如何防止外来物种入侵、个人在生态保护中的作用等。培养学生的团队合作精神和批判性思维，同时加深学生对思政要素的理解。

多媒体教学：利用图片、视频等多媒体资源展示外来物种入侵的场景和危害，增强学生的直观感受。同时，播放相关的生态保护宣传片，激发学生的生态保护意识。

2. 实践教学

实地考察：组织学生到自然保护区、湿地公园等地进行实地考察，观察外来物种入侵的情况，了解生态保护的实际工作。让学生亲身体验生态环境的重要性，增强他们的生态保护意识。

社会实践：鼓励学生参与生态保护志愿者活动，比如清理外来物种、宣传生态保护知识等。通过社会实践，让学生将理论知识与实际行动相结合，培养他们的社会责任感和实践能力。

三、教育教学效果评估

1. 多元化考核

在课程考核中，除了考查学生对专业知识的掌握情况外，还应注重对思政要素的考核。可以采用考试、作业、实践报告、课堂表现等多种形式进行考核，综合评价学生的学习成果。

2. 反馈与改进

及时向学生反馈考核结果，指出他们在思政方面的优点和不足，引导学生进行自我反思和改进。同时，教师根据学生的反馈意见不断改进教学方法和内容，提高教学质量。

总之，将外来物种入侵的防范和应对中的课程思政要素融入教育教学可以丰富教学内容，提高学生的学习兴趣和综合素质。通过培养学生的生态保护意识、责任担当、科学精神和全球视野，为中国生态保护事业培养有责任感、有担当的新时代人才。

📁 **参考文献** ●‥‥‥‥‥‥‥‥‥‥‥‥‥‥‥‥‥‥‥‥‥‥‥‥‥‥‥‥‥‥‥‥‥‥‥

[1] 王彦芹，艾尼瓦尔·吐米尔，朱新霞，等. 生物科学类专业课程思政案例集 [M]. 北京：中国农业科学技术出版社，2023.

[2]《植物保护专业课程思政案例库》编委会. 植物保护专业课程思政案例库 [M]. 重庆：西南大学出版社，2022.

比想象中更强大的植物及植物病理学

能固着生活和自养的生物称为植物界，简称植物，包含了诸如树木、灌木、藤类、青草、蕨类及绿藻、地衣等熟悉的生物。植物可以分为种子植物、苔藓植物、蕨类植物等，据估计现存大约有 45 万个物种。植物是人类食物最重要的来源，植物为我们提供了 80% 的食物和 98% 的氧气，植物的健康直接关乎人类的生存，保护植物也就是在保护我们的生命。

一、强大的植物

看似不能移动的植物经过亿万年的演化过程，其适应能力远比我们想象的强大。植物为了生存也必须像人类和其他动物一样适应周边的环境。生存就意味着竞争：首先，不同的植物之间会争夺阳光、空气、土壤和水；其次，植物会与那些吃它或者威胁到它生存坏境的人类和其他动物竞争；最后，植物所处的环境可能是有敌对性的或者不利于植物生长的。

为了能得到更多的阳光，一些垂直生长的枝芽会螺旋缠绕生长以避免遮挡下边的叶子。虽然那些水平生长的枝芽上的蕾有可能被其他枝芽缠绕，但树叶会根据环境变化调整自己的生长方向。生长在光线被遮挡环境下的大多是一些真菌类植物。真菌类植物依靠自己所寄生的动物或者植物产生的养分来维持生命。

热带雨林中的植物通常茂密到能遮挡住所有的光线。在这种又热又潮湿的气候条件下生长着大量的附生植物，例如松萝、石斛和鹿角蕨。这些附生植物生长在一些树木的枝干上，它们将自己的根暴露在空气中以吸收空气中的水分和养分。在光合作用过程中，植物对各种色光谱的吸收程度是不同的。红、橙、黄光谱比其他颜色光谱更容易被吸收。植物在深水里吸收的蓝色光谱比绿色光谱更多，这也是为什么深水不适宜植物生长的原因。红藻有很强的适应性，因为这类植物除了叶绿素以外还有类胡萝卜素和藻红蛋白。这些色素大量存在于红藻中并使它们呈现特有的颜色。令人不可思议的是，吸收阳光后，这些光合色素在光合作用中的协同作用，使得植物能够有效地捕获和利用光能，从而完成生长发育的过程。

面对各种植食性昆虫的侵害，看似被动的植物并不是毫无防备任其取食，而是会穿上"盔甲"、拿起"武器"奋力抵抗的。植物"盔甲"有很多种，植物表皮上的毛、刺、蜡质、腺体以及某些骨化或硅化结构是昆虫首先需要突破的屏障，也是植物抵御昆虫侵害的第一道防线。还有一点也很重要，很多昆虫都有"挑食"的毛病。它们对植物的大小、形状和颜色很挑剔，植物正好可以利用这一点，通过变形、变味、变色等方法来避免害虫侵扰。概括来讲，植物抵抗害虫的手段分为直接防御和间接防御：直接防御就是植物利用本身的物理屏障、体内贮存或合成的有毒化合物直接抵抗害虫的伤害，间接防御则是植物在受到危害时合成一些化学物质，以驱赶害虫或招来害虫的天敌帮助消灭害虫。直接防御最典型的例子就是浑身长刺的仙人掌类植物，它们就像披着铠甲的战士，让害虫们无处下口！除此之外，植物还会利用"化学武器"。有些植物会在体内贮存一些杀虫蛋白或其他次生代谢产物，比如单宁、生物碱等，昆虫取食后会出现中毒、消化不良及生长不良等现象，从而减少对该植物的伤害。

有些植物中的物质可以被科学家们提取出来，用来制造杀虫或驱虫的制剂。例如，农药市场中的两大杀虫剂氨基甲酸酯类和拟除虫菊酯类就是基于对毒扁豆和除虫菊这两科杀虫植物的研究而从植物中提取出来的。在自然界中，目前发现有 2400 多种植物能够产生控制害虫的活性成分。其实这些被科学家调查研究过的植物仅占现有植物种类的 10% 左右，还有大量的抗虫植物资源有待我们去发现和利用。

植物受伤以后也具备自愈能力：①分泌汁液。例如，马尾松正常情况下枝干光滑，没有异物。但被砍去部分枝条后，伤口处很快就会流出一种含油的汁液，即松脂。松脂可以防止脏物、病菌从伤口入侵，促使伤口尽快愈合，只留下些许伤痕。②疗伤愈合。植物局部受伤后有保护伤口、形成愈伤组织的能力。愈伤组织就是植物体受伤时产生于伤口周围的组织，它可帮助伤口愈合。在园艺生产上，植物的愈合能力及再生能力可用于无性繁殖，比如嫁接、扦插、组织培养等。③奋勇御敌。植物会通过某种信号途径来引发整个植物体的免疫抵抗。植物一被入侵，入侵部分发出的信号会传播到其他未被感染的部分。例如，SABP2 蛋白酶能为植物系统获得抗病性必需物质，使水杨酸甲酯转化成水杨酸。对于水杨酸，大家应该并不陌生，它是已有百年以上应用历史的解热镇痛药阿司匹林的主要活性物质。许多植物体内都存在水杨酸这种植物激素，一旦植物遭遇微生物病原体侵袭，它便会在刺激下应激而生。④丢车保帅。番茄被番茄花叶病毒攻击时，SABP2 蛋白酶会立即表现出极其敏感的阻抗反应，它还可以通过诱导被攻击部位的植物宿主细胞发生程序性死亡，让植物以局部献身换取整株幸存。细胞程序性死亡有助于将病毒感染限制在局部区域，以免扩散到全身。这种防御机制与动物免疫系统是类似的，当细胞感染病毒或者细胞生长失控到可能变为癌细胞时，细胞就会经历程序性死亡，牺牲个体以保全整体。⑤借助外力。聪明的植物还会借助外力。不少树木会成为蚜虫的栖息地。蚜虫在树上长叫作"虫瘿"的中空肿块，在其中生活、觅食并得到保护。如果虫瘿被毛虫咬出洞孔，蚜虫便会迅速赶到事故现场并在缺口上分泌自己的体液，使其最终凝结成一个疤以修复洞口。不过兵蚜虫的黏合物只起到部分作用，因为植物在接受来自兵蚜虫的伤口修复信号后自身也开始了康复过程。

植物在整个生命周期中会遭到周围环境中真菌、卵菌、细菌、线虫和病毒等病原物的侵染和干扰。此外，植物病原菌在侵染过程中会产生大量毒素，比如黄曲霉素和脱氧雪腐镰刀菌烯醇等。被毒素污染的作物及其产品若被人畜食用会引起呕吐、腹泻等，严重危害人畜健康。因此，植物病害是农业可持续发展面临的主要问题，控制病害、提高作物产量和品质是保障食品安全的有效途径，同时也是一个必须高度重视的研究课题。

真菌、卵菌、病毒、细菌和线虫等植物病原物主要分为活体营养型植物病原物、半活体营养型植物病原物和死体营养型植物病原物，其致病机理各不相同且十分复杂。其中，真菌、细菌、线虫和卵菌会产生细胞壁降解酶来破坏寄主植物的细胞壁，而且还会分泌效应因子抑制植物的防卫反应，以顺利侵入寄主植物。此外，病原真菌还会产生部分次生代谢产物抑制植物的防卫反应以加速侵入，比如草酸、黄曲霉素、脱氧雪腐镰刀菌烯醇和玉米烯酮等广谱或宿主特异性毒素。

植物在生长发育过程中会受到多种病原微生物的侵袭，然而特定的植物对大多数病原物表现出抗性，只对极少数表现出感病性。这是因为植物体内同样存在着类似于动物的先天免疫系统。与动物相比，植物缺少动物中参与免疫反应的免疫细胞，也缺少动物细胞中循环使用的免疫受体。但当遇到病原菌的侵染时，植物能够建立具有高度特异性和限制性的自体免疫性应答。植物对病原的感知、识别和响应是通过对非自我分子、损坏的自我分子及改变的自我分子的监视来实现的。植物通过这一机制实现了对大多数病原物的抗性。植物对病原物的抗病机制十分复杂，形态抗性和细胞学抗性是植物对病原物的第一层抗性，主要是植物通过自身的形态特征降低病原微生物入侵的概率，以及植物在面对病原菌的侵染时细胞结构和生理生化等发生改变而形成的抗病反应。植物也可以通过形成木质素、壁沉积物、乳突以及增厚蜡质层或者产生水解酶等物质阻止和延缓病原菌的侵入和扩展。

在植物与病原物长期互作和进化的过程中，存在着复杂而精密的攻与守的"军备竞赛"。植物协同进化出了一套有效的基础免疫防御系统，主要分为模式识别受体诱导的免疫反应（PTI）和效应子诱导的免疫反应（ETI）这两个层次。模式识别受体诱导的免疫反应是第一层次的免疫反应。在寄主植物识别到病原菌突破其生理性屏障后会激活植物的免疫反应，植株通过自身的模式识别受体（PRRs）能够识别病原菌的病菌相关分子模块（PAMPS）或寄主自身形成的损害相关分子模块（DAMPS），进一步激活寄主植物的免疫反应（PTI）。由于植物的 PRRs 相对比较保守，病原菌会产生很多的效应子抑制寄主植物的PTI，形成由效应子触发的寄主感病性（ETS）。植物为了应对病菌效应子，进一步进化出抗病基因介导的新的免疫抗性反应，即 ETI。相对于参与 PTI 的植物 PRRs 的保守特性，ETI 反应通常在病原菌侵染点位置伴随着强烈的过敏性坏死反应。植物的 ETI 和 PTI 都可以诱导活性氧的产生、细胞内钙子浓度的变化和 MAPK 信号通路的激活等一系列植物免疫反应，与此同时也可以调节 SA、JA 和 ETI 等激素介导的抗病反应。此外，最新的研究证实，植物两大免疫通路 PTI 和 ETI 间并非各自为战，而是存在相互放大的协同作用。植物免疫反应的另一个重要方面是植物受到病原菌再次侵染后可产生系统获得抗性（SAR），这是由局部病原菌侵染引发植物产生全株性和广谱性的抗性。无毒病原菌可以激发抗病反应，同时还会诱导植物产生一些信号分子，比如水杨酸、甲基水杨酸壬二酸、甘油-3-磷酸和松香烷型二萜枞等。这些 SAR 信号分子可以在植物体内进行长距离运输，在病原菌未侵染部位启动免疫反应，表达病程相关基因，保护植物免受病原菌的再次侵染。

在自然界中，植物和昆虫的关系复杂而多样，有些昆虫与植物互惠互利，比如蜜蜂为植物传粉，植物为蜜蜂提供花粉、花蜜作为食物。据报道有45%的昆虫可以取食植物，因此自然界的植物在生存过程中面对着各种各样的昆虫取食的压力。面对这些压力，植物虽然不能通过主动移动逃避伤害，但也没有坐以待毙，而是进化出了各种各样的能力来保护自己。

在自然界中，面对害虫的取食攻击，植物会采取多种多样的奇门巧计进行防御。一方面，植物体可以凭借自身一直存在的防御体系进行防御。例如，烟草植株表面的细小绒毛可以阻止害虫取食，而烟草体内也会产生一些生理生化物质，尤其是次生代谢物质。这些次生代谢物质多分布于植物表层的防御结构（比如绒毛、腺体）内。另一方面，植物体可以靠害虫取食后所诱导的防御机制进行防御。比如烟草植株被害虫攻击或受到机械损伤后将该刺激通过信号传递到根部，正在吸收营养物质的根部接收信号后就会产生大量的碱（尼古丁）。它是一种神经毒素，可以作用于动物的神经和肌肉。由于植物是没有神经肌肉的，因此烟碱在植物体内缺乏靶点，它的产生和储存并不会对植物造成伤害。但是害虫取食含有烟碱的植物组织后，烟碱会作用于害虫的烟碱样乙酰胆碱受体促进神经递质的释放，使害虫神经兴奋并紊乱。此外，烟碱还具有拒食毒性。这种拒食毒性会阻碍害虫体内蛋白质的消化，降低害虫的取食量和生长发育速度。

植物产生的烟碱对害虫有广谱毒性，比如对棉铃虫、烟青虫、烟草天蛾、甘蓝银纹夜蛾和烟蚜等都有毒害作用。但是烟草害虫们也不甘示弱，进化出各自独特的适应策略，如利用、解毒、排毒和避毒等。狡猾的棉铃虫和烟青虫在取食时，下唇腺会产生葡萄糖氧化酶以抑制烟草植株中烟碱的合成。与之相反，烟草天蛾在取食时分泌的唾液却会诱导烟碱的合成。烟草天蛾体内有一种基因会帮助它把摄入的烟碱从胃部转移到血淋巴并随着气息排出。狼蛛在接近烟草天蛾时会通过嗅觉感受到烟碱的存在，进而放弃对烟草天蛾的捕食。黑蝗、美洲烟青虫和烟草甲体内则有着比较完善的烟碱解毒系统，它们能把烟碱代谢成以可的宁为主的其他生物碱。烟草天蛾和甘蓝银纹夜蛾虽不能对烟碱加工代谢，但是血液中的烟碱并没有积累到致毒的剂量，因此推测它们可能通过排泄降低了体内烟碱的含量。虽然室内研究发现高剂量的烟碱会强烈抑制烟蚜的生长发育，但是在田间却发现烟蚜能够在烟草上生长繁殖并建立种群，且体内没有烟碱。田间的烟蚜吸食的是烟草韧皮部筛管中的汁液，巧妙地避开了植物体内运输烟碱的主要组织木质部。

除了合成对自身无毒而对害虫有毒的烟碱外，铤而走险的野生烟草也会利用通过次生代谢产生的二萜苷类化合物来对付害虫烟草天蛾。在野生烟草叶片中的一种叫二萜苷的物质可作用于细胞膜上鞘脂的新陈代谢。鞘脂是动植物细胞膜的重要组成成分，因此与烟碱不同，二萜苷这种毒素不仅对害虫有毒，而且对植物也有毒害作用。但是，合成二萜苷的植物却没有受到伤害，通过对害虫的排泄物进行代谢组学分析发现，烟草通过储存无毒形式的防御性物质避免了自毒作用。当害虫取食植物以后，无毒大分子的一部分结构被切除并被激活，对烟草天蛾产生了毒性。如果沉默野生烟草中与二萜苷生物合成相关的两个细胞色素 P450 的基因，会导致严重的自毒症状。这些植物细胞膜的某些成分，例如鞘脂受到了攻击，烟草也不能正常生长和繁殖。总之，通过二萜苷类化合物的可控羟基化作用，烟草避免了自我毒害，并实现了对害虫的防御。

二、植物病理学

植物病理学是研究植物病害的病原、发生、发展以及防治的一门应用学科。它以植物病害为研究对象探讨发病的原因，在解剖学、生理学或生物化学上探讨感染和症状出现的过程。病害流行三要素包括有致病力的病原物、感病的寄主植物、有利的环境条件。病害系统中三者缺一不可，互为因果条件。某个条件要素发生变化，矛盾呈现形式也随之变化。

在 20 世纪影响了我国北方地区小麦生产数十年的粒线虫病于 21 世纪几乎绝迹。水稻白叶枯病曾是我国水稻三大病害之一，而现在已是次要病害。松材线虫病自 1982 年在南京中山陵感染第一株赤松，约 40 年传遍半个中国，目前北达沈阳、大连，南至台湾地区，西抵川陕滇三省。烟草靶斑病于 2005 年首次在辽宁被报道，10 余年间已扩散至重庆数个产烟区县，成为当地烟农"谈虎色变"的主要叶部病害之一。

植物症状并非静止的，同一种病害在不同发展阶段是动态变化的，同病异症、异病同症就是这个道理。植物病害通常在后期进入相对稳定期，此时病原物在病部呈现典型病征，诊断相对容易。相反，病害在初期症状不典型、病征尚未形成，极易引起误诊。

植物病害流行学经典的逻辑斯蒂曲线分为静止期、增长期、稳定期、衰退期。病害循环是对病害发生发展过程的规律性总结，依据病原物在植物同一生长季再侵染的有无、能否积累足够病害暴发的数量水平，常常把病害分为单年流行病害和积年流行病害。植物土传病害容易引起连作障碍，病原菌数量连年积累常常促成病害在某一时间点急剧暴发。恰当压低病原越冬基数存量或减少病害循环再侵染次数、抑制病原物增量是从根本上解决单年或积年流行病害暴发危害的重要策略。只有正确把握量变与质变的辩证关系，才能对植物病害流行做出准确预测从而及时有效地采取防控措施，减少因病害流行带来的经济损失。

对于植物病理学的专业探索是在实践中不断否定旧假说和旧理论逐渐完善和发展起来的。大量抗病育种的实践证明，选育和使用抗病品种预防农作物病害是最经济有效的措施。但长期以来，比如小麦锈病等抗性育种研究主要采取了小种专化抗病性策略，而这种策略极易诱导病原菌生理种变异，或者说专化抗病性策略开启了一个定向选择进程，短时期内压制了田间优势小种，忽视了次优势小种。次优势小种"视专化抗病品种为无物，长驱直入、势如破竹"，使得专化抗病品种的抗性丧失殆尽，极大地缩短了抗病品种的使用年限，其抗性丧失速度甚至超过了育种速度，这让抗病育种学家十几年的心血付诸东流。病原物产生抗药性问题同寄主抗病性丧失如出一辙，也是植物病理学的学科发展悖论，需要科学家们运用否定之否定规律加以探索解决。寄主抗病性丧失、病原物产生抗药性问题同时告诉我们这样的道理，即一切事物都是波浪式前进、螺旋式发展、相互促进、相互制约的，植物病原物世界其实客观存在着广泛的群体变异及其适应机制。

2024 年 10 月 16 日，联合国粮食及农业组织在意大利首都罗马举办世界粮食日全球活动并颁发 2024 年粮农组织成就奖，中国农业科学院植物保护研究所因有效防控草地贪夜蛾并促进全球粮食安全获得该奖。

教学分析

一、课程思政要素挖掘

1. 坚韧不拔的生命力
植物在各种恶劣环境中生存和繁衍，展现出顽强的生命力。这可以启发学生在面对困难和挑战时要像植物一样坚韧不拔，不轻易放弃，培养学生的毅力和勇气。

植物病理学中研究植物与病害的抗争过程也体现了植物的韧性。这可以引导学生认识到在生活中遇到挫折时要积极应对，不断寻找解决问题的方法。

2. 生态平衡与和谐共生
植物在生态系统中起着至关重要的作用，维持着生态平衡。通过学习植物及植物病理学可以让学生了解到生态系统中各个要素之间的相互关系，培养学生的生态意识和环保观念，懂得尊重自然、保护自然，促进人与自然的和谐共生。

强调植物保护对于生态平衡的重要性，激发学生的社会责任感，让他们明白自己在保护生态环境中的角色和使命。

3. 科学探索与创新精神
植物病理学的研究需要不断探索和创新，以解决日益复杂的植物病害问题。这可以激励学生在学习和生活中培养科学探索精神，敢于质疑、勇于创新，不断追求真理和进步。

科学家们在植物及植物病理学领域的努力和贡献也可以作为榜样，激发学生的学习热情和对科学的热爱。

二、融入教育教学的方法

1. 课堂教学
案例分析：通过讲述植物在极端环境下生存的案例以及植物病理学中成功防治病害的案例，引导学生分析其中蕴含的思政要素。例如，分析植物如何适应干旱、高温等环境以及科学家们如何通过创新方法控制病害。

小组讨论：组织学生围绕植物的生命力、生态平衡等话题进行小组讨论，培养学生的团队合作能力和批判性思维。可以提出一些问题，比如"植物的哪些特性让你感到惊讶""我们应该如何保护植物和生态环境"等。

多媒体教学：利用图片、视频等多媒体资源展示植物的美丽和强大以及植物病害的危害和防治过程，让学生更加直观地感受植物的魅力和植物病理学的重要性。

2. 实践教学

实地考察：组织学生到植物园、自然保护区等地进行实地考察，观察植物的生长环境和生态系统，让学生亲身体验植物的生命力和生态平衡的重要性，增强他们的环保意识。

实验教学：开展植物病理学实验，让学生亲自动手操作，了解植物病害的发生机制和防治方法，培养学生的实践能力和科学探索精神。

三、教育教学效果评估

1. 多元化考核

在课程考核中，除了考查学生对专业知识的掌握情况外，还应注重对思政要素的考核。可以采用考试、作业、实践报告、课堂表现等多种形式进行考核，综合评价学生的学习成果。

2. 反馈与改进

及时向学生反馈考核结果，指出他们在思政方面的优点和不足，引导学生进行自我反思和改进。同时，教师根据学生的反馈意见不断改进教学方法和内容，提高教学质量。

总之，将"比想象中更强大的植物及植物病理学"的课程思政要素融入教育教学可以丰富教学内容，提高学生的学习兴趣和综合素质。通过培养学生的坚韧不拔精神、生态意识和科学探索精神，为他们的未来发展奠定坚实的基础。

参考文献 •··

[1] 王彦芹，艾尼瓦尔·吐米尔，朱新霞，等. 生物科学类专业课程思政案例集 [M]. 北京：中国农业科学技术出版社，2023.

[2]《植物保护专业课程思政案例库》编委会. 植物保护专业课程思政案例库 [M]. 重庆：西南大学出版社，2022.

[3] 张馨文. 中国农科院植物保护研究所获 2024 年粮农组织成就奖 [EB/OL].（2024-10-17）[2024-12-11]. 新华网.

繁盛的昆虫及其益害作用

昆虫（insect）种类繁多、形态各异，属于无脊椎动物中的节肢动物，是地球上数量最多的动物群体，在所有生物种类（包括细菌、真菌、病毒）中占比超过了 50%，在已知动物物种中占比为 80%，它们的踪迹几乎遍布世界的每一个角落。直到 21 世纪初，人类已知的昆虫有 100 余万种，比所有其他动物种类加起来都多，但仍有许多种类尚待发现。昆虫也是节肢动物中最多的一类动物，最常见的有蝗虫、蝴蝶、蜜蜂、蜻蜓、苍蝇、草蛉、蟑螂等。昆虫不但种类多，而且同种的个体数量也十分惊人。昆虫的分布面之广没有其他纲的动物可以与之相比，几乎遍及整个地球。

昆虫对人类的重要性是无法估量的，但昆虫同人类的关系是十分复杂的，构成复杂关系的主要因素之一是昆虫食性的异常广泛。对人类自身利益而言，昆虫有益虫和害虫之分，不过益虫和害虫是相对而言的。多数昆虫可以做标本和珍贵的药材，是人类可以利用的良好生物资源。但有些昆虫也可能对人类产生威胁，如蝗虫和白蚁；有些昆虫（如蚊子）是疾病传播者；有些昆虫能够借由毒液或叮咬对人类造成伤害，如胡蜂会以螫针向入侵者注入毒液。

一、昆虫的演化历史

昆虫最早出现于古生代泥盆纪，比鸟类的出现还要早近 2 亿年，是最早出现在陆地上的动物，堪称古老的动物类群。然而，昆虫的生存与发展并非一帆风顺，而是充满了坎坷：它们经历了地球史上三次大规模的生物大灭绝事件，尤其是二叠纪末生物大灭绝和白垩纪晚期灾变。许多古老的生物类群因不能适应变化的环境而被淘汰，而昆虫却生生不息，由无翅到有翅，由古翅到新翅，由不完全变态到完全变态，借助自身的快速演化、非凡的避难能力等优势繁衍至今，成为最繁盛的动物类群。

最早的昆虫起源于近似蜈蚣和马陆的水生节肢动物的多足纲综合类初期幼虫，是寡节的六足形式。泥盆纪时期，昆虫从水里登上陆地，为了适应陆地生活，它们的身体构造发生了巨大变化，由原来的较多环形体节及附肢演变成具有头、胸、腹三部分的身体。大约在石炭纪早期，昆虫演化速度加快，出现了有翅昆虫。当时地球上已具有茂盛的森林，枝繁叶茂的植物（主要是热带羊齿植物）生长在湖泊沼泽边。温暖、湿润的气候对昆虫的生存繁衍极为有利。羊齿植物高大健壮，一般高达十几米，甚至几十米，这促使昆虫必须具备飞行能力，于是具有翅膀的早期昆虫出现了。古翅昆虫的翅膀很长，无法折叠，在停息时仍要举着自己硕大的翅膀，不易隐蔽自己。直到石炭纪晚期，为适应环境、躲避天敌，古翅昆虫的翅膀逐渐演化为可折叠形态。古翅昆虫体型小巧玲珑，能利用很小的空间安置自己的身体，躲藏效果较好，它们的翅膀在停歇时还承担保护身体职责。当时，植食性昆虫与植物以及捕食性动物之间展开了一场漫长而激烈的斗争。在这场博弈中，昆虫与植物相互适应、不断演化，许多体型小、食量少、繁殖力强的植食性昆虫获得了飞速发展的良机。

二叠纪末期发生了地球历史上最大、最严重的生物大灭绝事件，造成了生物界空前的大危机。地球上的气候突然发生变化，生机勃勃的陆地由于干旱变成不毛之地，森林绿洲只局限在湖泊岸边和沿海地区的小范围内，这使很多植食性昆虫失去了赖以生存的食源。据估计，二叠纪末期地球上海洋生物的灭绝率为90%～95%，以前依赖水域生活的爬行动物不得不脱离水环境向适应陆地环境的方向演化。在此阶段的突变中，原来生活于水域中的部分动物改变了在水中的生活习性及身体结构，演变成了会飞的、以捕食昆虫为主的始祖鸟，这对部分在森林、绿地间飞翔的有翅昆虫的生存构成了威胁。在生存环境压力日益增大的情况下，部分昆虫演化出了完全变态类群，其生存能力、适应能力大大提高。

白垩纪末期生物大灭绝又一次发生了。剧烈的地壳运动和海陆变迁导致白垩纪生物界发生巨大变化。许多当时盛行的生物（比如裸子植物、爬行动物、菊石和箭石等）相继衰落和灭绝，地球上85%的动植物惨遭灭绝，其中包括恐龙，以及其他陆生和海洋生物类群，也包括部分昆虫类群，但很多昆虫再次逃过厄运幸存并繁衍下来。虽然生物界发生了巨大的变化，但昆虫却随着新兴被子植物的发展而日益繁盛。随着哺乳动物和鸟类的兴旺，靠营体外寄生生活的食毛目、虱目、蚤目等昆虫也随之而生并繁衍至今。被子植物迅速发展并逐渐取代了裸子植物并居统治地位，现生昆虫的绝大多数科（包括蚂蚁和蜜蜂种群）随之出现。昆虫与被子植物相互影响着彼此的进化，特别是由于显花植物种类的增加，各种依靠花蜜生活的昆虫种类（比如鳞翅目昆虫）以及捕食性昆虫（比如螳螂目等昆虫）与日俱增，逐渐形成了种类繁多的昆虫世界。

在生物进化的历史长河中，体躯庞大的恐龙和鼎盛一时的三叶虫等生物都灭绝了，而昆虫却历经磨难，不断适应环境、调整自我，进化出"体小势优、有翅能飞、繁殖力强、取食器官多样化、变态与发育阶段性、适应力强"等优势，成为如今地球上多样性最丰富、数量最多、分布最广的动物类群。

每种昆虫都生活在特定的生态系统中，而昆虫在生态系统的结构和功能中也起着至关重要的作用。它们是许多其他生物的重要食物资源、捕食者、寄生虫或微生物媒介，也是能量和物质流动的途径。昆虫可以调节生态演替、生物地球化学循环、能量通量，而这些都会影响区域和全球气候。近些年，人们对昆虫生态调控的关注度提升，利用宏生态学分析方法，如3S技术（地理信息技术）和遥感信息、以稳定同位素与生态能学为基础的定量分析方法、DNA分子追踪技术、生态景观设计方法等，从整体上对昆虫进行生态调控，以发挥各种生境最大的生物控害潜能。

昆虫生存的生态环境因素按性质可分为两大类：一类是非生物因素，主要有温度、湿度、降水、光、风、大气等；另一类是生物因素，包括昆虫的食物、天敌和微生物等。

在生态环境中，昆虫并非只受一种非生物因素的影响，而是受多种非生物因素的影响。昆虫生命活动需要在一定的温度范围内进行，而温度变化会引起昆虫一系列生理生化反应。这些反应会影响昆虫的生长发育速度、行为活动、存活和繁殖并最终决定昆虫的地理分布发生期、种群密度等。湿度主要通过影响昆虫体内的含水量而发生作用，其本质是影响虫体内的水分平衡。环境湿度调控昆虫的生长发育、取食行为，影响昆虫抗寒性及其越冬存活。在自然界中，对生物体来说，光是最不可忽视的可变因素，光照时间、光波波长主要在昆虫生长发育、繁殖能力以及呼吸代谢等方面产生影响。风也是影响昆虫产生与发展的重要因素，主要对昆虫迁徙和数量传播有重要影响。

在生物因素中，食物是昆虫赖以生存的基础。在植食性昆虫和植物的互相作用中，植物用本身的刺、角质层、毛状体等固有物理和化学屏障阻碍昆虫取食。植物受到昆虫为害后，一方面，植物产生防御反应并生成大量有毒次生代谢物，比如芥子油苷、生物碱、酚类；另一方面，植物通过释放挥发物和花蜜吸引天敌昆虫，起到间接防御的作用。为了能继续在植物上生存，植食性昆虫在取食过程中诱导的植物响应不同于机械损伤，这种差异可能是由植食性昆虫在取食寄主植物过程中的口腔分泌物所引起。昆虫唾液成分可以被植物识别并诱导植物防御反应，也可以抑制植物防御反应。前者被称为激发子，而后者被称为效应子。除此之外，唾液在昆虫取食过程中还具有润滑、消化、免疫和解毒等作用，因此唾液是昆虫能否在寄主植物上成功定植的关键因子。

昆虫还是植物病毒的重要传播媒介，绝大多数植物病毒依赖刺吸式口器昆虫进行传播。在长期进化中，媒介昆虫与病毒之间形成了复杂的互作关系：一方面，病毒在昆虫内的各种生理活动对媒介昆虫产生直接影响；另一方面，病毒侵染寄主植物后诱发其营养成分、次生代谢和信号途径等发生变化，间接影响昆虫在寄主植物上的生长发育和繁殖等生物学特性，最终在一定程度上影响病毒传播。

昆虫是地球上最繁盛的动物类群，演化历史悠久，代代繁衍，生生不息，这有赖于它们独特的生存策略：

1. 亲代照护

亲代照护是母代产卵之后为提高子代发育速率和有效存活率而进行的一系列行为，广泛存在于动物界，如同人类父母照顾子女一样。在节肢动物门中，以昆虫的亲代照护行为最为普遍，涉及10个目、50多个科，比如半翅目、鞘翅目、膜翅目、鳞翅目等。

多数类群为雌性护幼，也有少数类群是雄性护幼。例如，雌性负子蝽会将卵产在雄虫背面，由雄虫照护直到卵孵化，雄虫可交替调节背部卵在水或空气中的停留时间，不仅为卵的气体交换提供机会，也有防御敌害、保护后代的作用。有的类群是双亲护幼。例如，蜚蠊目的隐尾蠊双亲除喂食子代外，还会表现出防御天敌、护巢等行为。

迄今为止，最早的亲代抚育行为可追溯至中生代，例如发现于我国热河生物群的中生代葬甲科化石记录。葬甲科的覆葬甲属昆虫是一类腐食性的亚社会型昆虫，雌雄交配后会构成简单"家庭"，将小型哺乳动物或鸟类尸体做成尸球埋入地下，再将卵产至动物尸球中，并在尸球表面涂上分泌物防腐。待幼虫孵化后，双亲还会像鸟类一样反刍喂食幼虫直到幼虫发育化蛹。这些非真社会性昆虫具有亲代抚育行为，构成了简单的社会分工，但未形成森严的等级制度。

2. 真社会性昆虫

相比于独居昆虫，社会性昆虫显然更具优势。它们数量巨大，控制着陆地环境中心，占有更大空间。蚂蚁、蜜蜂、白蚁等均属于真社会性昆虫，其群体数量巨大。例如，一个蜜蜂群体往往由一只蜂王、几万只工蜂和数百只雄蜂组成，一个白蚁巢穴里有多达上百万个体。虽然数量众多，但巢群内井然有序。这得益于真社会性昆虫有着类似于人类社会一样的组织结构。真社会性昆虫除了有严格的内部分工外，还有森严的等级制度，成员分化成若干品级，各司其职。众多个体虽然生活在同一巢穴内，但它们在形态、生理和职能上均有明显的区别和严格明确的分工。例如蚂蚁，它们个体微小，数量众多，却有着森严的等级制度，成员分化成若干类型和级别：蚁后负责产卵繁殖后代，雄蚁负责交配，兵蚁负责保卫巢穴，工蚁负责外出觅食、建造和扩大巢穴、饲喂幼蚁和蚁后。蚂蚁之间还能够通过信息素进行交流，这种交流对觅食、防御具有重要作用。蚂蚁成员各司其职，通力合作，形成了一个高度秩序化、分工精细的蚂蚁社会。

蚂蚁的多种行为一直让生物学家着迷。例如，蚂蚁在过河时，一个群体团成球形，只有外围少数个体被水流冲走，大多数个体得以顺利过河；蚂蚁通过身体搭建桥梁可以跨越看似难以跨越的障碍；洪水虽然是地下生物的噩梦，但红火蚁遭遇洪水时可以在短短 100 秒时间内紧紧相连，形成"救生筏"，在水里漂浮数周时间，通过集体的力量在洪水中生存下来。

小小的蚂蚁为什么可以完成这样的壮举呢？蚂蚁和其他一些社会性昆虫经常被认为是"超个体"，一个蚂蚁群体对外界的反应如同一个有机组织对身体不同部位的反应，对待不同情况时反应虽有差异，但都以系统、协调的方式进行。一只蚂蚁看似微不足道，但当所有个体有效聚集起来形成强大的组织，则具有极强的存活能力。除此之外，社会性昆虫所具备的个体分工与协调合作等能力赋予了该类生物极强的适应能力。通常一个独居个体只能做几件事情，只能待在一个地方，而社会性昆虫能够进行多个活动并保证群落成员同时处在不同的位置，每只职虫在需要时可以从一项任务转换到另一项任务，从而使每项任务都能尽快开展并完成。正是由于社会性昆虫具有明显的优势，它们的类群才得以繁盛。

二、有关昆虫的诗词

昆虫自古以来就对人类的生产生活和精神世界有重要影响，由此形成了源远流长的昆虫文化。我国古人对自然界中昆虫的动人描绘是人与自然和谐关系的体现。在我们祖先眼中，大自然不仅是人类生存的摇篮，更是艺术创作的源泉。昆虫文化充实了中国文化，是文学园地中一道独特的风景，关于昆虫的诗词更是让昆虫文化流光溢彩。

1. 昆虫入诗

大自然中，昆虫生命轨迹遵守着自然法则。一年四季，它们遵从昼夜节律，在各自的生存环境中活动。昆虫世界是绝好的自然诗篇，昆虫多样的特征和习性是文学与生物相融的媒介。在古诗词中，蝴蝶和蜜蜂是"春虫"代表，蝉和蟋蟀分别是"夏虫"和"秋虫"代表，这些源于自然的元素使昆虫诗词具有了完全不同的文化内涵，促生了很多经典佳作。

昆虫诗词中，作者将昆虫各异的行为和习性巧妙地融入诗词中，或借虫寓情，或托虫言志，昆虫成了作者描写自然万象和抒发情感的媒介。人们在阅读和欣赏这些诗词时能产生情感共鸣并获得精神力量。这些诗词往往借助某种昆虫最突出的生物学特性，将情志与昆虫有机融合。比如咏蝉的诗句中，虞世南通过"垂緌饮清露，流响出疏桐。居高声自远，非是藉秋风"道出立身品格高洁的人不需要凭借外在力量，自能声名远播；戴叔伦写蝉"饮露身何洁，吟风韵更长"，从节操和风韵两方面赞颂了蝉的清雅高洁和韵致悠长。虞世南的"的历流光小，飘飘弱翅轻。恐畏无人识，独自暗中明"以萤火虫的弱小反衬出其顽强刚毅。很多诗词蕴含着昆虫各异的生物学习性。比如许浑的"林晚鸟争树，园春蜂护花"、钱起的"露下添馀润，蜂惊引暗香"描写了蜜蜂访花和逐甜的习性；裴谐的"多少游蜂尽日飞，看遍花心求入处"呈现了蜜蜂整日流连花间的情景；王建的"野蚕作茧人不取，叶间扑扑秋蛾生"展现了蚕作茧化蛹、蛾从茧中羽化而出的现象；杜甫的"穿花蛱蝶深深见，点水蜻蜓款款飞"描绘了蝴蝶在花丛中穿梭飞舞以及蜻蜓点水产卵、款款而飞的情景。

古代有很多与月令和季节有关的昆虫诗词。《诗经》中有"五月斯螽动股，六月莎鸡振羽，七月在野，八月在宇，九月在户，十月蟋蟀入我床下"，蟋蟀随着天气转凉而不断转移自己的位置，人们可依据此状来判断天地时序的运行规律。利用昆虫行为习性描写春季的诗句非常多。比如许浑的"鸟散千岩曙，蜂来一径春"指出蜜蜂在花间飞舞预示着春天的到来；岑参的"风恬日暖荡春光，戏蝶游蜂乱入房"描绘了春光里蜂蝶游戏的情景；而高适的"君不见芳树枝，春花落尽蜂不窥"描写了春天繁花落尽后蜜蜂也远离了芳树枝。《礼记·月令》篇有"季夏之月，温风始至。蟋蟀居壁，鹰乃学习，腐草为萤"。蝉是"夏虫"代表，萧子范的"试逐微风远，聊随夏叶繁。轻飞避楚雀，饮露入吴园"使人们仿佛看到了夏蝉的活动，还有王籍的"蝉噪林逾静，鸟鸣山更幽"和李商隐的"万树鸣蝉隔岸虹"等。当然，夏季不只有蝉，还有乐雷发的"一路稻花谁是主？红蜻蛉伴绿螳螂"和杜甫的"穿花蛱蝶深深见，点水蜻蜓款款飞"。夏去秋来，从辛弃疾的"明月别枝惊鹊，清风半夜鸣蝉"到柳永的"寒蝉凄切，对长亭晚，骤雨初歇"、孟浩然的"日夕凉风至，闻蝉但益悲"、李白的"络纬秋啼金井阑，微霜凄凄簟色寒"，可谓"一虫"写尽春秋。

2. 诗词咏虫

描写昆虫的诗词中有很多与人们生产生活密切相关的作品。其中，与养蚕有关的诗句非常多，比如皇甫汸的"蚕馆开周典，鸾舆扈汉仪"、谢枋得的"子规啼彻四更时，起视蚕稠怕叶稀"、赵汝鐩的"每到蚕时候，村村多闭门"、蒋贻恭的"辛勤得茧不盈筐，灯下缫丝恨更长"、张俞的"遍身罗绮者，不是养蚕人"等。而苏轼的"今年春暖欲生蝗，地上戢戢多于土"描写了幼蝗繁多的情景，同时也表现了诗人对农业生产的关心。戴叔伦的"新禾未熟飞蝗至，青苗食尽馀枯茎。捕蝗归来守空屋，囊无寸帛瓶无粟"、郭登的"飞蝗蔽空日无色，野老田中泪垂血。牵衣顿足捕不能，大叶全空小枝折"则形象地描述了蝗灾发生时的悲惨情况。

由于不同时期的社会和科学发展水平不同，对描述自然现象的诗词需根据专业知识进行选择性甚至批判性的赏阅。比如《诗经》中的"螟蛉有子，蜾蠃负之"表达了"蜾蠃将螟蛉的后代带回巢穴作为自己孩子来抚养"的观点。直至南北朝时期，医学家陶弘景对此说法产生了怀疑，并通过亲自观察辨别真伪发现"蜾蠃将螟蛉的后代带回巢穴是在为自己的后代准备食物"。这告诉我们实践出真知，实践长真才。

昆虫诗词如星辰大海，天地万物皆有灵性。诗词中的昆虫绚丽梦幻如蝶，高洁清雅如蝉，精妙如蜻蜓，飘逸如蜉蝣，响亮如蝈蝈，好斗如蟋蟀，繁忙如蜜蜂，奉献如家蚕，都是令人敬畏的生命本色，是值得咏唱的自然经典。

三、昆虫的有益性和有害性

昆虫是世界上物种最多的一个动物类群，踪迹几乎遍布世界的每一个角落，是生物链中不可缺少的重要一环，对农业生产和人类健康有重大影响。我们根据昆虫对人类生产和生活的不同影响，将昆虫分为益虫和害虫。益是指对人类生产和生活有益处，害是指对人类发展造成负面影响。昆虫的益与害是相对的，并非绝对的，在特定环境中随人的价值判断而发生转换。

1. 昆虫的有益性

被人类称作益虫的有蜜蜂、蜻蜓、螳螂、七星瓢虫、食蚜蝇等昆虫。蜜蜂可以为植物进行授粉维持生态平衡，维持植物种类的多样性，同时提高农作物的产量和质量；还可以提供蜂蜜、蜂胶、蜂王浆等蜂产品以及基础原材料。蜻蜓可以捕食苍蝇、蚊子、叶蝉、虻蠓类和小型蛛蛾类等多种农林牧业害虫，还可以用来监测环境污染，有药用、食用、观赏价值。螳螂也会捕食农作物或者花卉植物上的棉蚜、菜青虫、苍蝇、蝗虫、菜螟等。食蚜蝇是有益昆虫，对人体无害，在中国很多地方都有分布，种类丰富，大约有350种。食蚜蝇经常在花草间飞来飞去，幼虫以蚜虫为食，成虫主要以植物和蚜虫为食。七星瓢虫也是一种著名益虫，成虫和幼虫的觅食行为属于广域搜索和区域集中搜索之间的转换，其成虫可以捕食麦蚜、棉蚜、桃蚜、蝉和其他害虫。它们经常在秋天吃植物花粉，这不仅大大减少了害虫对许多瓜果作物和树木的损害，而且有助于植物传递花粉。

2. 昆虫的有害性

昆虫的有害性表现在很多方面，最常见的当然是在农业上无处不在的农业害虫。它们种类繁多，对农业的危害巨大，危害农作物的生长使其减产，威胁农产品的储存运输。水稻害虫有二化螟、三化螟、稻纵卷叶螟、稻飞虱等，小麦害虫有吸浆虫、麦蚜等，棉花害虫有棉铃虫、红蜘蛛、棉蚜等，园林植物害虫有天牛、蛾类、象甲科等，仓储类害虫有玉米象、谷蠹、麦蛾、黄粉虫等。其中黄粉虫多存在于粮食仓库、中药材仓库以及各种农副产品仓库中，以仓库中的粮食、药材以及各种农副产品为食，严重危害仓储产品的安全。

除了农业害虫，还有一些卫生害虫也在危害人类身体健康。比如，美洲大蠊喜食糖和淀粉，会污染食物、传播病菌和寄生虫，是世界性卫生害虫。它也是人类许多传染性疾病的重要媒介。科研人员发现，美洲大蠊体表或多或少带有痢疾杆菌、沙门氏副伤寒甲乙杆菌、铜绿假单胞菌、变形杆菌，还有蛔虫、钩虫、蛲虫及蓝氏贾第鞭毛虫的卵等。还有报道称，美洲大蠊的肠道中常存活着具有活性的霍乱弧菌、结核分枝杆菌、麻风杆菌等。另外，美洲大蠊的分泌物和粪便中还含有致癌物质。再如，苍蝇是我们熟知的卫生害虫。它体表多毛，足爪垫能分泌黏液，并且喜欢在人或畜的粪、尿、痰、呕吐物和尸体等处爬行觅食，身体容易附着大量病原体，如霍乱弧菌、伤寒杆菌、痢疾杆菌、蛔虫等。苍蝇常在人体、食物和餐具上停留，附着在它身上的病原体很快就会污染食物和餐具，从而对人类健康造成危害。

四、昆虫的利用及防害研究

1. 变害为"宝"

所有事物都具有两面性，昆虫也不例外。在济南章丘餐厨垃圾处理中心里住着一群特殊住客——3 亿只美洲大蠊，个头大、吃得多、处理能力强，每天可吃掉 15 吨餐厨垃圾。美洲大蠊食用餐厨垃圾这种生物有机处理方式遵循了食物链基本规律，使餐厨垃圾进入循环系统，可以说是零污染，实现真正意义上的变废为宝，开创了国内生活垃圾处理的新模式。目前，许多地方都利用美洲大蠊处理餐厨垃圾。净菜后的烂菜叶、倒掉的剩饭菜、变质的肉这些垃圾桶里常见的餐厨垃圾经过美洲大蠊的处理转化，可以"吃干榨尽、无残留"。而且死去的美洲大蠊还可以变身高蛋白饲料。有研究表明，美洲大蠊磨成粉富含高蛋白，将这种粉加在鸡饲料里可以显著提高鸡的免疫功能。此外，美洲大蠊的粪便还可以作为天然肥料。现代医学也证明美洲大蠊有很大的药用价值。美洲大蠊体内含有 1000 多种抗癌基因，可激活非特异免疫功能细胞，调节人体免疫功能，延缓衰老，主治儿童疳积、扁桃体炎、体表肿物、痈疮肿痛等。经过研磨的美洲大蠊也可以添加在化妆品之中。

另外，在《本草纲目》等多本医学名著中均对蟑螂入药有所记载，比如蟑螂粉有活血化瘀、利尿消肿作用，对虫蛇咬伤也有上佳疗效。以蟑螂粉为原料的化妆品具有抑制疤痕的作用。我国著名药理学专家李树楠教授经过几十年对蟑螂的研究研制出了"康复新液"。此药对治疗胃、十二指肠溃疡有显著疗效，并能治愈各种顽固性创面，对外部烧、烫伤愈合有独特疗效，是国家中药保护品种。

黄粉虫富含蛋白质、维生素、矿物质等营养成分，蛋白质含量大大高于鸡蛋、牛肉、羊肉等常规动物性食品且易于消化吸收，是优良的蛋白食品，可以作为饲料，用于饲养蝎子、金钱龟、观赏鱼类、鸟类、蛙类等一些经济价值较高的特种经济动物，也可作为一般畜禽饲料添加剂使用。黄粉虫口感好，具有独特风味，容易被消费者接受，可进行煎炸、烘烤，加工成含有果仁味道的蛋白饮品等各种形式的食品。黄粉虫还有环保价值，可利用其过腹转化能力把各种蔬菜尾菜及瓜果废弃物转化为虫体蛋白质，同时将其粪便当作有机肥用于水耕蔬菜种植。黄粉虫还可以吞食和完全降解塑料，100 只黄粉虫每天能够吃掉 34～39 毫克的泡沫塑料。

苍蝇本是令我们唾弃的一种昆虫，但因为工程蝇项目的出现，苍蝇变成了"宝贝"。这种人工饲养的苍蝇寿命是 28 天，在这期间会产下 20 多万枚卵。除了留下 5%左右做种蝇，其他卵在孵化 1 天后就可以直接撒到猪粪上。用工程蝇的蛆处理猪粪能够有效杀除其中的病菌，从而将猪粪转化为品质更高的有机肥，而蛆也能吸收猪粪中的部分营养，可用来制成优质高蛋白饲料。于是苍蝇产蛆，蛆处理猪粪便，处理完的粪便可出售，完成工作的蛆又可以喂养养殖场里的鸡、甲鱼、黄鳝，每一个部分都做到了物尽其用，实现了垃圾无害化处理和资源化利用的有机结合。

我们既要善于利用昆虫有益的方面为人类谋求更大的福利，也要深刻认识昆虫的有害性，努力将有害昆虫造成的损失降低到最低程度。

2. 蚊子灭杀

蚊隶属于双翅目蚊科，是最重要的医学昆虫类群，全世界已记录的蚊有 35 属，3600多种。其中，按蚊属是疟疾的唯一媒介，还可传播丝虫病和脑炎；库蚊属为病毒性脑炎的媒介，在热带和亚热带还可传播丝虫病；伊蚊属可传播黄热病、登革热和脑炎。因可传播多种致命疾病，蚊子已然成为人类杀手中排名第一的动物。

蚊子在地球上生活了两亿余年，远超人类历史。从古至今，人类对蚊子深恶痛绝，许多古代诗人写下了讨伐蚊子的诗文。欧阳修洋洋洒洒写下 400 余字超长诗作《憎蚊》，对蚊子的厌恶可见一斑。傅选在《蚊赋》中写道："妨农功于南亩，废女工于杼机。"反映了蚊子对当时社会活动的影响之大。更有甚者，例如嘉庆《高邮州志》记载："竟以是夜吭死舍外，其筋露焉。"

每年约有 72.5 万人因蚊虫叮咬而死亡。蚊子是如何从"吸血鬼"摇身一变成为"杀人狂魔"的呢？事实上，真正赋予蚊子恐怖杀伤力的是众多通过蚊子传播的蚊媒疾病。吸食血液的雌蚊是多种传染病病原体的中间宿主，在叮咬过程中会刺破皮肤将所携带的病原体送至被叮咬者的血液中。目前，全球已发现 80 余种蚊媒疾病，多为致命性疾病，最常见的包括疟疾、登革热、黄热病、寨卡热、西尼罗病毒等，其中疟疾被世界卫生组织国际癌症研究机构列为 2A 类致癌物。世界卫生组织表示，2021 年全球约 2.28 亿人患疟疾，其中 60.2 万人死亡。登革病毒在 100 多个国家和地区流行，25 亿人生活在登革病毒流行地区。非洲由于特殊的地理位置和气候，一直是蚊媒疾病的"重灾区"，蚊虫"横行霸道"，人民生命健康受到严重威胁。

蚊子还是某些重大历史事件的幕后推手之一，其泛滥之处蚊媒疾病"只手遮天"。一次时值夏季的战争中，元朝大军在行军过程中受疟疾影响，损失惨重。苏格兰殖民巴拿马时期，一半以上的殖民者死于疟疾，导致苏格兰银行破产。美国革命期间，英军在佐治亚沼泽地作战，沼泽中的蚊子让英军死伤惨重。法国修建巴拿马运河时，1/3 的工人感染黄热病，巴拿马运河公司宣布破产，致使该运河的初次修建工作最后以失败告终。美国首都从费城搬到华盛顿很大程度上是因为当时费城暴发的黄热病得不到有效控制。

在人类历史中，蚊子犯下的"滔天大罪"罄竹难书。然而罪大恶极的其实并不是蚊子本身，而是它带给人类巨大的疾病苦难。在这无数历史疤痕中，我们见到了一个又一个惨痛细节。长期以来，控蚊技术欠缺导致蚊虫防控一直不尽如人意，使得蚊媒疾病大肆传播。

人类的灭蚊史可谓源远流长，贯穿了整个人类的文明史。《周礼》中记述了周王朝特别设立驱虫官烧莽草以驱蚊虫。春秋时期，古人就已开始使用蚊帐防蚊。到了秦汉时期，就有了香炉等熏蚊用品。宋代科技著作《格物粗谈》中记载："端午时，收贮浮萍，阴干，加雄黄，作纸缠香，烧之，能祛蚊虫。"把草晒干编织成绳，点上火就能驱蚊，类似于今天的蚊香。清朝时期，劳动人民在劳作过程中为了防止蚊虫叮咬，制作出了能够去痛止痒药"万金油"，这便是今天的清凉油。

古罗马人还会将一些醋的混合物制成药膏涂抹于头部和脚部以驱赶蚊虫，东南亚国家的人则会点燃制干的柠檬香茅熏屋。19世纪，美国商人Jumticoff发现，涂抹除虫菊粉末可预防虱子滋生。日本将除虫菊粉末加工为螺旋状的香，这便是最早的螺旋蚊香。20世纪40年代，随着DDT等高效杀虫剂的问世，人类获得了杀蚊利器，蚊虫防控取得了阶段性胜利。但由于DDT剧烈毒性带来了巨大的生态安全问题，随后该类杀虫剂被世界各国禁用。20世纪50年代，为提升杀虫效率，科技工作者开展了除虫菊酯类似物的合成研究工作，该类似物被命名为拟除虫菊酯。随着科技发展，科学家们研发出了各种化学杀虫剂，驱蚊事业进入飞速发展时代。然而，由于长期滥用化学杀虫剂，蚊子对杀虫剂的耐药性问题日益严重，加之杀虫剂污染环境和对人畜有毒，科学家们不得不思考新的控蚊策略。

如今，各种高科技手段杀入了"灭蚊战场"，蚊子防控技术有了新的突破。目前，最新控蚊技术包括"绝育蚊子"和利用基因编辑技术灭蚊。科学家释放不育雄蚊让其与自然界雌蚊交配，它们交配后无法产生后代，从而在源头上灭蚊。基因编辑技术则是通过改造蚊子基因使蚊子失去基本生存能力。

科学家们为切断蚊媒疾病传播做出了巨大贡献。20世纪50年代以来，全球已有32个国家或地区消除了疟疾。20世纪40年代，我国每年的本土疟疾病例超过3000万例，经过70年的努力，如今已完全消除疟疾。在这背后，离不开科学家们十年如一日地开展灭蚊研究的努力。

人类与蚊子的大战持续了千百年，从单纯讨厌被叮咬到认识到蚊子是传播致命疾病的媒介，再到控制蚊子种群数量……人类与蚊子的斗争既推动了科技创新历史，也谱写了科学家们为人类健康孜孜求索的精神史诗。

防控蚊子实则是对蚊媒疾病的预防，全球必须守望相助、同舟共济，共同肩负起对蚊虫及蚊媒疾病的责任与使命，共同推进构建人类卫生健康共同体。在世界发展处于十字路口、人类前途命运面临许多挑战的关键时刻，我们更要"常怀远虑，居安思危"，对于威胁人类生命健康的一切因素丝毫不能懈怠、马虎，筑牢全球健康防火墙是各国不可推卸的责任。构建人类卫生健康共同体需要全球人民共同努力，更需要世界科学家们团结合作、携手前行，积极应对蚊媒疾病等全球性的威胁和挑战，为维护各族人民健康做出更大贡献。

3. 果蝇研究

果蝇是双翅目果蝇科果蝇属昆虫，其中常见的黑腹果蝇一般作为遗传学研究中的模式生物。果蝇的主要食物是在有氧与无氧条件下都可以生存的酵母菌。人们之所以在农田、果园和家庭厨房等处，特别是腐烂水果处发现果蝇，主要是因为酵母菌滋生的缘故。本质上果蝇喜欢的是腐烂水果等发酵产生出的酒精，所以酿酒发酵池周围也会有很多果蝇。因此，古希腊人称果蝇为"嗜酒者"。

黑腹果蝇成虫为舐吸式口器，主要以舐吸水果汁液为食，对发酵果汁和糖醋液等有较强趋性。成虫在 8～33℃ 范围内均可生存，以 25℃ 左右为宜，高于 33℃ 便会死亡。当气温低于 8℃ 时，果蝇成虫不在田间活动，多聚集于幼虫取食后的烂孔穴里。果蝇成虫飞行能力较弱，多在背阴处活动，多数时间栖息于杂草丛生的潮湿地里。

果蝇生命周期分为四个阶段，即卵→幼虫→蛹→成虫。卵长约 0.5 毫米，白色，前端背面伸出一触丝，能附着在食物或瓶壁上，卵经 22～24 小时孵化为幼虫；幼虫经 2 次蜕皮成三龄幼虫，长 4～5 毫米，肉眼可见其一端稍尖为头部，上有一黑色钩状口器；约 4 天幼虫化蛹，起初颜色淡黄、柔软，之后逐渐硬化为深褐色，随后羽化。果蝇成虫自羽化后 8 小时交配，2 天后即可产卵。果蝇成虫在 25℃ 下一般可存活 15 天左右，最长可达 30 余天。

黑腹果蝇因其繁殖力强、生活周期短、易于饲养、基因组小、染色体结构简单等特点广泛应用于遗传学研究。一方面，由于科研人员积累了许多果蝇知识和信息，培育出大量的突变体，且果蝇自身携带有便于遗传操作的标记，极大地方便了实验设计和操作；另一方面，在遗传学研究中发展的技术，如定点同源重组以及基因定点敲除等，目前仅能应用于果蝇。因此，黑腹果蝇现已成为重要的模式生物之一，在生物及医学领域发挥着重要作用。基于清晰的遗传背景和便捷的遗传操作，果蝇在遗传学、发育生物学、神经生理学、分子生物学等领域占据着不可替代的位置。

黑腹果蝇作为模式生物在近一个世纪以来的生物学舞台上占有举足轻重的地位，在过去、现在和将来都将为人类探索生命科学的真谛做出不可磨灭的贡献。

与果蝇相关的第一个诺贝尔奖颁给了来自果蝇遗传学领域的研究者——美国进化生物学家、遗传学家和胚胎学家托马斯·亨特·摩尔根（Thomas Hunt Morgan，1866—1945年）。他从 1909 年开始潜心研究果蝇的遗传行为。摩尔根在一群红眼果蝇中发现了一只白眼突变雄果蝇后惊喜万分，便让这只白眼雄果蝇同红眼雌果蝇交配。结果出人意料地发现，在第二代果蝇中白眼果蝇全都是雄性的。这说明决定白眼的基因与决定性别的基因是联系在一起的，而他之前的研究已证明性别是由染色体决定的，因此摩尔根推断白眼基因也一定在性染色体上。这是染色体作为基因载体所获得的第一个实验证据。1926年，摩尔根发表了《基因论》，把他完善的基因遗传理论公之于世，也把孟德尔性状遗传学推进到了细胞遗传学新阶段，并因此获得了 1933 年的诺贝尔生理学或医学奖。

1946 年，摩尔根的学生、被誉为"果蝇突变大师"的美国遗传学家赫尔曼·约瑟夫·穆勒（Hermann Joseph Muller，1890—1967 年）证明了 X 射线能使果蝇突变率提高 150 倍。这项研究历经 10 余年，在果蝇基因人工诱变研究方面取得了实质性突破，因此穆勒获得了当年的诺贝尔生理学或医学奖。

1995 年，诺贝尔生理学或医学奖颁给了三位在果蝇研究中辛勤耕耘的科学家，他们分别是美国生物学家爱德华·路易斯、埃里克·威斯乔斯和德国遗传学家克里斯汀·纽斯林-沃尔哈德。他们在果蝇研究中发现了早期胚胎发育的遗传调控机制，揭开了胚胎如何由一个细胞发育成完美特化器官的秘密，整理出胚胎发育相关的5000个重要基因和139个必要基因，最终确认 100 个以上的基因是以前未曾发现的，揭示出重要基因突变很可能是造成人类自然流产以及约 40% 不明原因畸形的主要原因。

2004 年，美国科学家理查德·阿克塞尔和琳达·巴克因为发现果蝇在嗅觉功能上有个特定的大脑区域而获得了当年的诺贝尔生理学或医学奖。他们在1991年合作发表了基础性论文，宣布发现了一个由约1000个不同基因组成的嗅觉受体基因家族以及与这些基因对应着的数量相同的嗅觉受体种类。之后两人各自独立研究，从分子层面到细胞层面阐明了嗅觉系统的工作原理，给这一领域带来了全新进展。

2011 年诺贝尔生理学或医学奖授予了美国科学家布鲁斯·博伊特勒、法国科学家朱尔斯·霍夫曼和加拿大科学家拉尔夫·斯坦曼，获奖理由是"先天免疫激活方面的发现"和"发现树枝状细胞及其在获得性免疫中的作用"。他们的研究成果对开发新型疫苗以及增强疫苗作用至关重要，不仅针对炎症、传染病，还针对癌症。免疫系统是人和动物的健康"防线"，用以抵御细菌和其他微生物。博伊特勒和霍夫曼认为，免疫系统中的"受体蛋白"可确认微生物侵袭并激活先天免疫功能，构成人体免疫反应的第一步。斯坦曼发现了免疫系统中的"枝状细胞"（DC 细胞）及其在适应性免疫反应（即以自身调控方式适应并清除体内生物）过程中的作用，构成了免疫反应的后续步骤。

2017 年，三位美国科学家杰弗里·霍尔、迈克尔·罗斯巴什和迈克尔·扬因为从果蝇中鉴定出调控生物节律的"周期基因"而获得了当年的诺贝尔生理学或医学奖。他们发现这种基因可以编码一种蛋白质，这种蛋白质在夜间于细胞内聚集，白天降解。他们随后确定了调控生物节律的其他蛋白质成员，发现了这个细胞内自我维持的钟表受怎样的机制控制。其具体过程为"周期基因"以一定节律产生 PER 蛋白并与 Timeless（TIM）蛋白结合为复合体，随后该复合体进入细胞核阻断"周期基因"活动以封闭抑制反馈环，从而调控果蝇昼夜节律。

4. 蝗虫防治

蝗虫，俗称"蚂蚱"，属直翅目昆虫，包括蚱总科、蜢总科、蝗总科。全世界超过 10000种，分布于全世界的热带、温带的草地和沙漠地区，而我国有 1000 余种。蝗虫是农业害虫，为害禾本科作物，降低粮食的产量与质量，对农业造成了极大的危害。

在人类历史上，现在可以看到的最早蝗灾景象是古埃及墓室中公元前 2400 年的一幅壁画。世界上关于早期蝗灾的文字记载在古埃及、希伯来、古希腊和中国都有。

作为拥有悠久农耕文明的农业大国，我国历史上蝗灾迭起。《春秋》中关于蝗灾记载："秋，大雩，螽。"在春秋时期，史书有"凡物不为灾不书"的惯例，史官将其记入史册就可以推断当时的蝗虫已成大灾。《史记》中记载"十月庚寅，蝗虫从东方来，蔽天"，可见当时蝗灾十分严重。

到了汉代，蝗灾及其治理方式有了更加详细的记载。汉武帝时期，提倡"天人感应"的儒生董仲舒将蝗灾视为上苍的谴告，发出"国家将有失道之败，而天乃先出灾害以谴告之，不知自省，又出怪异以警惧之，尚不知变，而伤败乃至"的感叹。关于蝗灾乃是"天谴"的说法开始在民间流传，各个社会阶层甚至将蝗虫敬拜为神虫或虫王，称蝗虫为"蝗神"，认为蝗虫不是人力可以战胜的，统治者应该"修德禳灾"。民间普遍建立八蜡庙和虫王庙祭祀蝗神，民众甚至"或于田旁焚香膜拜设祭而不敢杀"。

南北朝时期国家动乱，但仍可见蝗灾的相关记载。比如《宋书》中记载："大蝗，自幽、并、司、冀至于秦、雍，草木牛马毛鬣皆尽。"

唐诗中关于蝗灾书写的主题便是捕蝗、灭蝗。《旧唐书》中记载了唐代最卓有成效的一次灭蝗运动：在宰相姚崇的坚持下，唐玄宗最终下令灭蝗，出现了"由是连岁蝗灾，至大饥""蝗因此亦渐止息"的景象，为开元盛世的到来奠定了基础。

宋朝以后关于蝗灾的记载开始逐渐增多。宋朝记载大小蝗灾共 75 次，元朝记载蝗灾共 42 次。

在元朝灭亡前，元朝内部从南到北数十个州县同时发生蝗灾，史书记载，当时到处："皆蝗，食禾稼草木俱尽……饥民捕蝗以为食。"

明朝末年蝗灾连年暴发，"饿殍遍野""人相食"的记载不绝于书。李自成在蝗灾最为严重的陕北地区带领农民军发动了起义，提出了"均田免赋"等口号，并在攻陷洛阳等地后开仓赈灾，迅速赢得了民心。许多治蝗类农书在明朝时期也已经出现，对蝗虫习性、蝗灾发生规律、除蝗技术等方面有了初步的研究，比如明末徐光启撰写的《除蝗疏》。

清代康熙皇帝在认真分析研究了蝗灾产生的原因及其巨大危害后，根据蝗虫生活史中每个阶段的特点提出了相应的捕灭方法并以此编著了著名的《捕蝗说》。

中华人民共和国成立以来，国家非常重视治蝗工作，我国昆虫学家不负众望在蝗灾的发生机制、治理方案以及控制技术上取得重要成就。目前，我国已将蝗虫造成的灾害降到了极低的水平，几乎已无成灾的蝗虫群形成。人们不再惧怕蝗灾，而是更加关注蝗虫在食用、药用方面的价值。

"治蝗减灾，保粮安邦"既是历史遗训，也是现实遵循。通过梳理中国历史上的蝗灾状况，深刻认识蝗虫对人类社会造成的影响，正确认识控制蝗灾是我国生物安全建设的重要内容。昆虫与人类的斗争从未停止，认识昆虫、了解昆虫，知己知彼，才能控其害、用其益。

蝗灾与水灾、旱灾齐名，并称为人类农业的三大自然灾害。我国 2000 多年的历史记载显示，大规模的蝗灾发生过 800 多次，受灾区多集中于河北、河南、山东三省，江苏、安徽、湖北等省亦有分布。蝗灾会对环境造成巨大影响，导致大面积农作物减产，甚至绝收。

蝗虫有群居型、散居型及过渡型等多种表型。一般来讲，散居型蝗虫是不会对农业生产造成影响的，而群居型蝗虫才是我们的重点防治对象。但散居型蝗虫会在短时间内转变成群居型蝗虫，从而造成严重影响。中国科学院康乐院士团队通过长期研究揭示了散居型蝗虫转变为群居型蝗虫的原因，发现 4-乙烯基苯甲醚（4VA，又称 4-甲氧基苯乙烯）是迁徙性蝗虫的聚集信息素。虽然 4VA 是由群居蝗虫释放的，但 4～5 只独居蝗虫聚集在一起时也可以触发 4VA 的产生。此外，他们还发现 OR35 是 4VA 的一个特异性嗅觉受体。群居雄性释放的 4VA 气味挥发物被其他蝗虫触角上的嗅觉感受器捕捉并与嗅觉受体 OR35 结合引诱蝗虫聚集在一起，从而形成群居型蝗虫。与散居型蝗虫相比，群居型蝗虫在生理和行为上表现出更高的同步性，比如卵孵化和性成熟；在进食和行进行为上也表现出高度同步性。通过比较群居型雌性与散居型雌性的首次产卵时间和终端卵母细胞的发育，发现群居型雌性表现出显著性成熟同步性和更高的成熟率，且首次产卵周期更加一致。在此过程中，嗅觉发挥着非常关键的作用。该团队建立了嗅觉受体共受体基因功能缺失的突变体蝗虫，用群居型雄虫气味刺激嗅觉功能缺失突变体品系的雌性飞蝗，发现不能观察到它们的性成熟同步现象。这些实验结果表明，雌成虫的成熟同步性主要是由群居型雄成虫产生的挥发性气味化学物质诱导的。

通过对群居型雄性、群居型雌性和散居型雄性成虫体表挥发物组成及含量的动态监测和分析，发现只有 4VA 具有明显的剂量依赖同步效应。此外，对不同发育状态的雌性个体进行效应检测发现，4VA 能够促进年轻雌性个性成熟，而对年龄偏大的雌性没有明显作用，且对于羽化后 1～2 天的雌性也无明显作用。但触角电位和单感器反应实验结果显示，不同年龄的雌性飞蝗对 4VA 的嗅觉感知能力并无显著差异，这表明这种促进性成熟效应的年龄差异并不是由嗅觉接受能力导致的。进一步对羽化后 3～4 天雌成虫的脑和心脏-原体（CC-CA）复合物的基因表达概况进行分析，发现 4VA 诱导 CC-CA 的基因表达特征发生了显著变化。与保幼激素（JH）合成相关的基因表达明显较高，但与 JH 降解相关的基因表达较低，且经 4VA 诱导后，血淋巴中 JH 的滴度显著上升，但该通路在年龄偏大的雌性中并没有显著变化。利用 4VA 嗅觉受体缺失突变飞蝗品系（Or35$^{-/-}$）进行 JH 回补实验显示，羽化后 3～4 天经 JH 类似物处理后，突变体雌性的性成熟同步性显著提升。该结果表明，保幼激素通路介导了不同年龄雌性个体对 4VA 敏感性的差异。

综上所述，蝗虫群聚成灾的奥妙即群居型雄蝗虫的体表化学挥发物 4VA 被其他蝗虫的触角嗅觉感受器所捕捉，并与嗅觉受体 OR35 结合引诱蝗虫聚集在一起，同时由 JH 信号通路介导 4VA 来促进群居型雌蝗虫性成熟同步，从而在短时间内产下大量后代扩大了种群数量，加重了危害程度。

5. 家蚕丝路

种桑养蚕在我国历史悠久。家蚕是以桑叶为食的鳞翅目昆虫，起源于中国古野蚕，可吐丝结茧，吐出的丝是丝绸的主要原料来源。丝绸在人类经济生活和文化历史上占有重要地位。当今我国茧丝的产量和出口量分别占世界总量的 70% 以上和 80% 以上，因此我国是在世界茧丝贸易中占主导地位的茧丝绸大国。

在新石器时代中期，我国先民便开始采桑养蚕、取丝织绸。蚕桑是中国传统农业文化的重要组成部分，《尚书·禹贡》中有"桑土既蚕"的记载，《管子·山权数》中有"民之通于蚕桑"的说法，《陌上桑》中描写民间蚕桑习俗的"罗敷善蚕桑，采桑城南隅"更是脍炙人口。

蚕桑有着非常重要的农业、商业价值，在中国古代的地位非常高，历代统治者对蚕桑业都非常重视。《礼记·祭义》中记载："古者天子、诸侯必有公桑、蚕室，近川而为之，筑宫仞有三尺，棘墙而外闭之。"《齐民要术》中记载："后妃斋戒，亲东乡躬桑⋯⋯以劝蚕事⋯⋯无有散惰。"天子、诸侯都必须种桑养蚕，后妃更要做表率，体现了蚕桑在中国古代农业中的重要地位。

很多古籍中记载了中国古代的蚕桑之事，比如《礼记·月令第六》"季春之月⋯⋯天子乃荐鞠衣于先帝⋯⋯命野虞无伐桑柘。鸣鸠拂其羽，戴胜降于桑⋯⋯后妃斋戒，亲东乡躬桑。禁妇女无观，省妇使，劝蚕事。蚕事既登，分茧称丝效功，以共郊庙之服，无有敢惰"，又如《隋书卷十九·食货志》"每岁春月，各依乡土早晚，课人农桑⋯⋯蚕桑之月，妇女十五以上皆营蚕桑"，这些记载无不显示着中国古代蚕桑业的兴盛。蚕桑业的发展改变了中华民族的服饰形象。丝绸文化与中华文明相伴而生，体现在礼仪制度、文化艺术、风土民俗等方面。

作为蚕桑文化的主要构成符号，蚕吃的是绿色桑叶，吐出来的是洁白蚕丝，这是一种自然现象，却蕴含着深刻的人生哲理。"春蚕到死丝方尽，蜡炬成灰泪始干"把蚕的执着、坚贞、奉献精神诠释到了极致。蚕的一生使古人将生死循环与自然天地之道联系起来。人们对待蚕桑的态度体现了古人对待自然万物的态度，这是一种向自然索取、物尽其用但不浪费的态度，一种让自然持续发展的态度。人们在从事蚕桑生产中寓情于物，表达着对自然的尊崇和爱护之情，形成了独特的中国古代蚕桑文化。

数千年来，中国丝绸凭借自身独有的魅力、绚丽的色彩、浓郁的文化内涵为中华文明谱写了灿烂篇章。作为古代世界东西方之间最为重要的贸易和文化交流通道，丝绸之路将丝绸产品及其生产技术和艺术传播到了世界各地，为东西方文明互鉴做出了卓越的贡献。

随着基因组时代的来临，丝绸之路的背景已不再是骆驼和沙漠，而是现代科学技术和基因知识产权的国际竞争。日本为确立其在鳞翅目昆虫基因组研究中的主导地位，于2001年在法国里尔召开了国际鳞翅目昆虫基因组计划筹备会，日、法、美、英等8个国家的20余位科学家参会，而当时蚕丝产量占世界总量70%的中国却未被邀请。2002年，在日本筑波召开了家蚕基因组计划的国际会议，鉴于中国科学家的实力，会议达成了"日中两国牵头，任务各半，2004年完成家蚕基因组测序"的意向。2003年4月，日本单方面终止合作协定，独自启动了家蚕基因组测序，宣称要"开拓21世纪日本丝绸之路"。同年6月，向仲怀率领科研人员紧急启动中国家蚕基因组计划，决定背水一战。因为这不仅关系到中国在基因知识产权的国际竞争中能否占据主动地位，还关系到21世纪的"丝绸之路"是从中国开始还是从别的地方开始。经过400多名科研人员夜以继日奋战100多天，2003年11月15日，中国科学家率先绘制完成世界上第一张家蚕基因组框架图。这是中国科学家取得的具有里程碑意义的研究成果，使21世纪"新丝绸之路"从中国出发。2004年，家蚕基因研究论文在世界顶级学术杂志《科学》（Science）上发表。

进入新时代，习近平总书记提出共建"一带一路"倡议，赋予丝绸之路新的生机活力。古丝绸之路所展现出的文化特质被习近平总书记创造性地提炼为"丝路精神"，它是千年历史积淀所形成的以"和平合作、开放包容、互学互鉴、互利共赢"为核心的丝路精神，是人类文明的宝贵遗产。中华儿女正在用自己的勤劳和智慧书写新世纪的丝路华章！

教学分析

一、课程思政要素挖掘

1. 生物多样性与生态平衡

昆虫作为地球上数量庞大、种类繁多的生物群体，体现出丰富的生物多样性。通过学习昆虫的知识可以让学生深刻认识到生物多样性对于地球生态系统的重要性，培养学生保护生物多样性、维护生态平衡的意识。

了解昆虫在生态系统中的作用，比如传粉、分解有机物等，明白每一种生物在生态链中有着不可或缺的地位，从而树立尊重自然、顺应自然的观念。

2. 适应与进化的智慧

昆虫在漫长的进化过程中发展出了各种独特的适应环境的特征和行为。这可以启发学生学习昆虫的适应能力和创新精神，在面对变化和挑战时能够积极调整自己，不断适应新环境，勇于探索新的发展路径。

昆虫的进化历程也展示了生命的顽强和坚韧，鼓励学生在困难面前不屈不挠、努力奋斗，实现自身的成长和进步。

3. 科学精神与责任担当

对昆虫的研究需要严谨的科学态度和方法。在教学中可以引导学生学习科学家们在昆虫研究中体现出的勇于探索、实事求是、精益求精的科学精神，培养学生在学习和生活中追求真理、严谨治学的态度。

认识到昆虫的益害两面性以及人类在利用和管理昆虫资源中的责任。这可以激发学生的社会责任感，让他们明白自己作为地球公民，有义务为保护生态环境、合理利用自然资源贡献力量。

二、融入教育教学的方法

1. 课堂教学

案例分析：通过具体的昆虫案例，比如蜜蜂传粉对农业的重要性、蝗虫灾害的影响等，分析昆虫的益害作用以及人类应采取的应对措施。引导学生思考生态平衡、可持续发展等问题，培养学生的辩证思维和综合分析能力。

小组讨论：组织学生围绕昆虫与生态环境、昆虫资源的利用等话题进行小组讨论。鼓励学生发表不同观点，培养学生的团队合作精神和沟通能力，同时加深对思政要素的理解。

多媒体展示：利用图片、视频等多媒体资源展示各种美丽而神奇的昆虫，激发学生的学习兴趣。同时，展示昆虫灾害的场景，让学生认识到昆虫对人类生活的影响，增强学生的生态保护意识。

2. 实践教学

野外观察：组织学生进行野外昆虫观察活动，让学生亲身体验昆虫的多样性和生态环境。在观察过程中引导学生关注昆虫与周围环境的关系，培养学生的观察能力和环保意识。

实验探究：开展昆虫实验，比如昆虫行为观察、昆虫生态模拟等。让学生通过实验探究昆虫的奥秘，培养学生的科学探究精神和实践能力。

三、教育教学效果评估

1. 多元化考核

在课程考核中，除了考查学生对专业知识的掌握情况外，还应注重对思政要素的考核。可以采用考试、作业、实践报告、课堂表现等多种形式进行考核，综合评价学生的学习成果。

2. 反馈与改进

及时向学生反馈考核结果，指出学生在思政方面的优点和不足，引导学生进行自我反思和改进。同时，教师根据学生的反馈意见不断改进教学方法和内容，提高教学质量。

总之，将"繁盛的昆虫及其益害作用"的课程思政要素融入教育教学中可以丰富教学内容，提高学生的学习兴趣和综合素质。通过培养学生的生态意识、科学精神和社会责任感，为学生的未来发展奠定坚实的基础。

📁 参考文献 •···

［1］王彦芹，艾尼瓦尔·吐米尔，朱新霞，等. 生物科学类专业课程思政案例集 ［M］. 北京：中国农业科学技术出版社，2023.

［2］《植物保护专业课程思政案例库》编委会. 植物保护专业课程思政案例库 ［M］. 重庆：西南大学出版社，2022.

生物科学的发展历程

生物科学，这门研究生命现象和生命活动规律的科学，其发展历程犹如一部波澜壮阔的史诗，记录了人类对生命奥秘不断探索和认知的足迹。从古代对生物的简单观察到现代分子生物学的深入研究，生物科学的每一次重大突破都推动着人类对自身和自然界的理解迈上一个新的台阶。现代以来，生物科学迄今经历了三次革命：第一次是"DNA双螺旋结构的解析"，将科学研究由传统的生理研究转向分子生物学和遗传学等层面；第二次是随着人类基因组测序成功和多组学的蓬勃发展，催生或衍生出了系统生物学；第三次是生命科学、计算机科学、化学物理学和工程学等学科的整合发展形成了合成生物学这一崭新领域，并迅速开展"会聚"研究的生命科学革命。

一、古代生物学的萌芽

在遥远的古代，人类就开始对周围的生物产生好奇并注意观察。古埃及人通过对动物的崇拜和木乃伊的制作，积累了一定的解剖知识；古希腊哲学家亚里士多德对动物进行了广泛的观察和分类，他的著作《动物志》成为早期生物学的重要文献；我国古代的《诗经》《尔雅》等典籍中也记载了许多动植物的名字和特征。然而，这些早期的记录大多来自对表面现象的观察，缺乏科学的理论和方法，但它们同样为后来生物科学的发展奠定了基础，激发了人们对生命奥秘的探索欲望。

二、近代生物学的兴起

16世纪以后，随着科学方法的不断进步，生物学开始慢慢从哲学和医学中分离出来，成为一门独立的学科。显微镜的发明更是这一时期的重要突破，它让人们第一次看到了细胞的结构，为细胞学说的建立奠定了基础。

17世纪，英国科学家罗伯特·胡克通过自制的显微镜来观察软木切片，发现了细胞；19世纪30年代，德国植物学家施莱登和动物学家施旺提出了细胞学说，指出细胞是生物体结构和功能的基本单位。这一学说的提出标志着生物学进入了细胞水平的研究阶段。与此同时，进化论的提出也对生物学的发展产生了深远的影响。1859年，英国生物学家达尔文出版了《物种起源》一书，提出了自然选择学说，认为生物是通过自然选择逐渐进化而来的。这一学说不仅解释了生物的多样性和适应性，也打破了神创论的束缚，使生物学进入了一个全新的发展阶段。

三、现代生物学的发展

20 世纪以来，生物学进入了快速发展的时期，取得了一系列重大突破，而遗传学的发展更是现代生物学的重要组成部分。1900 年，孟德尔的遗传定律被重新发现，开启了遗传学研究的新时代。随后，摩尔根通过对果蝇的研究确定了基因在染色体上的位置，建立了染色体遗传理论。20 世纪 50 年代，沃森和克里克发现了 DNA（脱氧核糖核酸）双螺旋结构，标志着分子生物学的诞生。这一发现揭示了遗传信息的传递和表达机制，为遗传学的发展提供了坚实的分子基础。

在分子生物学的推动下，生物技术也得到了迅速发展。基因工程、细胞工程、发酵工程和蛋白质工程等生物技术的应用为人类解决了许多医疗、农业和环境等方面的问题。例如，通过基因工程技术，人类可以生产出胰岛素、生长激素等药物，为治疗糖尿病、侏儒症等疾病提供了有效的医疗手段。同时，在生命科学的其他领域，诸如生态学、发育生物学、神经生物学等也取得了显著的进展。生态学的研究让我们更加了解生物与环境的相互关系，为保护生态平衡和可持续发展提供了理论依据；发育生物学揭示了生物体从受精卵到成熟个体的发育过程和机制，为治疗出生缺陷和再生医学提供了新的思路；神经生物学的研究则帮助我们深入了解大脑的结构和功能，为治疗神经系统疾病和开发人工智能提供了重要的启示。

四、当代生物科学前沿领域

进入 21 世纪，生物科学的发展更加迅速，许多前沿领域不断涌现。基因组学是其中的一个重要领域，随着人类基因组计划的完成，对各种生物基因组的测序和分析成为研究的热点。通过比较不同物种的基因组，我们可以了解生物的进化历程和基因功能的演变。蛋白质组学则关注细胞内所有蛋白质的组成、结构和功能，它与基因组学相互补充，为深入理解生命活动的分子机制提供了新的视角。而生物信息学的兴起则为处理和分析海量的生物数据提供了有力的工具，它运用数学、统计学和计算机科学的方法对生物数据进行整合、分析和预测，为生物学研究提供了新的思路和方法。此外，合成生物学、干细胞研究、脑科学等领域也取得了令人瞩目的成果。合成生物学旨在设计和构建新的生物体系，为解决能源、环境和医疗等问题提供创新方案；干细胞研究为再生医学带来了希望，有望实现受损组织和器官的修复和再生；脑科学的研究则致力于揭示大脑的奥秘，为治疗神经系统疾病和开发智能技术提供基础。

生物科学，作为一门研究生命现象和生命活动规律的科学，其发展日新月异。从对细胞结构和功能的深入探究到基因编辑技术的突破，生物科学的进步不仅深化了我们对生命本质的理解，还为众多领域带来了创新应用，为解决人类面临的诸多挑战提供了新的思路和方法。

1. 在医学领域的创新应用

① 基因治疗：基因治疗是生物科学在医学领域的一项重大突破。通过修复或替换有缺陷的基因，治疗遗传性疾病和某些严重的慢性疾病。例如，针对某些遗传性免疫缺陷病，科学家们能够将正常的基因导入患者的细胞，使其恢复正常的免疫功能。

② 靶向药物研发：基于对肿瘤细胞生物学特性的深入研究，开发出了一系列靶向药物。这些药物能够特异性地作用于肿瘤细胞的特定靶点，比如某些异常激活的蛋白激酶，从而抑制肿瘤细胞的生长和扩散，减少对正常细胞的损伤，提高治疗效果并降低副作用。

③ 再生医学：利用干细胞技术，实现组织和器官的再生。例如，通过诱导多能干细胞分化为心肌细胞，为治疗心脏病提供了新的希望。此外，利用生物材料和细胞构建人工器官，比如人工皮肤、人工肾脏等，这些研究也在不断取得进展。

④ 疫苗研发：借助生物技术快速研发和生产新型疫苗。比如 mRNA 疫苗技术针对新型冠状病毒感染的成功应用，展示了生物科学在应对传染病方面的强大能力。

2. 在农业领域的创新应用

① 转基因作物：通过基因工程技术将有益的基因导入农作物，使其具有抗病虫害、耐除草剂、营养价值进一步提高等特性。例如，转基因抗虫棉的推广减少了农药的使用，提高了棉花的产量和质量。

② 生物农药：利用微生物或其代谢产物来防治病虫害。与传统的化学农药相比，生物农药具有环境友好、特异性强等优点，有助于减少农业生产对环境的污染，保护生态平衡。

③ 精准农业：结合生物技术和信息技术，实现对农业生产的精准管理。通过基因检测和土壤分析，为不同的农田制定个性化的种植方案，优化资源利用，提高农业生产效率。

3. 在环境保护领域的创新应用

① 生物修复：利用微生物或植物对受污染的土壤、水体进行修复。例如，某些微生物能够分解石油、重金属等污染物，某些植物可以吸收土壤中的有害物质，从而恢复生态环境的健康。

② 生物监测：利用生物对环境变化的敏感性，构建生物监测系统。例如，通过观察某些鱼类、贝类的生理指标变化来评估水体的污染程度，利用苔藓植物监测大气污染状况等。

③ 可再生能源开发：生物科学为可再生能源的开发提供了新途径。例如，利用微生物发酵生产生物燃料如生物乙醇、生物柴油等，减少对传统化石能源的依赖，降低温室气体排放量。

4. 在工业领域的创新应用

① 生物发酵工程：利用微生物发酵生产各种工业产品，比如氨基酸、有机酸、抗生素等。通过基因工程和代谢工程技术，优化微生物的代谢途径，提高产品的产量和质量。

② 生物材料：开发新型生物材料，比如可降解塑料、生物纤维等，替代传统的石油基材料，减少对环境的压力。同时，生物材料在医疗、纺织等领域也具有广阔的应用前景。

③ 生物传感器：基于生物分子的特异性识别作用，开发高灵敏度、高选择性的生物传感器，用于检测环境污染物、食品中的有害物质和临床诊断等。

5. 在食品领域的创新应用

① 食品生物技术：通过基因工程改良食品原料的品质和特性，比如提高作物的营养价值、改善食品的口感和风味等。同时，利用生物技术生产食品添加剂和保鲜剂，保障食品的安全和质量。

② 功能性食品开发：基于对生物活性成分的研究，开发具有特定保健功能的食品，比如富含抗氧化剂的食品、含有益生菌的食品等，以满足人们对健康饮食的需求。

③ 食品安全检测：利用生物技术，比如PCR（聚合酶链式反应）技术、酶联免疫吸附测定等，快速、准确地检测食品中的病原体、农药残留、转基因成分等，确保食品安全。

教学分析

一、课程思政要素挖掘

1. 科学精神

勇于探索：在生物科学的发展历程中，无数科学家不畏艰难，勇于探索未知领域。从达尔文的环球航行考察生物多样性到克里克和沃森对 DNA 双螺旋结构的不懈探索，体现了科学家们对真理的执着追求，激励学生在学习和生活中勇于面对挑战，培养坚韧不拔的品质。

严谨治学：生物科学的每一次重大发现都建立在严谨的实验设计和精确的数据基础上。孟德尔通过多年的豌豆杂交实验总结出遗传规律，展现了科学家的严谨态度，这可以引导学生在学习中养成认真负责、一丝不苟的学习态度。

2. 创新意识

突破传统：生物科学的发展常常伴随着对传统观念的突破。例如，细胞学说的建立打破了人们对生物体结构的固有认识，开启了现代生物学的"大门"。鼓励学生敢于质疑传统观念，培养创新思维和创新能力。

跨学科合作：现代生物科学的发展越来越依赖于跨学科合作。比如生物信息学的兴起，结合了生物学、计算机科学和数学等多个学科的知识，这可以教育学生认识到合作的重要性，培养团队协作精神和跨学科思维。

3. 社会责任感

环境保护：随着生物科学对生态环境的深入研究，人们越来越认识到环境保护的重要性。例如，对生物多样性的保护、生态系统的稳定等方面的研究提醒学生要关注环境问题，增强环保意识，为建设美丽中国贡献自己的力量。

人类健康：生物科学在医学、农业等领域的应用为人类健康和粮食安全做出了巨大贡献，比如疫苗的研发、基因治疗等，让学生明白科学技术的发展是为了改善人类生活，培养了学生的社会责任感和使命感。

二、融入教育教学的方法

1. 课堂教学

案例分析：在讲解生物科学发展历程中的重大事件时，引入相关的思政案例。例如，在讲述屠呦呦发现青蒿素的过程中强调她的坚韧不拔、勇于创新和为人类健康无私奉献的精神。

小组讨论：组织学生对生物科学发展中的热点问题进行讨论，比如基因编辑技术的伦理问题等，引导学生从科学、伦理、社会等多个角度思考问题，培养他们的批判性思维和社会责任感。

课堂演讲：安排学生进行关于生物科学发展历程中科学家故事的演讲，让学生在准备和演讲的过程中深刻体会科学家的精神品质，同时锻炼学生的表达能力和提高他们的综合素质。

2. 实践教学

实验课程：在实验教学中强调实验操作的规范性和严谨性，培养学生的科学态度。同时，引导学生关注实验过程中的环保问题，比如合理处置实验废弃物等。

科研项目：鼓励学生参与教师的科研项目或大学生创新创业项目，让学生在实际科研中体验科学探索的过程，培养他们的创新能力和良好的团队协作精神。

三、教育教学效果评估

1. 多元化考核

将思政要素纳入课程考核评价体系，采用多元化的考核方式，如考试、作业、课堂表现、实践活动等。在考核内容中增加对学生科学精神、创新意识和社会责任感等方面的评价。

2. 反馈与改进

及时向学生反馈考核结果，指出学生在思政方面的优点和不足，引导学生进行自我反思和改进。同时，教师根据学生的反馈意见不断改进教学方法，提高教学质量。

总之，将生物科学的发展历程中的课程思政要素融入教育教学中有助于培养学生的科学精神、创新意识和社会责任感，实现知识传授与价值引领的有机统一。

📁 **参考文献** •••

[1] 王彦芹，艾尼瓦尔·吐米尔，朱新霞，等. 生物科学类专业课程思政案例集 [M]. 北京：中国农业科学技术出版社，2023.

[2] 《植物保护专业课程思政案例库》编委会. 植物保护专业课程思政案例库 [M]. 重庆：西南大学出版社，2022.

细胞学说的建立

在生命科学的发展历程中，细胞学说的建立无疑是一座具有划时代意义的里程碑。细胞学说揭示了细胞的统一性和生物体结构的统一性以及生物间存在着一定的亲缘关系，标志着人们对生命的认识从宏观层面深入到微观的细胞水平，极大地推动了生物学的研究进程，并为达尔文的进化论奠定了基础。细胞学说是植物学、动物学、微生物学、遗传学等现代生物学发展的坚实理论基础，这一学说的建立间接阐明了生物界的统一性，推动了现代生物学的发展并为辩证唯物主义提供了重要的自然科学依据。

一、胡克制造显微镜发现细胞

1665 年，英国物理学家、天文学家罗伯特·胡克（Robert Hooke，1635 年 7 月 18 日—1703 年 3 月 3 日）利用自制的光学显微镜观察软木的切片，看到了排列紧密、蜂窝状的小室，他称其为"cell"，从而在人类历史上首次发现了细胞，奠定了细胞生物学的基础。在科学的浩瀚星空中有许多璀璨的巨星，他们以其卓越的智慧和不懈的努力为人类开启了认识世界的新视角。罗伯特·胡克便是其中一位，他的工作对现代科学的发展产生了深远的影响，尤其是在显微镜学和力学领域。

胡克出生在英国怀特岛的一个牧师家庭。他自幼对科学展现出浓厚的兴趣和非凡的天赋。在少年时期，胡克就表现出了对机械制造和绘画的独特才能。他接受了良好的教育，先后在威斯敏斯特学校和牛津大学求学。在牛津大学期间，胡克参与了著名科学家罗伯特·波义耳的实验工作，这段经历为他日后的科学研究奠定了坚实的基础。

17 世纪中叶，显微镜技术刚刚兴起。胡克凭借其精湛的技艺和敏锐的观察力对显微镜进行了改进和创新，他制造的显微镜具有更高的放大倍数和更清晰的成像效果。通过使用自己改良的显微镜，胡克进行了一系列开创性的观察。1665 年，他出版了《显微图谱》一书，其中包含了他对各种微小生物和物体的详细观察和绘图。在书中，胡克首次描述了他对软木切片的观察。他发现软木由许多小室组成并将这些小室命名为"细胞"，尽管他所观察到的细胞实际上是已死亡细胞的细胞壁，但这一发现为后来细胞学说的建立奠定了重要基础。胡克还观察了昆虫、植物的结构以及其他微小物体，他绘制的精美插图让人们第一次直观地看到了微观世界的奇妙景象。这些观察和记录不仅丰富了人们对微观世界的认识，也激发了更多科学家研究显微镜学的兴趣。

除了在显微镜学方面的成就，胡克在力学领域也有着重要的贡献。他提出了著名的"胡克定律"，即在弹性限度内物体的形变与所受的外力成正比。这一定律对于理解材料的弹性性质和力学行为具有重要意义，至今仍然是力学中的基本定律之一。胡克还参与了许多与力学相关的实验和研究工作，他对弹簧、钟表等机械装置的研究为机械工程的发展提供了理论支持。此外，他与牛顿等科学家在力学问题上的交流和争论也推动了力学这个学科的发展。胡克与牛顿之间的科学争论是科学史上一段著名的公案：在对万有引力定律的研究中，胡克声称自己早在牛顿之前就已经对引力问题有了一定的思考和研究，并认为牛顿的成果部分借鉴了他的想法。然而，牛顿对胡克的主张予以否认并在后来的著作中很少提及胡克的贡献。这场争论不仅反映了科学研究中的竞争和优先权之争，也凸显了当时科学交流和评价体系的不完善。尽管存在这样的争论，但不可否认的是，胡克和牛顿的研究都对力学的发展做出了不可磨灭的贡献，他们的研究共同推动了人类对自然界力学规律的认识。

胡克在科学研究中运用了严谨的科学方法和展现了创新的精神。他注重实验观察，通过亲自动手进行实验和制作仪器，获取第一手的资料和数据。同时，他善于思考和总结，能够从实验现象中提炼出科学规律和理论。他的创新精神主要体现在他对传统观念的挑战和对新技术的探索上。通过不断改进显微镜，胡克开拓了微观世界的研究领域，而在力学研究中，他提出了新的概念和定律，推动了学科的发展。

二、施莱登和施旺建立细胞学说

此后的 170 多年，其他学者在这一时期内通过不同的方法都相继观察到细胞及其细胞内更精细的结构，对动植物的细胞及其内容物进行了广泛的研究，积累了大量资料。

1759 年 C. F. 沃尔夫在《发生论》一书中已清楚地描述了组成动、植物胚胎的"小球"和"小泡"，但还不了解其意义和起源方式。1805 年德国生物学家 L. 奥肯也提出过类似概念。1833 年英国植物学家 R. 布朗在植物细胞内发现了细胞核，接着又有人在动物细胞内发现了核仁。到 19 世纪 30 年代，已有人注意到植物界和动物界在结构上存在某种一致性，它们都是由细胞组成的，并且人们对单细胞生物的构造和生活也有了相当多的认识。

在这一背景上，德国植物学家 M.J. 施莱登（M. J. Schleiden，1804 年 4 月 5 日—1881 年 6 月 23 日）在 1838 年提出了细胞学说的主要论点，1939 年他与德国动物学家 T. A. H. 施旺（T. A. H. Schwann，1810 年 12 月 7 日—1882 年 1 月 11 日）一起加以充实和普遍化，建立了有划时代意义的"细胞学说"，提出"细胞是一切生物体的基本结构和功能单位"这一伟大论断。我们通常所说的细胞学说大致可概括为：细胞是一切生物的结构和功能的单位，从某种意义上来说是生物体形态结构的最根本因素。生物是由细胞及其形成物所组成的，这种认识虽从 19 世纪初就逐渐形成，但是直到 1838 年施莱登才在植物方面肯定了这一认识，并且创立了关于细胞繁殖机理的学说。

1838 年，施莱登发表了《植物发生论》，提出了植物细胞学说的核心观点。他指出，植物的基本结构和功能单位是细胞，所有的植物组织都是由细胞组成的。他不仅通过对大量植物的观察和研究发现植物的根、茎、叶等器官都是由细胞构成的，还阐述了细胞在植物生长和发育过程中的作用，认为细胞的分裂和分化是植物生长和发育的基础。他的植物细胞学说为细胞学说的建立奠定了重要的基础。他的理论不仅改变了人们对植物结构和功能的认识，也为后续的研究提供了新的思路和方向。施莱登的植物细胞学说引起了施旺的极大关注。施旺意识到，动物组织的结构和功能或许也可以从细胞的角度来解释。于是他主动与施莱登取得联系，开始了密切的交流与合作。他们经常分享彼此的研究成果和想法，共同探讨细胞在动植物生命活动中的作用和意义。

1839 年，施旺发表了《关于动植物的结构和生长的一致性的显微研究》，在施莱登植物细胞学说的基础上提出了动物细胞学说。他指出，动物的基本结构和功能单位也是细胞，所有的动物组织都是由细胞组成的。他通过对多种动物组织的显微镜观察发现细胞在动物体内同样起着至关重要的作用，并且还进一步阐述了细胞在动物体内的生理过程，比如营养物质的吸收、代谢产物的排出等。他的研究成果使得细胞学说更加完整和全面。在施莱登和施旺的合作过程中，他们互相启发、互相补充。施莱登的植物细胞学说为施旺研究动物细胞提供了重要的参考和借鉴，而施旺的动物生理学知识也为施莱登完善植物细胞学说提供了新的视角和思路。通过这种紧密的合作，他们最终共同建立了完整的细胞学说，成为这一伟大理论的主要奠基人，将细胞的概念推广到了整个生物界。

1858 年，德国病理学家 R.C. 魏尔肖提出了一个著名论断，即所有细胞都起源于先存细胞，彻底否定了生命自发发生的传统观点。

由施莱登和施旺奠基创立的细胞学说的主要内容可以高度概括为三条基本原理：细胞来自细胞的原理，细胞是有机体基本结构单位的原理，细胞的普遍性原理。具体来讲，细胞学说主要有以下五个方面的核心内容：

① 细胞是植物体、动物体的基本结构单位，也是生物进行生命活动的基本单位。施莱登通过研究植物内部结构的共同性得出重要结论：所有类型的植物均由可辨认的细胞构成；细胞均有其自身的生命过程，是生命活动的基本单位。施旺从多种动物组织的研究中推广了施莱登的观点，指出一切不同类型的动物也由细胞构成，因此植物与动物在构造上具有统一性。

② 细胞在结构和组成上具有共同的基本特征。施旺做出了"细胞构造是有机体构造的普遍原则"的推断。细胞在构造上都有外表的细胞膜，其中包含着细胞核，在核中有核仁等结构。现在知道，细胞膜、细胞质和细胞核是真核细胞普遍的组成部分；原核细胞不具备明显的被核膜包裹的细胞核，但细胞中的遗传物质在本质上与真核生物相同。

③ 生物体的功能通过细胞的活动而实现。细胞学说共同创始人施旺指出，营养、代谢和生长等生命基础过程都以细胞为单位进行。动植物细胞按照共同的规律发育，有共同的生命过程。新陈代谢现象是细胞所特有的生命现象，是细胞生命活动的基本特点。施旺对代谢现象重要性的强调是对生命科学的重要贡献。

④ 新细胞是已经存在的旧细胞通过分裂而产生的。这是有关细胞发生的假说，被大量科学研究所证实。先是施莱登和施旺推测核仁出芽产生新细胞，不久被其他学者修正为细胞分裂产生新细胞，最后是魏尔肖于 1858 年明确提出"细胞生自先存细胞"的科学论断。

⑤ 细胞功能失常，导致生物体患病。1855 年魏尔肖出版了《细胞病理学》，将细胞

学说应用于病理现象的分析中。由于细胞是生物进行生命活动的基本单位，生物体的基本功能通过细胞实现，因此细胞功能异常是生物体疾病的根源。

细胞学说的建立有着极其重要的意义：首先，在科学上，细胞学说的建立使生物学的研究从宏观层面深入到微观的细胞水平，为后来的细胞生物学、分子生物学等学科的发展奠定了基础；统一了动植物的结构基础，揭示了生物界的统一性，有力地推动了生物学的发展；促进了显微镜技术的不断改进和发展，为进一步观察和研究细胞的结构和功能提供了技术支持。其次，在哲学上，细胞学说证明了生命的物质性，否定了生命的神秘主义和超自然观念；强调了生命的整体性和相互联系性，为辩证唯物主义的发展提供了有力的科学依据。最后，在医学上，细胞学说为医学研究提供了新的理论基础，有助于深入理解疾病的发生机制和发展过程，推动了病理学、免疫学等医学分支学科的发展，为疾病的诊断和治疗提供了新的思路和方法。

三、细胞学说的发展完善

在施莱登和施旺之后，细胞学说不断得到发展和完善。特别是随着显微镜技术的不断提高，人们能够更清晰地观察到细胞的内部结构和细胞器。电子显微镜的发明使人们对细胞的超微结构有了更深入的了解，进一步丰富了细胞学说的内容。细胞生物学、遗传学、分子生物学等新兴学科的兴起也从不同角度揭示了细胞的结构、功能以及遗传和代谢等方面的奥秘，使细胞学说得到了更广泛的应用和拓展。

19 世纪 50 年代以来，以细胞学说为出发点的学科领域不断发展。德国生物学家 E.海克尔将动物界分为单细胞原生动物和多细胞后生动物，并认为所有生物起源于无核原生生物；魏尔肖的研究表明生物体生病是因为细胞功能失常；有丝分裂的发现导致细胞分裂是生殖和遗传连续性的中心环节观点的提出。细胞学说指导人们以细胞为生命研究的结构单位，产生了细胞学。细胞学与胚胎学、发育生物学相结合的研究，阐明了卵子和精子作为细胞的基本特征，揭示了个体发育是通过受精卵的分裂和分化得以实现的过程。细胞学说应用于遗传学，特别是染色体行为的研究，促进了细胞遗传学的兴起。

随着生命科学研究的深入，人们也不再像细胞学说原先那样过分强调细胞生命的"独立"，不再把生物体看作细胞的简单组合。20 世纪 70 年代以来，在细胞学说和经典细胞学的基础上，亚显微结构研究的深入、生物化学技术的发展、分子生物学和分子遗传学原理和技术的应用促使现代细胞生物学诞生。

教学分析

一、课程思政要素挖掘

1. 科学探索精神
勇于质疑：施莱登和施旺在当时的科学背景下敢于质疑传统观念，对生物体的结构进行深入思考和探索。他们不满足于已有的认知，通过大量的观察和研究提出了细胞是生物体结构和功能的基本单位这一全新的观点。这种勇于质疑的精神可以激励学生在学习中敢于提出问题，不迷信权威，培养独立思考的能力。

坚持不懈：细胞学说的建立并非一蹴而就，而是经过了长期的研究和积累。施莱登和施旺在各自的研究领域不断努力，经过多年的探索才最终提出了细胞学说。这体现了科学家们坚持不懈的精神，能教育学生在面对困难和挫折时不要轻易放弃，要有持之以恒的毅力去追求真理。

2. 合作与交流

跨学科合作：细胞学说的建立涉及植物学和动物学等多个学科领域。施莱登和施旺分别在植物和动物研究方面取得了重要成果，他们通过交流与合作将两个领域的研究成果结合起来，共同创立了细胞学说。这表明跨学科合作的重要性，鼓励学生拓宽知识面，与不同专业的同学进行交流合作，培养团队协作精神和良好的综合素养。

学术交流：在细胞学说的发展过程中，科学家们通过学术交流不断完善和发展这一学说。例如，魏尔肖在施莱登和施旺的基础上提出"细胞通过分裂产生新细胞"的观点，进一步丰富了细胞学说的内容。这启示学生要积极参与学术交流活动，分享自己的研究成果，吸收他人的优点和经验，共同推动科学的进步。

3. 创新思维

突破传统：细胞学说的提出打破了当时人们对生物体结构的传统认识，为生物学的发展开辟了新的道路。它促使人们从细胞的角度去理解生命现象，引发了生物学领域的一场革命。这种创新思维可以激发学生的创造力，鼓励他们在学习和研究中敢于突破传统，提出新的观点和方法。

二、融入教育教学的方法

1. 课堂教学

故事讲述：在课堂上介绍细胞学说建立的过程，讲述施莱登、施旺和魏尔肖等科学家的故事，让学生了解他们的科学探索精神和创新思维。通过生动的故事激发学生的学习兴趣，同时让他们深刻体会到思政要素的内涵。

案例分析：结合细胞学说在现代生物学中的应用案例，分析其中蕴含的科学精神和合作交流的重要性。例如，通过介绍细胞工程、基因编辑等技术的发展让学生认识到细胞学说对现代生物学的巨大推动作用，以及跨学科合作在科技创新中的关键地位。

小组讨论：组织学生围绕细胞学说的建立过程和思政要素进行小组讨论。可以提出一些问题，比如"细胞学说的建立对生物学的发展有哪些重要意义？""从细胞学说的建立中我们可以学到哪些科学精神？"等，引导学生积极思考，培养他们的团队协作能力和表达能力。

2. 实验教学

实验设计：在细胞生物学实验教学中引导学生设计实验方案，培养他们的创新思维和实践能力。例如，让学生设计实验验证细胞的某些特性或功能，鼓励他们在实验过程中提出新的问题和假设，尝试不同的实验方法和技术。

实验合作：将学生分成小组进行实验，培养他们的团队协作精神。在实验过程中要求学生分工合作，共同完成实验任务。通过实验合作让学生体会到合作的重要性，提高他们的沟通协调能力和团队意识。

三、教育教学效果评价

1. 多元化考核

在课程考核中，除了考查学生对专业知识的掌握情况外，还应注重对思政要素的考核。可以采用多元化的考核方式，比如考试、作业、实验报告、课堂表现等，综合评价学生的学习成果。在考核内容中可以设置一些与思政要素相关的问题，比如"请结合细胞学说的建立，谈谈你对科学探索精神的理解"等，引导学生关注思政要素，提高他们的综合素质。

2. 反馈与改进

及时向学生反馈考核结果，指出他们在思政方面的优点和不足，引导学生进行自我反思和改进。同时，教师根据学生的反馈意见不断改进教学方法和考核方式，提高教学质量。

总之，将细胞学说建立的课程思政要素融入教育教学中可以丰富教学内容，提高学生的学习兴趣和综合素质。通过挖掘和利用细胞学说中的思政要素，培养学生的科学探索精神、合作交流能力和创新思维，为他们的未来发展奠定坚实的基础。

📁 **参考文献** ••

[1] 王彦芹，艾尼瓦尔·吐米尔，朱新霞，等. 生物科学类专业课程思政案例集 [M]. 北京：中国农业科学技术出版社，2023.

生物进化论与社会达尔文主义

查尔斯·罗伯特·达尔文（Charles Robert Darwin，1809 年 2 月 12 日—1882 年 4 月 19 日），英国著名生物学家、博物学家、生物进化论奠基人。达尔文早期以地质学研究而著名，而后又找到科学证据证明所有生物物种是由少数共同祖先经过长时间的自然选择过程演化而成。20 世纪 30 年代，达尔文的生物进化论成为对演化机制的主要诠释，并成为现代演化思想的基础，在科学上可对生物多样性进行一致且合理的解释，是现代生物学的基石。为了表彰他的杰出成就，达尔文过世后安葬于英国伦敦威斯敏斯特教堂（即西敏寺）艾萨克·牛顿与约翰·赫歇尔的墓旁。中外学术界普遍认为，19 世纪自然科学的三大发现细胞学说、能量守恒和转化定律、生物进化论是马克思主义哲学产生的主要自然科学基础。

一、生物进化论的创建

生物进化论简称进化论，是由对物种起源的一种猜测而提出的一种假说，被认为是现代生物学最基本、最核心的理论之一，而且它的影响力还辐射到人类学、社会学、心理学，甚至政治经济学。进化是指生物在变异、遗传与自然选择作用下的演变发展、物种淘汰和物种产生过程。生物进化可以分成三个层次：微进化（生物群体中基因频率的改变）、新种生成和大进化（从一个类型到另一个类型的跃变，比如从鱼类进化到两栖类）。地球上原来无生命，大约在 30 多亿年前，在一定的条件下原始生命开始形成。此后生物不断进化，一直到今天，世界上已存在 170 多万个物种。

生物进化论的奠基人是由达尔文，他在经过 20 年小心谨慎的准备之后，于 1859 年 11 月 24 日发表了皇皇巨著《物种起源》，在英国引起了巨大轰动。在 1859 年之前，科学界那时候已经有了大量的动植物培养、化石记录、解剖比较、退化器官、胚胎发育和生物地理分布这几类有关进化的证据，为进化论的诞生做好了准备。因此，进化论有比较解剖学、古生物学和胚胎发育重演律三大经典证据。

达尔文的《物种起源》如同璀璨的明灯，照亮了人类对生命奥秘的探索之路，成为进化论的奠基性著作。这部著作的出版，不仅在生物学领域引发了一场革命，也深刻地影响了人类的思想和世界观。达尔文自己把《物种起源》称为"一部长篇争辩"，主要论证了两个问题：第一，物种是可变的，生物是进化的。当时绝大多数读了《物种起源》的生物学家都很快接受了这个事实，进化论从此取代神创论，成为生物学研究的基石。第二，自然选择是生物进化的动力。据调查，达尔文不仅在《动物和植物在家养下的变异》中引用了李时珍《本草纲目》里关于鸡的7个品种和金鱼家化的资料，还称赞《本草纲目》是"1596年出版的中国百科全书"。

1809年，达尔文出生在英国的一个富裕家庭。他从小就对自然界充满了好奇，喜欢收集各种动植物标本。在剑桥大学学习期间，达尔文在植物学和地质学领域深受启发，这为他日后的科学研究奠定了基础。1831年，达尔文以博物学家的身份登上了"贝格尔号"军舰，开始了他为期五年的环球航行，这次环球航行成为达尔文一生中最重要的经历。他在旅途中观察到了大量的生物现象，收集了丰富的标本和资料，在南美洲发现了化石与现存生物之间的相似性，在加拉帕戈斯群岛观察到了不同岛屿上的雀鸟具有独特的形态和习性，这些观察和发现让达尔文开始思考物种的起源和变化。回到英国后，他花费了多年的时间对收集到的资料进行深入研究和思考。

如上所述，达尔文在《物种起源》中提出了两个重要的理论：自然选择和物种演化。

其中，自然选择是达尔文理论的核心。他认为，生物在繁殖过程中会产生大量的后代，但资源是有限的，因此生物之间存在着激烈的生存竞争。在这种竞争中，具有更适应环境的性状的个体更容易生存和繁殖，并将这些有利的性状传递给后代；而不适应环境的个体则更容易死亡，其性状逐渐被淘汰。经过漫长的时间，这种微小的有利变异逐渐积累，导致了物种的演化和新物种的形成。

而物种演化的观点则认为，地球上的所有生物都有着共同的祖先，它们在漫长的时间里逐渐演化出了不同的形态和习性。物种不是固定不变的，而是在不断变化和发展的。为了支撑自己的理论，达尔文列举了大量的证据，比较了不同物种之间的形态结构、胚胎发育和地理分布等方面的相似性，认为这些相似性表明它们有着共同的起源。他还观察到了人工选择在动植物育种中的作用，认为自然选择类似于人工选择，但更加复杂和漫长。

《物种起源》的出版在当时引起了巨大的轰动和争议。在科学领域，生物进化论彻底改变了生物学的研究方向。此前，生物学主要是研究对生物的分类和描述，而进化论则让生物学成为一门研究生物演化和适应的学科。它激发了大量的后续研究，推动了遗传学、生态学等相关学科的发展。然而，进化论也受到了来自宗教和传统观念的强烈反对，因为它挑战了上帝创造万物的宗教教义，被认为是对宗教信仰的冲击。此外，一些科学家也对进化论提出了质疑和批评，例如关于自然选择的作用机制和演化的渐进性等问题。

尽管如此，随着科学的不断发展和新证据的出现，进化论逐渐被广泛接受。今天，进化论已经成为生物学的核心理论之一，为我们理解生命的多样性和复杂性提供了重要的框架。《物种起源》中所阐述的理论让我们更加深刻地认识到生命演化是一个动态的过程，生物与环境之间存在着相互作用和相互适应的关系，这对于我们理解生物多样性的保护、生态系统的平衡以及人类与自然的关系都具有重要启示。在医学和农业领域，进化论思想也得到了广泛的应用。例如，了解病原体的演化有助于开发更有效的药物和疫苗。在农业中，选择和培育优良品种也是基于对物种演化的理解。此外，这一理论还激发了我们对人类自身的思考：人类作为生物的一员，也是在漫长的演化过程中形成的，了解人类的演化历史，将有助于我们更好地理解人类的行为、文化和社会现象。

1930 年，费歇发表了《自然选择的遗传理论》；1931 年，莱特发表了《孟德尔群体中的进化》；1932 年，荷尔登发表了《进化的动力》。这三本经典著作构成了现代进化论的理论基础。到 20 世纪 40 年代，现代进化论已经被成功地应用于生物学的所有领域。1942 年，朱利安·赫胥黎（达尔文进化论的杰出代表托马斯·亨利·赫胥黎之孙）发表《进化：现代综合》一书，综合了现代进化论在各个领域的研究成果，现代进化论也因此被称为"现代综合学说"，即新达尔文主义。

生物进化论创建一百多年来本身就不断地在进化，将来也会不断地进化，生物进化论的进化没有止境。生物进化论综合体现了自然辩证法的三大原则：对立统一、质量互变和否定之否定。遗传和变异体现了对立统一；基因突变的逐渐积累最终形成新物种，这体现出量变引起质变；生命体的结构和功能在进化长河中不断被抛弃、改造而发展出更适合新环境的结构与功能，这又体现出否定之否定的客观规律。

二、社会达尔文主义

在其 99% 以上的历史时间里，人类作为生物圈的新成员，与大自然的威严相比，一直都是弱者，在生物圈里保持着谦恭的姿态。当今人类已成为寡属科（仅有 4 属）、单种属，随着尼安德特人的灭绝，人类在地球上便不再拥有演化意义上同属人属的旁支近亲。在西方，由达尔文生物进化理论派生出一个社会学流派——社会达尔文主义。主张用达尔文的生存竞争与自然选择的观点来解释社会的发展规律和人类之间的关系。认为优胜劣汰、适者生存的现象存在于人类社会。因此，只有适应当前环境的优胜者才能生存，不适应者只能遭受灭亡的命运。近代西方更是提出"人种论"等社会达尔文主义思想，追其根源则是生物亿万年进化过程中所拥有的利己基因与数千年发展起来的社会道义相抗衡，这不仅违背生态伦理，更与博爱精神相悖。

1. 社会达尔文主义的产生

社会达尔文主义是 19 世纪出现的一种资产阶级社会学理论，因把达尔文生物学理论运用于解释社会现象而得名。社会达尔文主义的基础是所谓的"达尔文主义"，最初由英国生物学家、人类学家托马斯·亨利·赫胥黎（Thomas Henry Huxley，1825—1895 年）在他 1861 年所撰写的书评中提出，用以代指脱胎于达尔文自然选择思想的、关于进化或发展的一系列被泛化概念。赫胥黎积极维护他所理解的达尔文学说，因此被戏称为"达尔文的斗牛犬"，但同时他提出的这个概念又不严格遵循达尔文的科学思想，而是将其拓展到自然科学以外的领域，这也是社会达尔文主义后来得以出现的原因。下面介绍三位研究社会达尔文主义的学者。

① 赫伯特·斯宾塞（Herbert Spencer，1820—1903 年）是英国哲学家、生物学家、人类学家和社会学家，是整个西方世界 19 世纪末期最为知名的知识分子之一。斯宾塞先是从发育生物学中借用了"进化"一词，逐步替代了达尔文所使用的"演变"说法。"进化论"一词的广泛传播，也给人们带来一种生物的演变是有方向的，是向着所谓更"高级"的方向"进化"的"错觉"。"适者生存""优胜劣汰"等一些说法就是斯宾塞在阅读了达尔文《物种起源》之后在自己的作品《生物学原理》中首先创造出来的。斯宾塞思想是英国工业革命的产物。他本身是一个土木工程师，出身于一个中产阶级家庭。斯宾塞曾经在倾向于支持自由市场的杂志《经济学人》工作。英国发达的科学与活跃的思想让他发展出"综合哲学"的概念，试图整合人类在具体领域内（比如物理和生物学）的知识而产生出一套有机和谐的、能够在更大范围内解释世界的宏大理论。

除了"自然选择"概念产生自达尔文，斯宾塞还广泛地研读了焦耳、开尔文、亥姆霍兹等热动力学领域科学家的论著，并将"能量守恒"理论引入对社会工作的解释中。斯宾塞发展出一整套极具包容性的"进化"观点，认为物理世界、生物机制以及人类的思想、文化和社会都处于一种前进的发展即"进化"之中。他认为所有伦理的基础是人类对于自身所生存环境的适应，而邪恶的根源则是"对环境的不适应性"，最终会发展出一种适应文明生活的道德体系，因而人类的完美性不仅可能，而且不可避免。

在晚期作品中，斯宾塞呈现出一个极端保守思想家的论调：反对国家对于"自然"的干预，反对一切国家对于穷人的救助。斯宾塞认为他们"不适应"社会，应该被淘汰掉。也许令今天的读者无法接受的是，斯宾塞还反对国家邮政系统、国家支持的教育和卫生系统。斯宾塞的思想最先在美国流行起来。当时那一代美国人还视格兰特将军为他们的英雄，而斯宾塞为他们的思想家。

② 威廉·格雷厄姆·萨姆纳（William Graham Sumner，1840—1910 年）是美国影响力最大的社会达尔文主义者之一，他也是一位对美国保守主义阵营有长久影响的古典自由主义者。他在耶鲁大学担任教职长达 38 年，是美国历史上第一个社会学教授，也是当时主流学术界最有名望的知识分子之一。1881 年萨姆纳写了一篇名为《社会学》的文章，在文中他着重解释了自己所理解的生物学与社会学的联系，认为人类为生存进行的挣扎有两个层面：第一个层面是作为生物"为生存而挣扎"；第二个层面是"为生活而竞争"，主要是人与人的竞争。人必须为了生存与自然对抗，获得必要的水、食物等生存必需品；反过来，专业催生了人与人之间的竞争。因而人类无法摆脱达尔文所描述的"适者生存"规律，人类只能遵循这一规律，从而产生一些"被淘汰者"。

③ 莱斯特·弗兰克·沃德（Lester Frank Ward，1841—1913 年）是美国植物学家、考古生物学家和社会学家，是一个与斯宾塞及其门徒的许多理念有分歧的"异端"社会达尔文主义者。沃德撰写了一系列重要的社会学书籍。虽然在学术界声誉卓著，但沃德从未引起公众的广泛关注。他接受了斯宾塞思想中自由开放的激进成分。由于曾经担任美国地质调查局地质学家，沃德是一个信仰科学精神的知识分子。他一直试图将科学的

思想和方法（包括实验的实证方法）带入社会科学的研究中。沃德认为人类社会和纯粹自然世界里的进化不完全相同。他相信，在萨姆纳和斯宾塞提到的人类社会"进化"中，人并不是只能毫无办法地顺从它。人有意志，因此可以掌控自己的命运，进而引导社会演进。当社会和经济持续受到秉持"科学思维"的社会学的科学指导时，便能构建起一个以机会均等为基础的人人互助的环境，从而推动人类迈向幸福和自由。沃德提出："竞争实际上阻碍'适者生存'。"比如，人工培育的果树品质要比自然界中通过竞争生存下来的果树品质好。他还对自由市场多有批评，对福利国家的概念、妇女平权、废除奴隶制等进步议题则表现出强烈支持。

2. 社会达尔文主义的影响与批判

美国给了达尔文不寻常、迅速又富有同情心的接纳。到了 19 世纪 70 年代，美国科学界和不少公众已然将进化论的思想作为一种事实接受。美国哲学学会在 1869 年授予达尔文荣誉会员称号，而他自己的母校剑桥大学 10 年后才授予他荣誉学位。美国科学家不仅迅速接受了这一科学理论，而且对它贡献颇多。接受过启蒙并且阅读量巨大的美国民众对部分基于达尔文主义建立起来的哲学和政治理论给予了热情欢迎。社会达尔文主义早期在美国得到发展并迅速地壮大，这并不是偶然的，年轻的美利坚合众国在某种程度上可以说就是一个"达尔文国度"。

但是，从斯宾塞开始，建立在不完善进化论基础上的社会达尔文主义对人类的生产和生活造成了巨大的负面影响，一定程度上成为种族歧视、恶性竞争、内卷、内耗、精神焦虑等现象产生的推动因素。社会达尔文主义将生物界的自然选择和适者生存理论原则简单粗暴地套用到人类社会中，忽略了人类社会的复杂性和多样性以及人类的道德、文化和价值观念。这种观点容易导致对弱势群体的歧视、不公平的社会制度和资源分配，破坏社会的和谐与稳定，其后果并不美妙。其中，优生学这一衍生理论把社会达尔文主义发挥到了极致。达尔文的表弟高尔顿在达尔文的支持和鼓励下首先提出并推行了优生学理论，还优化了优生学标准。优生学发源于英国，后来对全世界都产生了一定的影响。

社会达尔文主义一直存在一个道德上的争议：达尔文学说像是打开了一个潘多拉的盒子。达尔文本人的作品中可以看到关于道德和同理心的讨论，但他的理论也似乎证明了强权的重要性。达尔文的理论在今天看来毕竟具有历史的局限性。他本人曾经在《人类的由来》中写道："我们文明人……为智力障碍者、残疾人和病人建立避难所；我们为穷人立法；我们的医疗人士竭尽所能救助他人直到他们生命最后的一刻……所以文明社会中的弱者也可以繁衍，不会有豢养过动物的人质疑，对于人类这个物种是有害的。"他也表达过一些观点，比如无法养活自己孩子的人不应该结婚。达尔文把群体观念、家庭道德影响和智慧利己作为道德行为的生物学基础。当时许多知识分子必须面临他们传统信仰遭受的挑战：社会达尔文主义是否真的让社会对弱者和穷人的忽视、对慈善机构的抛弃具有合理性？进步是否就一定意味着对于"不适者"的淘汰？对一个坚持传统基督教伦理、建立了一个民主和人道主义系统的国家来说，这些问题非常棘手，19 世纪末期这方面讨论曾经在美国十分活跃。

然而，在"适者生存"观念流行的时代，约翰·费斯克、亨利·德拉蒙德和彼得·克鲁泡特金就都强调了社会团结的重要性，将家庭、部落等群体作为生存单元，而不过度强调个人层面上的竞争。他们认为社会互助是自然现象，是进化的一部分。这似乎为社会达尔文主义最终从主流思潮的"神坛"上走下来拉开了序幕。社会达尔文主义对于经济学的影响也十分有限。而随着社会的发展，社会达尔文主义本身所发端的学术领域——社会学也逐渐放弃了这一学说，富有影响力的社会学者对这一理论进行了猛烈的批评。社会学家爱德华·罗斯（1866—1951年）就曾评价说社会达尔文主义是"达尔文主义的讽刺画，是商人们无情的所作所为的借口"。所以，第二次世界大战后，社会达尔文主义迅速被世界抛弃了。大家都明白了，社会达尔文主义其实是对生物学领域"适者生存"的一种系统性误读，"适者生存≠强者生存"。实际上，达尔文本人在其进化论中早就已经道破了破除社会达尔文主义魔咒的天机——创新、合作共赢。

社会达尔文主义过度简化生物学机制（如忽视遗传因素），且无法解释社会结构变化的复杂性，凸显其科学基础薄弱；在伦理学方面，其关于优生学、种族优越性的论述被纳粹等极端势力利用，引发广泛道德批判。现代学者普遍认为社会现象受多重因素影响，单纯用"适者生存"解释过于片面。

3. 当代教育的反思

现在普遍认为，在我国，社会达尔文主义的盛行始于清末风雨飘摇的旧中国。那是一个弱肉强食的时代，在战争和外交中屡战屡败的国人忽然发现这一理论足以解释祖国惨遭列强践踏的原因：自然选择、优胜劣汰，落后就一定挨打。这一理论的引进源自清末资产阶级启蒙思想家、翻译家、教育家严复（1854年1月8日—1921年10月27日）所译《天演论》。《天演论》中译本将社会达尔文主义引入中国，用于警示民族危机，震动了当时中国的思想界，推进了维新运动的发展，在当时的中国，起到了打击封建势力，启发中国知识界探索西方资本主义的政治、经济和文化的作用。

然而时过境迁，社会达尔文主义的片面观点却也对现代社会产生了深远的影响，并慢慢渗透到我们社会的各个领域，学习、职场、婚姻、行业竞争等处处留有它的痕迹，衍生出错误的观念，导致了"精致利己"和严重的内卷现象，进而使人们产生焦虑、悲观、抑郁等不良反应，最终甚至会影响到整个社会，使其无法良性发展。把生物进化论套进人类社会活动本身就存在底层错误，这是因为人类除了自然和社会竞争外，其最大特点是拥有丰富情感，它并非遵守原始的自然准则，而是遵循道德与理性。

当今中国，与社会达尔文主义形成鲜明对照的是社会主义核心价值体系，它揭示了社会主义国家经济、政治、文化、社会的发展动力，体现了富强、民主、文明、和谐的社会主义现代化国家的发展要求，反映了全国各族人民的核心利益和共同愿望。这一价值体系指导着我们根据社会的实际情况，发展符合人类普遍利益的社会主义制度，推动社会向着更加公平和稳定的方向发展。

弘扬社会主义核心价值体系和核心价值观就是通过教育引导、舆论宣传、文化熏陶、实践养成、制度保障等，使社会主义核心价值观内化为人们的精神追求，外化为人们的自觉行动。

我们应重视个人努力的价值，个人通过拼搏奋斗去实现自我提升与目标追求，这是值得肯定与鼓励的。同时，集体主义价值观也不可忽视，个体在集体中能获得更广阔的发展空间与力量源泉，个人与集体相互依存、相互促进。

我们不应过度批判个人主义，而应倡导其与集体主义的平衡与融合。在教育方面，不应将精致利己主义等问题片面地归咎于特定教育机构。多元化教育有着极为积极的作用，家庭、学校、社会等多方面教育力量都应参与其中。家庭给予孩子品德与价值观的启蒙，学校提供知识与素养的培育，社会则营造实践与成长的环境。

对于教育改革，其积极方向在于构建更全面、更科学的教育体系，注重培养学生的综合素养，不仅是学业成绩，还有品德、创新能力、团队协作等。鼓励教育创新，采用多样化的教学方法与评价机制，让学生在学习过程中既能发展个性，又能理解集体的重要性，从而成长为既有个人担当又具集体情怀的新时代人才，避免学生走向极端的精致利己主义，引导他们以积极健康的心态融入社会与集体，为个人幸福与社会进步共同努力。

📚 教学分析 ●··

一、课程思政要素挖掘

1. 科学精神

实证研究：达尔文通过长期的实地考察、观察和收集大量的生物标本，以严谨的实证方法提出了生物进化论。这体现了科学研究中注重实践、尊重事实的精神，可以教育学生在学习和研究中要脚踏实地，以证据为基础进行思考和探索。

勇于创新：生物进化论在当时是对传统神创论的巨大挑战，达尔文敢于突破传统观念，提出全新的理论。这种勇于创新的精神可以激励学生在面对问题时，敢于尝试新的方法和思路，培养创新思维和创造力。

坚持不懈：达尔文花费数十年的时间不断完善生物进化论，其间经历了各种质疑和困难，但他始终坚持自己的观点。这教导学生在追求真理的道路上要有坚韧不拔的毅力，不轻易被困难打倒。

2. 辩证思维

发展变化观：生物进化论强调生物是不断进化发展的，这让学生认识到世界是处于动态变化之中的，培养学生用发展的眼光看待问题，理解事物的变化和演进过程，避免僵化和保守的思维方式。

适应与选择：生物在进化过程中通过适应环境和自然选择得以生存和繁衍。这启示学生要学会适应社会和生活中的各种变化，不断提升自己的能力，以更好地应对挑战。同时，也让学生明白在面对选择时要权衡利弊，做出明智的决策。

3. 社会达尔文主义的反思

（1）批判性思维

警惕错误应用：社会达尔文主义将生物进化的理论错误地应用于人类社会，导致了一些不良后果。通过对社会达尔文主义的分析，引导学生学会批判性地思考问题，不盲目接受和应用某种理论，要考虑理论的适用范围和可能带来的影响。

人文关怀：社会达尔文主义强调竞争和适者生存，可能会忽视弱势群体的权益，对比之下让学生认识到人文关怀的重要性，在追求进步的同时，也要关注社会公平、正义和人类的共同福祉。

（2）社会责任

正确运用科学：生物进化论是科学理论，但不恰当的延伸可能会带来负面影响。这提醒学生作为未来的科学工作者或社会成员要正确运用科学知识，避免将科学理论错误地应用于不适当的领域，要承担起应有的社会责任。

二、融入教育教学的方法

1. 课堂教学

案例分析：通过具体的案例，比如达尔文的考察经历、生物进化的实例等，讲解生物进化论中的科学精神和辩证思维。同时，分析社会达尔文主义的案例，引导学生进行批判性思考。

小组讨论：组织学生就生物进化论与社会达尔文主义的关系以及科学理论的正确应用等问题进行小组讨论，培养学生的合作能力和批判性思维。

主题演讲：安排学生进行关于生物进化论或社会达尔文主义的主题演讲，让他们在准备演讲的过程中深入思考相关问题，提高表达能力和综合素质。

2. 实践教学

实地考察：如果条件允许，可以组织学生进行实地考察，观察生物的多样性和适应性，加深对生物进化论的理解。同时，引导学生思考生物与环境的关系，培养学生的环保意识。

社会调研：让学生进行社会调研，了解社会中存在的不公平现象和对弱势群体的关怀情况。结合生物进化论和社会达尔文主义的讨论，引导学生思考如何在社会发展中兼顾公平与效率。

三、教育教学效果评估

1. 多元化考核

在考核中，不仅考查学生对生物进化论和社会达尔文主义的知识掌握程度，还应注重对学生科学精神、批判性思维和社会责任感等方面的评价。可以采用考试、论文、实践报告等多种形式进行考核。

2. 反馈与改进

及时向学生反馈考核结果，指出学生在思政方面的优点和不足，引导学生进行自我反思和改进。同时，教师根据学生的反馈意见不断改进教学方法和内容，提高教学质量。

总之，将生物进化论与社会达尔文主义中的课程思政要素融入教育教学中可以帮助学生树立正确的科学观、价值观和社会责任感，培养学生的科学精神、批判性思维和创新能力。

📁 **参考文献** •┄┄┄┄┄┄┄┄┄┄┄┄┄┄┄┄┄┄┄┄┄┄┄┄┄┄┄┄┄┄┄┄

[1] 王彦芹，艾尼瓦尔·吐米尔，朱新霞，等. 生物科学类专业课程思政案例集 [M]. 北京：中国农业科学技术出版社，2023.

遗传学奠基人孟德尔

　　孟德尔（Gregor Johann Mendel，1822 年 7 月 20 日—1884 年 1 月 6 日），奥地利生物学家、遗传学奠基人，被誉为"现代遗传学之父"。他通过豌豆实验于 1865 年发现了遗传学三大基本规律中的两个重要遗传定律，即分离定律及自由组合定律。在生命的长河中，遗传是一个永恒的主题，从物种的延续到个体的特征传递，遗传规律一直是科学家们探索的焦点。而孟德尔遗传定律犹如一道划破黑暗的曙光，为我们揭示了生命遗传的神秘面纱。当时的生物学界对于遗传的理解还处于模糊和混乱的状态，孟德尔以其敏锐的洞察力和严谨的科学态度开始大量的豌豆杂交实验。之所以选择豌豆作为实验材料，是因为豌豆具有易于区分的性状，且可以进行人工杂交。

一、孟德尔与豌豆杂交实验

　　孟德尔出生在奥匈帝国西里西亚（现属捷克）海因策道夫村的一个贫寒农民家庭，父亲和母亲都是园艺家，外祖父是园艺工人。他童年时受到园艺学和农学知识的熏陶，对植物生长和开花非常感兴趣。

　　1843 年 10 月，孟德尔进入了布隆城奥古斯丁修道院，并在当地教会办的一所中学教书，讲授自然科学。但在 1850 年教师资格考试中因生物学和地质学的知识过少而未能通过，孟德尔便被教会派到维也纳大学深造，在那里获得相当系统和严格的科学教育和训练，也受到多位杰出科学家的影响，比如多普勒，孟德尔曾为他的物理学演示助手；又如依汀豪生，他是一位数学家和物理学家；还有恩格尔，他是细胞理论发展中的一位重要人物，但是由于否定植物物种的稳定性而受到教会的攻击。这些历练为孟德尔后来的科学实践打下了坚实的基础。当时欧洲人热衷于通过植物杂交实验了解生物遗传和变异的奥秘，而研究遗传和变异首先要选择合适的实验材料。孟德尔经过长期思索认识到，理解那些使遗传性状代代恒定的机制更为重要。

　　1856 年，从维也纳大学毕业回到布鲁恩不久，孟德尔就开始了长达 8 年、被时人称为"毫无意义"的一系列豌豆实验。孟德尔首先从许多种子商那里买来了 34 个品种的豌豆，从中挑选出 22 个品种用于实验。它们都具有某种可以相互区分的稳定性状，例如高茎或矮茎、圆粒或皱粒、灰色种皮或白色种皮等。孟德尔通过人工培植这些豌豆，对不同代豌豆的性状和数目进行细致入微的观察、计数和分析。运用这样的实验方法需要极大的耐心和严谨的态度。他酷爱自己的研究工作，经常指着豌豆向前来参观的客人十分自豪地说："这些都是我的儿女！"经过 8 个寒暑的辛勤劳作，孟德尔发现了生物遗传的基本规律，并得到了相应的数学关系式。人们后来分别称他的发现为"孟德尔第一定律"（孟德尔遗传分离规律）和"孟德尔第二定律"（基因自由组合规律，也称为独立分配规律），它们揭示了生物遗传奥秘的基本规律。孟德尔分离规律和自由组合规律是遗传学中最基本、最重要的规律，后来发现的许多遗传学规律都是在它们的基础上产生并建立起来的，它们犹如一盏明灯，照亮了近代遗传学的发展前途。

假设豌豆有两对性状，分别是种子的颜色（黄色和绿色）和形状（圆形和皱形）。通过孟德尔的实验可以发现，控制这两对性状的遗传因子在遗传过程中是相互独立的，各自遵循分离定律，同时又可以自由组合，从而产生多种不同的性状组合。

孟德尔开始进行豌豆实验时，达尔文进化论刚刚问世。他仔细研读了达尔文的著作，从中吸收丰富的营养。保存至今的孟德尔遗物之中就有好几本达尔文的著作，上面还保留着孟德尔的手批，足见他对达尔文及其著作的关注。起初，孟德尔的豌豆实验并不是有意为探索遗传规律而进行的。他的初衷是希望获得优良品种，只是在试验的过程中逐步把重点转向了探索遗传规律。除了豌豆以外，孟德尔还对其他植物做了大量的类似研究，其中包括玉米、紫罗兰和紫茉莉等，以期证明他发现的遗传规律对大多数植物都是适用的。从生物的整体形式和行为中很难观察并发现遗传规律，而从个别性状中却容易观察，这也是科学界此前没有突破的原因。孟德尔不仅考察生物的整体，更着眼于生物的个别性状，这是他与生物学家前辈的重要区别之一。孟德尔选择的实验材料也非常科学：因为豌豆属于具有稳定品种的自花授粉植物，容易栽种，容易逐一分离计数，这对他发现遗传规律提供了有利的条件。

孟德尔的豌豆杂交实验方法具有很高的科学性和创新性，其成功因素包括：①正确选用实验材料。豌豆是严格的闭花自花授粉植物，在花开之前即完成授粉过程，避免了外来花粉的干扰。豌豆具有一些稳定的、容易区分的性状，所获实验结果可靠。②应用统计学方法分析实验结果。③从单因子到多因子的研究方法。对生物性状进行分析时，孟德尔开始只对一对性状的遗传情况进行研究，暂时忽略其他性状，明确一对性状的遗传情况后再进行针对 2 对、3 对甚至更多对性状的研究。④合理设计实验程序。比如设计测交实验来验证对性状分离的推测。

孟德尔清楚自己的发现所具有的划时代意义，但他还是慎重地重复实验了多年，以期更加臻于完善。1865 年，孟德尔在布鲁恩自然科学协会的会议厅将自己的研究成果分两次宣读：第一次，与会者礼貌且兴致勃勃地听完报告，孟德尔只简单地介绍了试验的目的、方法和过程，为时一小时的报告就使听众如坠入云雾中。第二次，孟德尔着重根据实验数据进行了深入的理论证明。可是，孟德尔思维和实验太超前了。尽管与会者绝大多数是布鲁恩自然科学协会的会员，其中既有化学家、地质学家和生物学家，也有生物学专业的植物学家、藻类学家，然而听众对连篇累牍的数字和繁复枯燥的论证毫无兴趣，他们实在跟不上孟德尔的思维。孟德尔用心血浇灌的豌豆所告诉他的秘密，时人不能与之共识，一直被埋没了 35 年之久。

豌豆的杂交实验从 1856 年至 1864 年共进行了 8 年。孟德尔将其研究的结果整理成论文发表在《植物杂交试验》上，但未能引起当时学术界的重视！其原因有三个：第一，在孟德尔论文发表前 7 年（1859 年），达尔文著作《物种起源》出版了。这引起了科学界的极大兴趣，几乎全部生物学家转向生物进化讨论。这一点也许对孟德尔论文命运起了决定性作用。第二，当时的科学界缺乏理解孟德尔定律的思想基础。首先，那个时代的科学思想还没有包含孟德尔论文所提出的命题，即遗传不是一个个体的全貌，而是一个个性状。其次，孟德尔论文的表达方式是全新的，他把生物学和统计学、数学结合了起来，使得同时代的博物学家很难理解论文的真正含义。第三，有的权威出于偏见或不理解，把孟德尔的研究视为一般杂交实验，认为和别人做的没有多大差别。

二、"重新发现"孟德尔定律

1900 年，三位植物学家德弗里斯（Hugo de Vries，荷兰人）、科仑斯（Carl Correns，德国人）、丘歇马克（Erich von Tschermak，奥地利人）在不同国家用多种植物进行了与孟德尔早期研究相类似的杂交育种试验并获得了与孟德尔相似的结论，同时独立地"重新发现"、证实了孟德尔遗传定律，这成为遗传学史乃至生物科学史上划时代的一年。孟德尔被公认为现代遗传学的创始人，遗传学从此进入了孟德尔时代。1910 年起，孟德尔遗传规律被称为孟德尔定律。

随着科学技术的不断发展进步，孟德尔定律得到了进一步的发展和补充，细胞遗传学的研究揭示了遗传因子在染色体上的位置和行为，进一步证实了孟德尔定律的科学性。分子遗传学的发展则让我们深入到基因的分子结构和功能层面，更加清晰地了解遗传信息的传递和表达机制。同时，人们也发现了一些孟德尔定律无法完全解释的遗传现象，比如基因的连锁和交换、多基因遗传等。

尽管如此，孟德尔定律的发现仍具有极其重要的意义。在科学层面，它为遗传学的建立和发展奠定了坚实的基础。孟德尔的工作使遗传学从过去的描述性科学转变为具有理论基础的精确科学。

孟德尔定律也对人类的生产生活产生了深远的影响。例如，在农业上可以培育高产抗病的小麦品种，通过选择具有高产和抗病性状的亲本进行杂交，根据孟德尔定律可以预测子代中出现高产抗病个体的概率，从而有针对性地进行筛选和培育；在医学上，对于一些单基因遗传病，比如血友病、色盲等，孟德尔定律可以帮助医生进行遗传咨询和家族病史分析，为患者和家属提供生育建议和风险评估；在动物育种中，利用孟德尔定律可以选育出具有优良肉质、生长速度快等性状的家畜品种。

遗传学第三大定律"连锁与互换定律"由美国生物学家、遗传学家托马斯·亨特·摩尔根（Thomas Hunt Morgan，1866—1945 年）于 1909—1911 年间发现并提出。生殖细胞形成过程中位于同一染色体上的基因是连锁在一起作为一个单位进行传递，这称为连锁定律；在生殖细胞形成时，一对同源染色体上的不同对等位基因之间可以发生交换，这称为交换定律或互换定律。

通过摩尔根、艾弗里、赫尔希和沃森等科学家的研究，生物遗传机制这个使孟德尔魂牵梦绕的问题已经建立在遗传物质 DNA 的基础之上。随着科学家破译了遗传密码，人们对遗传机制有了更深刻的认识。人们已经开始向控制遗传机制、防治遗传病、合成生命等更造福于人类的工作方向前进。

📚 教学分析 ·····

一、课程思政要素挖掘

1. 执着探索精神

不畏困难：孟德尔在当时的条件下进行了长达八年的豌豆杂交实验，他面临着资源有限、研究不被重视等诸多困难，但依然坚持不懈地进行探索。这可以激励学生在面对学习和生活中的困难时要保持坚定的信念，不轻易放弃。

专注投入：孟德尔全身心地投入实验中，对每一个细节都进行了仔细的观察和记录。这种专注和投入的精神提醒学生在学习和做事时要保持高度的专注，认真对待每一个环节，才能取得好的成果。

2. 科学方法与创新思维

严谨实验设计：孟德尔的实验设计非常严谨，他选择了合适的实验材料（豌豆），并对实验中的各种变量进行了严格的控制。这体现了科学研究中严谨的态度和方法，教育学生在进行科学探索时要注重实验设计的合理性和科学性。

创新思维：在当时的科学背景下，孟德尔提出了遗传因子的概念，开创了遗传学研究的新纪元。他的创新思维鼓励学生敢于突破传统思维，提出新的观点和理论，推动科学的进步。

3. 淡泊名利与奉献精神

默默耕耘：孟德尔在生前并没有得到应有的认可，但他依然默默地进行着自己的研究。他这种淡泊名利的精神可以让学生明白，真正的追求不应仅仅是外在的荣誉和奖励，而是对知识的热爱和对真理的追求。

为科学奉献：孟德尔将自己的一生都奉献给了遗传学研究，为人类认识生命的奥秘做出了巨大贡献。这种奉献精神可以激发学生的社会责任感和使命感，鼓励他们为国家和社会的发展贡献自己的力量。

二、融入教育教学的方法

1. 课堂教学

故事讲述：在课堂上讲述孟德尔的生平故事和他进行豌豆杂交实验的过程，让学生了解他的执着探索精神和科学方法。通过生动的故事激发学生的学习兴趣，同时让他们深刻体会到思政要素的内涵。

案例分析：结合孟德尔的实验案例，分析其中蕴含的科学方法和创新思维。例如，让学生讨论孟德尔实验设计的巧妙之处，以及他的创新思维对遗传学发展的影响。

小组讨论：组织学生围绕孟德尔的精神品质进行小组讨论。可以提出一些问题，比如"从孟德尔的故事中你学到了什么？""孟德尔的精神对你有哪些启发？"等，引导学生积极思考，培养他们的团队协作能力和表达能力。

2. 实验教学

实验设计：在遗传学实验教学中引导学生学习孟德尔的实验设计方法，培养他们严谨的科学态度和创新思维。例如，让学生设计自己的遗传实验方案，体验科学研究的过程。

实验探究：鼓励学生在实验中进行探究，发现问题并尝试解决问题。通过实验探究让学生体会到孟德尔在实验中不断探索的精神，提高他们的实践能力和创新能力。

三、教育教学效果评估

1. 多元化考核

在课程考核中，除了考查学生对专业知识的掌握情况外，还应注重对思政要素的考核。可以采用多元化的考核方式，比如考试、作业、实验报告、课堂表现等，综合评价学生的学习成果。在考核内容中可以设置一些与思政要素相关的问题，比如"谈谈你对孟德尔执着探索精神的理解"等，引导学生关注思政要素，提高他们的综合素质。

2. 反馈与改进

及时向学生反馈考核结果，指出他们在思政方面的优点和不足，引导学生进行自我反思和改进。同时，教师根据学生的反馈意见不断改进教学方法和考核方式，提高教学质量。

总之，将遗传学奠基人孟德尔的课程思政要素融入教育教学中可以丰富教学内容，提高学生的学习兴趣和综合素质。通过挖掘和利用孟德尔的精神品质培养学生的执着探索精神、科学方法和创新思维，为他们的未来发展奠定坚实的基础。

参考文献

[1] 王彦芹，艾尼瓦尔·吐米尔，朱新霞，等. 生物科学类专业课程思政案例集 [M]. 北京：中国农业科学技术出版社，2023.

案例 22

病毒的曲折发现及其作用价值

病毒（virus）是一种个体微小、结构简单、只含一种核酸、具有侵染活性、在活细胞内寄生并增殖的非细胞结构微生物，一般为球状病毒、杆状病毒和蝌蚪状病毒。病毒比细菌还小，没有细胞结构，只能在细胞中增殖，主要由蛋白质外壳和内部遗传物质核酸（DNA 或 RNA）组成，大部分要用电子显微镜才能观察到。病毒能增殖、遗传和演化，因而具有最基本的生命特征。

病毒在自然界分布广泛，可感染细菌、真菌、植物、动物和人，常引起宿主发病，但在许多情况下病毒也可与宿主共存而不引起明显的疾病。病毒可以感染几乎所有具有细胞结构的生命体。病毒有高度的寄生性，完全依赖宿主细胞的能量和代谢系统获取生命活动所需的物质和能量。第一个已知病毒是烟草花叶病毒，迄今已有超过 5000 种类型的病毒得到鉴定。研究病毒的科学称为病毒学，是微生物学的一个分支。

一、病毒的曲折发现过程

我们现在对病毒这个微小生物已耳熟能详，但病毒当初的发现过程却是非常曲折的。

1876 年，荷兰国家农业学院在瓦格宁根成立。德国农业化学家麦尔赴荷兰担任瓦格宁根农业试验站主任、国家农业学院植物系主任。当时，很多农民在种植烟草的过程中发现，烟草新长出的深绿叶片上会莫名出现浅绿色斑纹，而且烟叶质量和产量都受到了严重影响，这在之前从未遇到过。为了保障当地烟叶的正常生产，麦尔针对这一现象进行了细致的观察与研究，并于 1882 年将其命名为"烟草花叶病"。麦尔曾怀疑过种子、气温、光照有问题是烟草花叶病产生的原因，但经研究均一一排除。最终他发现，这个病害是通过汁液摩擦传播的，健康烟草叶片经轻微摩擦造成微小伤口后，病汁液接种到健康烟叶上即可引起烟草发病表现花叶症状。在当时通常采用科赫法则来证实某种植物病害是由某一病原微生物侵染引起的。科赫法则验证需要满足 4 个条件：①在每一病例中都出现相同的微生物，且在健康者体内不存在。②从宿主中能分离出此微生物并在培养基中得到纯培养。③用纯培养的微生物接种健康而敏感的宿主，同样的疾病会发生。④从人工接种发病的宿主中能再度分离培养出这种微生物。然而，麦尔运用科赫法则未能从病汁液中分离培养出细菌或真菌，很显然引起烟草花叶病的"病原"不能满足科赫法则的证病条件。因此，他于 1886 年提出这个传染源是一种类似于酶的病原。

1892 年，俄国生物学家伊万诺夫斯基被派往乌克兰和比萨拉比亚地区调查一种对当地烟草种植园造成巨大破坏的烟草病害。与麦尔的不同之处在于，伊万诺夫斯基通过可以过滤掉细菌的尚柏朗氏陶瓷滤器将染病的烟草汁液过滤，结果发现已滤过细菌本该失去感染性的滤液却仍然能保持感染性，于是他认为这个传染源可能是细菌分泌的一种毒素。尽管伊万诺夫斯基取得了如此重要的发现，但是受当时细菌致病主流学说的影响，他未能摆脱束缚深入研究下去，仍然坚信传染源就是细菌分泌的毒素，是由细菌感染引起的。

直到 1898 年，麦尔的同事、荷兰微生物学家和植物学家马丁乌斯·贝杰林克（Martinus Beijerinck，1851 年 3 月 16 日—1931 年 1 月 1 日）重复做了伊万诺夫斯基的一个实验：他先将患病烟草植株叶片的汁液通过尚柏朗氏陶瓷滤器过滤，再将过滤后的汁液保存了 3 个月并确保滤液不被污染。在此期间他不断测试滤液的感染性，发现其感染能力没有任何消退迹象。贝杰林克同时对滤液进行大剂量稀释后做了一组对比实验，发现稀释后的滤液和未经稀释的滤液对健康烟草的感染程度几乎没有差别。于是，贝杰林克大胆推测滤液的感染性不是由无生命的化学物质引起的，在滤液中存在微生物繁殖的可能性。如果滤液中存在有生命的致病因子，那么这种致病因子是如何繁殖的呢？贝杰林克又做了一个实验：他将健康的植物叶片汁液加入无菌滤液中，植物感染后病症表现的程度和他用同体积蒸馏水稀释后的滤液一样。这一研究结果意味着致病因子并没有在健康汁液的滤液中繁殖，只有在活细胞的条件下才有可能发生增殖。1899 年，贝杰林克将含有致病因子的这种液体称为"有感染性的活液体"，他将这一现象解释为一种新的微生物的出现并进一步命名为 virus（病毒）。

这三位科学家的研究充分说明了病毒的基本特性。后来，具有感染性、可滤过性、可在活细胞中增殖这 3 种特性但不能按科赫法则用培养基培养出来的病原微生物就被称为病毒。

从发现烟草花叶病到明确得出病毒为具有可滤过性的新病原体这一结论用了几十年时间。究竟是什么原因使得病毒的发现历程如此曲折呢？首先，病毒的发现受限于当时的硬件条件。光学显微镜虽然可以观察到细菌、真菌，但病毒这一纳米级的更微小生物在光学显微镜下是无法观察到的。直到 1931 年美国科学家温德尔·斯坦利、德国工程师恩斯特·鲁斯卡和马克斯·克诺尔发明了电子显微镜，人们才第一次在电子显微镜下看到了病毒粒体。其次，研究这个新病原在当时风靡一时，得出的结果不计其数，但研究报告中或多或少都存在一些错误或谬误。如果我们对于这些研究结果盲目轻信，甚至推崇备至，那么科学就可能会向错误的方向发展，甚至退步。正是因为研究者们不断质疑、不断求真，研究结果才能越来越接近真相。基于病毒是新的病原微生物这一重要发现，贝杰林克被认为是真正意义上实现概念突破的那位勇士，因此他被称为"植物病毒学之父"。

1935 年，美国生物化学家和病毒学家温德尔·梅雷迪思·斯坦利发现烟草花叶病毒大部分是由蛋白质所组成并得到了病毒晶体，随后他将病毒成功地分离为蛋白质部分和 RNA 部分，后来他也因为这些发现获得了 1946 年诺贝尔化学奖。20 世纪下半叶是发现病毒的黄金时代，大多数能够感染动物、植物或细菌的病毒都在这数十年间被发现。

二、病毒的作用价值

如果病毒从世界上消失，会怎么样呢？

1. 病毒是生态平衡的维持者

宾夕法尼亚州立大学病毒生态学家玛丽莲·鲁辛克认为，这本身就是一种偏见，科学界关注的一直都是病原体。某种程度上，病毒对整个生态系统乃至人类生存都很重要。环境病毒学家柯蒂斯·苏特尔指出，当某类生物种群数量非常丰富时，病毒倾向于快速复制并摧毁该种群，为其他物种创造生存空间。如果病毒突然消失，有竞争力的物种可能会在损害其他物种的情况下过度发展。

噬菌体是能够感染细菌的病毒，是极其重要的一类病毒。噬菌体是海洋中细菌种群的主要调节者。如果某些病毒消失了，一些细菌失去了天敌数量激增，而其他一些细菌则可能会在竞争中失去优势导致种群锐减。这些病毒每天要杀死大约 20%的海洋微生物和 50%的海洋细菌。通过选择性淘汰微生物，病毒确保产氧浮游生物有足够营养进行高效率的光合作用，最终将氧气供给地球上的大部分生命。

在漫长的进化过程中，病毒与寄主相互促进、不断进化。如果寄主的"抗性"太强，病毒便无法依附；如果寄主的"抗性"太弱，它们便会"斩尽杀绝"，导致宿主物种消逝。病毒和宿主在不断对抗中得以进化，物种之间形成了相对稳定的协同进化关系，生态系统得以平衡。

2. 病毒是人类生命的共存者

人类的生存也可能离不开病毒的存在。人体和其他生物体都是一个非常排他的系统。但是，母体内的免疫系统不排斥从受精卵开始就存在于子宫内的胎儿。其原因何在？有证据表明，人类之所以能够生出健康的婴儿，这要归功于人类的遗传密码中融合了 1.3 亿年前感染了我们祖先的远古逆转录病毒的遗传密码。美国加利福尼亚大学的研究人员发现，内源性逆转录病毒在进化中与哺乳动物细胞形成了非常亲密的关系，并成为高级哺乳动物 DNA 中的组成部分。由此推论，这种病毒基因在进化的过程中通过调节胎盘的功能阻止母体内的免疫系统排斥胎儿。

3. 病毒是昆虫种群的调节者

病毒对昆虫种群的平衡也有重要作用。昆虫病毒可以感染一些昆虫，并在昆虫间传播流行，从而调节寄主种群数量。人类利用昆虫病毒制成了杀虫剂，开发出了高效生物农药。我国已经研发并商品化生产了棉铃虫单粒包埋核型多角体病毒杀虫剂，经过不断改进和优化获得了一系列有开发前景和自主知识产权的重组病毒株。并在此基础上开发出了一系列杀虫性能优良的新一代重组棉铃虫病毒杀虫剂，可用于棉铃虫、烟青虫等虫害防治。目前，大规模应用于田间治虫的有：赤松毛虫质型多角体病毒、棉铃虫和油桐尺蠖核型多角体病毒、菜粉蝶颗粒体病毒等杀虫剂。

4. 病毒是绚丽世界的缔造者

植物病毒除了制造出绚丽多彩的杂碎色郁金香外，在一些观赏花卉育种方面也被开发利用创造出多彩的植物世界。日本的卫矛叶变色品种、印度的杂色锦麻、中国的"绿菊"金心黄杨、金边与银边大叶黄杨、杂色花香石竹、杂色花虞美人等都是巧妙运用植物病毒的杰作，还有感染了麻疹病毒的南天竹、感染了赛葵黄脉病毒的天竺葵等。更让人意想不到的是，美国研究人员发现植物病毒可充当纳米粒子载体，能将杀虫剂输送到土壤深处杀死危害植物根系的害虫，降低杀虫剂对环境的毒害。

因此，病毒作为地球生物体系的组成部分，虽然给人类带来了痛苦和灾难，但是它对整个生态系统乃至人类依然是不可或缺的组成部分。更重要的是，了解更多关于病毒多样性的知识有助于我们更深入地了解地球、生态系统和人体系统运作方式。我们应用辩证思维看待病毒，努力学习科学知识；研究病毒，降低它对人类造成的危害，挖掘利用它的有益特性。

拓展链接 ●·······························

"高贵"杂色郁金香

郁金香，百合科郁金香属的草本植物，世界各地均有种植，是荷兰、土耳其、匈牙利等国的国花。传统的郁金香花是纯色的。在16世纪中期，第一朵杂色郁金香在荷兰横空出世，随之引发社会热捧。到了16世纪后期，贵族圈里对杂色郁金香的追捧已经到了近乎疯狂的程度，甚至引发了人类历史上第一次有记载的金融泡沫。

郁金香原产于小亚细亚，16世纪从土耳其被引入西欧。因为引种时间很短，数量稀少，又恰逢欧洲文艺复兴运动，美丽的郁金香很快就风靡欧洲上层社会。拥有名贵品种的郁金香成为达官显贵身份与地位的象征，也可作为不经意间炫耀的谈资，贵妇人在出席重大晚会时也常在晚礼服上别上一枝独特的郁金香以彰显其身份的高贵，郁金香逐渐成为当时时尚潮流的风向标。1608年，有位法国人曾用价值3万法郎的珠宝去换取一个漂亮的郁金香球茎。

荷兰在这场郁金香狂热追捧中更是疯狂到了极致。1630年前后，一朵杂色郁金香的出现在本就炒得热火朝天的郁金香市场上掀起了轩然大波。杂色郁金香的花瓣像色彩对比鲜明的"火焰"，让郁金香花朵显得分外妖娆。当时这类杂色郁金香极其罕见，并且品种极易退化，很难遗传。因此，这种珍稀、美艳、自带"贵族"属性的杂色郁金香受追捧的程度甚高。1635—1636年，荷兰郁金香合同价格上涨幅度是5900%。1635年，一种叫Childer的郁金香品种单株卖到了1615弗罗林（florin，荷兰货币单位）。这是什么概念呢？在17世纪早期荷兰，一辆拖车（与4头公牛等值）只需要480弗罗林，1000磅奶酪只需要120弗罗林。然而，狂热并未止步于此。第二年，当时整个荷兰仅有两株的其中一株郁金香以4600弗罗林的价格售出，除此以外购买者还需要额外给予卖家一辆崭新的马车、两匹灰马和一套完整的马具，这在当时足以换取阿姆斯特丹运河边上的一栋豪宅。

一时间，荷兰举国上下陷入了郁金香交易的狂潮中。面对暴利，大多数人都被冲昏了头脑，他们变卖家产只为了购买一株奇特的郁金香。阿姆斯特丹交易所专门设立了买卖会场来满足郁金香的狂热交易者，并改变之前的实物交易形式，引入类似今天的期货交易制度，只需要少量预付款就可以完成交易。1637 年 2 月 4 日，由于交货时间近在咫尺，卖方开始大量抛售郁金香，导致郁金香市场突然崩溃，投资者陷入恐慌，仅仅一个星期，普通郁金香品种的价格甚至还不如一颗洋葱。从奇货可居到烫手山芋，郁金香市场的崩溃只用了短短一个星期。

《黑郁金香》是法国作家大仲马创作的一部著名长篇小说，该小说以 17 世纪荷兰的激烈政治斗争为背景，以荷兰国花郁金香为主线描写了一对青年男女可歌可泣的爱情故事。主人公拜尔勒是个完全不过问政治的青年医生，他爱好培植郁金香，并在试着培育一种没有一点杂色的大黑郁金香，因为第一个培育出黑郁金香的人能获得一笔可观的奖金。拜尔勒的邻居博克斯代尔为了得到这笔奖金，也想培育出黑郁金香。他对拜尔勒很忌妒，生怕拜尔勒捷足先得。他不择手段地监视拜尔勒的行动，暗中破坏他培育起来的郁金香，然后他又诬告拜尔勒藏着有损于荷兰总督制的信件，致使拜尔勒无辜锒铛入狱，险些被送上断头台。拜尔勒在狱中与看守的女儿萝莎相识并相爱，最后战胜坏人喜结良缘。

一朵杂色郁金香竟然能抵过一辆车、一个磨坊、若干牲口的价值；竟能让人疯狂，做出一些坏事，对此，我们不禁产生疑问：这种杂色郁金香从何而来？又为何如此珍贵？

1637 年，荷兰园艺学家发现，把出现碎色状态的郁金香鳞茎嫁接到颜色正常的种球之后，就会让后者出现碎色的现象。20 世纪初，人们发现鳞茎之间的相互摩擦以及在郁金香上吸食汁液的蚜虫都可以引发种球变色。1928 年，凯利（Cayley）报道了郁金香的碎色状态是由郁金香碎色病毒导致的。后来研究发现，郁金香碎色病毒之所以能让花瓣形成复杂而精致的斑纹，是因为这种病毒可以影响花青素的合成。那些发病植株的细胞中花青素无法积累，因而出现了奇怪的色带和斑纹。而对那些压根就不产生花青素的白色和黄色郁金香花朵来说，即便感染了病毒也不会出现特别的条纹。

不同花色的郁金香除了具有观赏价值外还有新的研究价值。提到病原物，人们往往会联想到病原物给人类造成的危害，而杂色郁金香的发现使人类对于郁金香的美有了新的认识。人们开始通过改造植物病毒来丰富花的颜色，从而美化我们的生活，这也为我们理解病原物与人类的关系提供了新的思路。

除了杂色郁金香，在我们的日常生活中也有很多通过改造病原物为人类造福的案例。比如茭白是一种美味的蔬菜，其实是由对人体无害的黑穗菌寄生禾本科杂草"菰"使其根茎膨大形成的。在春季茭白新芽萌发时，黑穗菌以菌丝体的形式由地下茎进入芽中，并与芽共同生长直到花茎。花茎受到侵染的黑穗菌的刺激，细胞增殖膨大，植物中的养分流向花茎，就形成了肥嫩的茭肉。如果植株中没有黑穗菌寄生就不会产生茭肉，也就没有茭白这一美味的盘中餐了。

由此可见，我们应该理性看待"病原物"的两面性，在某种意义上病原物的确是致命的，但如果合理利用或改造则很有可能使其造福人类。

一、课程思政要素挖掘

1. 科学探索精神

不畏艰难：病毒的发现经历了漫长而曲折的过程。早期的科学家们在技术条件有限的情况下不断尝试各种方法去观察和研究微小的病毒。这体现了科学家们不畏艰难险阻、勇于探索未知的精神，激励学生在面对困难时要坚定信心，勇于尝试。

持之以恒：从最初对一些疾病的疑惑到逐步认识到病毒的存在，科学家们经过了数十年甚至上百年的努力。这种持之以恒的精神可以教育学生在学习和研究中要有耐心和毅力，不能半途而废。

2. 创新思维

突破传统：在病毒的发现过程中，科学家们需要突破传统的生物学观念和研究方法。例如，发明电子显微镜等新的技术手段来观察病毒。这鼓励学生敢于打破常规，运用创新思维解决问题。

跨学科合作：病毒的研究涉及生物学、物理学、化学等多个学科领域。科学家们通过跨学科合作共同攻克难题。这启示学生要具备跨学科的视野和合作精神，提高综合解决问题的能力。

3. 病毒作用价值中的思政要素

（1）辩证看待事物

一分为二：病毒虽然给人类带来了很多疾病和灾难，但也在生态系统中发挥着一定的作用。例如，病毒可以参与生物进化，促进基因交流。这教导学生要用辩证的思维看待事物，认识到事物的两面性，避免片面地看待问题。

危机与机遇：病毒引发的疫情是一场危机，但也促使人类加快对病毒的研究和医疗技术的发展。这让学生明白危机中往往蕴含着机遇，要善于在困境中寻找发展的机会。

（2）社会责任

公共卫生意识：通过了解病毒的传播和危害，学生可以增强公共卫生意识，养成良好的生活习惯，比如勤洗手、戴口罩等。同时，也能认识到自己在维护公共卫生中的责任，积极参与公共卫生行动。

科学防治传染病：病毒的研究为防治传染病提供了科学依据。学生可以从中体会到科学技术在应对重大公共卫生事件中的重要性，这能激发他们努力学习科学知识，为解决社会问题贡献力量的责任感。

二、融入教育教学的方法

1. 课堂教学

案例分析：通过讲述发现病毒的历史案例和病毒在不同领域的作用案例，引导学生分析其中的思政要素。例如，分析科学家们在发现病毒过程中的创新方法和坚持不懈的精神。

小组讨论：组织学生就病毒的两面性、公共卫生责任等问题进行小组讨论，培养学生的辩证思维和社会责任感。

主题演讲：安排学生进行关于病毒的主题演讲，让他们在准备演讲的过程中深入了解病毒的相关知识和思政要素，提高表达能力和综合素质。

2. 实践教学

实验探究：开展与病毒相关的实验，比如病毒的培养和观察（在安全条件下），让学生亲身体验病毒的研究过程，培养他们的科学探索精神和实践能力。

社会调研：让学生进行关于公共卫生意识或病毒防控措施的社会调研，增强他们的社会责任感和实践能力。

三、教育教学效果评估

1. 多元化考核

在考核中，不仅考查学生对病毒知识的掌握程度，还应注重对思政要素的考核。可以采用考试、作业、实践报告、课堂表现等多种形式进行考核。

2. 反馈与改进

及时向学生反馈考核结果，指出他们在思政方面的优点和不足，引导学生进行自我反思和改进。同时，教师根据学生的反馈意见不断改进教学方法和内容，提高教学质量。

总之，将病毒的曲折发现及其作用价值中的课程思政要素融入教育教学中可以帮助学生树立正确的科学观、价值观和社会责任感，培养学生的科学探索精神、创新思维和辩证思维能力。

📁 **参考文献** ···

[1] 王彦芹，艾尼瓦尔·吐米尔，朱新霞，等. 生物科学类专业课程思政案例集 [M]. 北京：中国农业科学技术出版社，2023.

[2]《植物保护专业课程思政案例库》编委会. 植物保护专业课程思政案例库 [M]. 重庆：西南大学出版社，2022.

"微生物学之父"巴斯德

路易斯·巴斯德（法语 Louis Pasteur，1822 年 12 月 27 日—1895 年 9 月 28 日），法国微生物学家、化学家，被认为是微生物学的奠基人之一，常被称为"微生物学之父"。他以借生源说否定自然发生学说（自生说）、倡导疾病细菌学说（胚种学说）以及发明预防接种方法而闻名，是第一个创造狂犬病和炭疽病疫苗的科学家，被世人称颂为"进入科学王国的最完美无缺的人"。他和费迪南德·科恩以及罗伯特·科赫一起开创了细菌学，被视为"细菌学之祖"，创立了一整套独特的微生物学基本研究方法。他研究了微生物的类型、习性、营养、繁殖、作用等，把微生物研究从主要研究微生物形态转移到研究微生物生理途径上来，从而奠定了工业微生物学和医学微生物学的基础，并开创了微生物生理学。

循此前进，巴斯德在战胜狂犬病、鸡霍乱、炭疽病、蚕病等方面都取得了成果。加上英国医生约瑟夫·辛斯特向世界提出在手术中使用消毒法，据此解决了创口感染问题，从此整个医学迈进了细菌学时代，得到了空前的发展。美国学者麦克·哈特所著的《影响人类历史进程的 100 名人排行榜》中，巴斯德名列第 12 位，可见其在人类历史上的巨大影响力。其发明的巴氏消毒法直至现在仍被应用。2005 年，法国电视二台举行了"最伟大的法国人"的评选活动，巴斯德名列第二位，仅次于夏尔·戴高乐。

一、建立细菌理论

巴斯德被认为是医学史上最重要的杰出人物，他不仅是个理论上的天才，还是个善于解决实际问题的人。巴斯德一生进行了多项探索性的研究，取得了重大成果，是 19 世纪最有成就的科学家之一。他用一生的精力证明了三个科学问题：①每一种发酵作用都是由于一种微菌的发展，巴斯德发现用加热的方法可以杀灭那些让啤酒变苦的恼人微生物。很快，"巴氏消毒法"便应用在各种食物和饮料上。②每一种传染病都是一种微菌在生物体内的发展。由于发现并根除了一种侵害蚕卵的细菌，巴斯德拯救了法国的丝绸工业。③传染病的微菌在特殊的培养之下可以减轻毒力，使它们从病菌变成防病的疫苗。他意识到许多疾病均由微生物引起，于是建立起了细菌理论。

1854 年巴斯德担任里尔理科大学教授，同年 9 月被法国教育部委任为里尔工学院院长兼化学系主任，在那里他专心致力于教学并研究当地工业上所遇到的难题。当时，里尔的发酵工业蓬勃发展，也正面临着瓶颈：酒的产量逐渐变少且易变酸。当时里尔一家酒精制造工厂遇到技术问题，请求巴斯德帮助研究发酵过程，他深入工厂考察，把各种甜菜根汁和发酵中的液体带回实验室观察。巴斯德深入研究酒变酸的原因，经过多次实验结果发现，发酵液里有一种球状小体生物（后来被称为酵母菌）生长繁殖，过了不久，在菌体上长出芽体，芽体长大后脱落，又成为新的球状小体生物（后来被称为乳酸菌），在这循环不断的过程中，甜菜根汁就"发酵"了。巴斯德继续研究，弄清发酵时所产生的酒精和二氧化碳气体都是酵母分解糖得来的。这个过程即使在没有氧的条件下也能发生，他认为发酵就是让酵母无氧呼吸并控制它们的生活条件，这是酿酒的关键环节。这一理论深深地震撼了当时的社会，也引起许多人士的质疑，经巴斯德不断地深究、推导，终于向世人证明他的理论是正确的。1857年巴斯德发表的《关于乳酸发酵的记录》是微生物学界公认的经典论文。

二、其他科学贡献

1860年，法国酿酒业正遭遇着大难题：酒易变坏而难以储存和运送。巴斯德利用既有的研究成果进一步探索，发现只要在55~60℃时加热便可以杀死使酒酸败的微生物，延长酒的储存期，因而治好了法国的"酒病"。而现代的食品工业常使用巴斯德灭菌法将饮料（包括牛奶）在远低于沸点的温度下加热以避免破坏产品品质并延长储存期，后又称之为巴氏消毒法（即加热饮料灭菌）。

1882年，巴斯德被选为法兰西学院院士，同年开始研究狂犬病，证明病原体存在于患兽唾液及神经系统中，并制成活疫苗，成功地帮助人类获得了该病的免疫力。按照巴斯德免疫法，医学科学家们创造了防治若干种危险病的疫苗，成功免除了斑疹伤寒、小儿麻痹等疾病的威胁。

说到狂犬病，人们自然会想到巴斯德那段脍炙人口的故事：在细菌学说占统治地位的年代，巴斯德并不知道狂犬病是一种病，但从科学实践中他知道有传染性的物质经过反复传代和干燥会减少其毒性。于是他将含有病原的狂犬病延髓提取液多次注射兔子后，再从兔子体内提取这些减毒的液体注射狗，以后狗就能抵抗正常强度的狂犬病侵染。1885年，人们把一个被疯狗严重咬伤的9岁男孩送到巴斯德那里请求抢救，巴斯德犹豫了一会儿后就给这个孩子注射了毒性减到很低的上述提取液，然后再逐渐注射毒性较强的提取液。巴斯德的想法是希望在狂犬病的潜伏期过去之前使孩子产生抵抗力。结果巴斯德成功了，孩子得救了。1886年，他还救活了另一位因抢救被疯狗袭击的同伴而被严重咬伤的15岁牧童朱皮叶，现在记述着这位少年见义勇为和巴斯德丰功伟绩的雕塑就坐落在巴黎巴斯德研究所外。

巴斯德在1889年发明了狂犬病疫苗进行预防接种，他还指出这种病原体是某种可以通过细菌滤器的"过滤性的超微生物"。

一、课程思政要素挖掘

1. 勇于探索的科学精神

不畏权威：巴斯德在当时的科学环境下敢于挑战传统观念。他不畏惧当时主流的自然发生学说，通过严谨的实验设计和大量的研究最终推翻了这一错误理论。这种勇于挑战权威的精神可以激励学生在学习中敢于质疑，不盲目跟从既定的观点，培养独立思考和创新的能力。

坚持不懈：巴斯德的研究并非一帆风顺，他在研究过程中遇到了许多困难和挫折，但他始终坚持不懈。无论是在研究蚕病、狂犬病疫苗还是其他课题时，他都投入了大量的时间和精力，不放弃直到取得成功。这教导学生在面对困难时要有坚韧不拔的毅力，持之以恒地追求真理。

2. 强烈的社会责任感

服务人类：巴斯德的研究成果不仅仅是为了科学的进步，更是为了服务人类。他致力于解决实际问题，比如防治疾病、保护农业生产等。他研发的狂犬病疫苗拯救了无数人的生命，体现了他对人类的关爱和奉献精神。这可以引导学生树立为社会服务的意识，将所学知识应用于实际，为改善人类生活贡献自己的力量。

公共卫生意识：巴斯德的工作对公共卫生领域产生了深远的影响。他的研究促使人们更加重视卫生条件和疾病预防，提高了公众的公共卫生意识。这可以教育学生关注公共卫生问题，养成良好的卫生习惯，同时也激发他们为提高社会公共卫生水平而努力的责任感。

3. 创新思维与实践能力

跨学科研究：巴斯德的研究涉及多个学科领域，他将化学、生物学等知识融合在一起，开创了新的研究方法和领域。这种跨学科的创新思维可以启发学生拓宽知识面，打破学科界限，培养综合运用知识的能力。

实验与实践：巴斯德非常重视实验和实践，他通过大量的实验来验证自己的理论和假设。他的研究成果都是建立在扎实的实验基础之上的。这可以教育学生在学习中要注重实践，通过实验和实践来加深对知识的理解和掌握，提高自己的动手能力和解决实际问题的能力。

二、融入教育教学的方法

1. 课堂教学

故事讲述：在课堂上讲述巴斯德的生平故事和科学成就，让学生了解他的勇于探索的精神、社会责任感和创新精神。通过生动的故事激发学生的学习兴趣，同时让他们深刻体会到思政要素的内涵。

案例分析：结合巴斯德的研究案例，分析其中蕴含的科学精神、社会责任感和创新思维。例如，分析巴斯德研发狂犬病疫苗的过程，让学生了解他的实验设计、创新方法和为人类服务的精神。

小组讨论：组织学生围绕巴斯德的精神品质进行小组讨论。可以提出一些问题，比如"巴斯德的哪些品质值得我们学习""从巴斯德的故事中你得到了什么启示"等，引导学生积极思考，培养他们的团队协作能力和表达能力。

2. 实验教学

实验设计：在微生物学实验教学中，引导学生学习巴斯德的实验设计方法，培养他们的科学思维和实践能力。例如，让学生设计实验验证微生物的存在、生长条件等，体验巴斯德的实验过程。

实验探究：鼓励学生在实验中进行探究，发现问题并尝试解决问题。通过实验探究让学生体会到巴斯德在实验中不断探索的精神，提高他们的创新能力和解决实际问题的能力。

三、教育教学效果评估

1. 多元化考核

在课程考核中，除了考查学生对专业知识的掌握情况外，还应注重对思政要素的考核。可以采用多元化的考核方式，比如考试、作业、实验报告、课堂表现等，综合评价学生的学习成果。在考核内容中可以设置一些与思政要素相关的问题，比如"谈谈你对巴斯德社会责任感的理解。"等，引导学生关注思政要素，提高他们的综合素质。

2. 反馈与改进

及时向学生反馈考核结果，指出他们在思政方面的优点和不足，引导学生进行自我反思和改进。同时，教师根据学生的反馈意见不断改进教学方法和考核方式，提高教学质量。

总之，将"微生物学之父"巴斯德的课程思政要素融入教育教学中可以丰富教学内容，提高学生的学习兴趣和综合素质。通过挖掘和利用巴斯德的精神品质，培养学生的勇于探索精神、社会责任感和创新思维，为他们的未来发展奠定坚实的基础。

📁 参考文献 •··

[1] 王彦芹，艾尼瓦尔·吐米尔，朱新霞，等. 生物科学类专业课程思政案例集 [M]. 北京：中国农业科学技术出版社，2023.

案例 24

地衣结构的发现史

地衣（lichen）是植物界中一类特殊的生命形态，它不是单一的植物体，而是由藻类和菌类混合组成的共生复合体。两者关系十分密切，使地衣在形态、构造和生理上形成一个有机整体，在分类上也自成一个体系。地衣植物体的大部分由菌丝体构成，多为子囊菌，少数为担子菌。菌类则分布在复合体内部，聚合成一层或若干团，是单细胞的或丝状的绿藻或蓝藻。在生长过程中，菌类吸收水分及无机盐供给藻类，并在干燥时保护藻类的细胞不致干死；藻类进行光合作用制造的有机物质供给菌类作养料。它们之间的关系是共生关系。

大部分地衣是喜光植物，需要新鲜空气，因此在人口稠密的工业城市附近见不到地衣。地衣一般生长缓慢，但可以忍受长期干旱，干旱时就休眠，雨后恢复生长，因此可以生长在峭壁、岩石、树皮或沙漠上。地衣耐寒，因此在高山带、冻土带和两极地区也可见到。地衣生长在阴暗潮湿的峭壁和裸石上，利用它特有的地衣酸腐蚀和溶解岩石。死去的地衣经过腐化并和被它分解的岩石颗粒混合在一起，逐渐形成土壤，其他植物就可随之生长，因此地衣在土壤形成过程中起到很大的作用。地衣对空气污染非常敏感，在含极少量 SO_2 及 HF 等的空气中它们也会逐渐死亡，因此可以从地衣的存在与否、数量的多少来检测空气污染的程度。

地衣是生物大家族的重要成员，全世界有 500 多属、14500～20000 种，从赤道到两极、从高山到平原、从森林到荒漠到处都有分布，地球陆地表面约6%的面积被地衣覆盖。我国地衣种类也很丰富，约有 2000 种，主要分布在西南高山地区。地衣能忍受干旱、寒冷、紫外线等极端环境，是"大自然的拓荒者""植物王国中的开路先锋"，喜欢附生在裸露的岩石、树干、树枝以及活的植物叶片上，甚至连人造的玻璃、钢筋混凝土以及石棉上都有它的身影。地衣也是生长最慢和寿命最长的生物之一，每年的生长量有的不到 0.1 毫米，寿命长达 4500 多年。尽管地衣是先锋生物，但由于对大气污染极度敏感，在污染严重的地区已经看不到它的踪迹。地衣有五彩斑斓的颜色，是天然染料的重要来源，生物和化学实验中用以测试酸碱性的石蕊试剂（纸）就是用从地衣中提炼的色素制成的。除了重要的生态价值外，地衣在食品、医药等领域也具有潜在的开发利用价值。

一、地衣二元性的发现

在地球上，几乎到处都可见到地衣的足迹。在很长一段时间里，地衣被认为是普通的植物，和我们周边的小草大树一样。19 世纪 60 年代以前，地衣一直被科学家误认为是一类特殊而单一的绿色植物。瑞士微生物学家西蒙·施文德纳（Simon Schwendener）1867 年发现了地衣是一类特殊而奇妙的生物体，它并不是一个单一体，而是由一种真菌与一种微型藻类结伴共生的生物复合体。这一发现结束了地衣研究史上长期未能揭开的"地衣之谜"。在构成地衣的两种生物中，藻类通过光合作用和固氮作用为真菌提供营养物质，真菌则为其提供矿物质、水等。地衣的主体是由一种真菌组成，而占据小部分的是一种藻类，地衣的学名也以真菌来命名。

这一结论在生物学教科书中已经被认可，存在了 150 多年，国内外大中小学教师在平时的生物教学中也是以此为据。我们的教科书中对地衣的定义就是：多年生植物，是由真菌和藻类组合而成的复合有机体。

二、地衣三元性的发现

尽管人们已对大部分地衣的二元性有广泛了解，但是对一些地衣体内存在第三种或更多种共生生物（比如内生真菌、内生细菌）却知之甚少，这些共生物之间的关系可能相当复杂。总之，地衣以地衣体的形式存在，在许多研究中仅将其作为整体来研究，事实上地衣本身就包括了三个生物界（真菌界、原核生物界和原生生物界）的生物类群！因此在某种程度上地衣应被视为微型生物群落或生态系统。

奥地利-美国植物学家托比·斯普利比尔（Toby Spribille）运用分类学和现代分子生物学相结合的手段，于 2016 年发现地衣并不是我们认为的仅由子囊菌和藻类组成，也不是人们长久以来认为的二者共生关系，而是三种生命体的完美结合。构成地衣的第三个生命体是一种叫担子菌的真菌，它和上面两个生命体应该是三者共生的状态。虽然地衣中担子菌、子囊菌和藻类共生体的形成机制还不清楚，但这个发现改写了 100 多年来人们对地衣的认识，并对地衣概念进行了修正。相关研究结果于 2016 年 7 月 21 日在线发表在《科学》期刊上，论文标题为《子囊菌大型地衣皮层中的担子酵母菌》（*Basidiomycete Yeasts in the Cortex of Ascomycete Macrolichens*）。当然，这个伟大发现并非他一个人的成果，而是整个团队成员（包括了博物学、基因组学、显微影像学等各路专家）共同合作的结果。

据报道，斯普利比尔并没有接受过系统教育，但是他热爱科学，通过自身努力获得生物学博士学位，并且开始研究自己感兴趣的地衣。而地衣已经被认为是研究得很清楚的共生生命体，不再具有研究价值，但他没有放弃，一直坚持自己的研究，终于推翻了生物学教科书中关于地衣的传统组成学说。他证明，自施文德纳以来所有科学家们都弄错了，地衣大家族中最大、种类最多的那个类群并非两种生命体共生，而是三种生命体共生。这么长时间里居然还有另一种类型的真菌一直就隐藏在人们眼皮底下。

这一发现开始于 2011 年他对两种形态相似地衣的研究。这两种地衣是常见的枝状地衣：植物体细长而分枝，悬挂在树枝上。其中一种地衣呈黄色，能够产生一种叫作狐衣酸的强力毒素；另一种则呈深棕色，无毒素。依据传统的形态学分类，由于两者颜色和化学成分的不同，很自然地被分为两个物种。但也有人怀疑这样的划分是否正确，因为这两种地衣都是由相同的真菌和藻类组成。那是什么原因导致了它们的差异呢？斯普利比尔通过基因检测技术将这两种地衣的基因序列与其他真菌作了对比，意外发现这两种地衣中还有一种新的真菌。这种新的真菌属于"担子菌"，而不是"子囊菌"。研究还发现这种"担子菌"和狐衣酸的形成密切相关，担子菌成分越多，越有利于狐衣酸的合成。

斯普利比尔此后又将研究的地衣类群扩大到来自不同大陆、不同谱系的代表，他在几乎所有的"大型地衣"种中都能检测到担子菌的基因。不仅仅是基因测序结果的支持，他也使用荧光标记法让人们亲眼看到这个一直被忽略的第三个成员。在斯普利比尔获得的荧光显微图中，可以清楚地看到熟悉的藻类和子囊菌构成的地衣外层，菌丝向内生长，新发现的担子菌在最外层，包裹在另两位成员的周围。在这些证据面前，不得不承认由于担子菌的高超"隐身"能力，地衣科学概念需要再一次被修正：地衣是一种由三种生物共生的生命复合体，即一种地衣是由两种真菌和一种绿藻或蓝细菌构成的生命复合体。

教学分析

一、课程思政要素挖掘

1. 科学探索精神

勇于质疑：在地衣结构的发现过程中，科学家们不断质疑传统观念，敢于挑战权威。这种勇于质疑的精神可以激励学生在学习中不盲目接受既定结论，培养学生的批判性思维，让学生敢于提出自己的观点和想法。

坚持不懈：地衣结构的研究历经漫长时间，科学家们在困难和挫折面前没有放弃，持续探索。这教导学生在面对学习和生活中的难题时，要有坚韧不拔的毅力，持之以恒地追求真理。

严谨求实：在地衣结构的发现过程中，科学家们通过细致的观察、精确的实验和严谨的分析，逐步揭示了地衣的奥秘。这能培养学生在学习和研究中要秉持严谨求实的态度，注重细节，以科学的方法获取知识。

2. 合作与交流

跨学科合作：地衣结构的研究涉及植物学、真菌学等多个学科领域。科学家们通过跨学科合作，整合不同学科的知识和方法，共同攻克难题。这启示学生要具备跨学科的视野和合作精神，学会与不同专业的人合作，共同解决复杂问题。

国际交流：地衣结构的发现是全球科学家共同努力的结果，国际的学术交流和合作促进了地衣研究的发展。这可以培养学生的国际视野和开放心态，鼓励他们积极参与国际交流与合作，共同推动科学进步。

3. 生态保护意识

地衣作为生态系统的重要组成部分，对环境变化非常敏感。通过学习地衣结构的发现史，学生可以了解地衣在生态系统中的作用以及人类活动对地衣生存的影响。这可以增强学生的生态保护意识，引导他们关注环境保护，积极参与生态建设。

二、融入教育教学的方法

1. 课堂教学

故事讲述：在课堂上讲述地衣结构发现的历史故事，让学生了解科学家们的探索历程和精神品质。通过生动的故事激发学生的学习兴趣，同时让他们深刻体会到思政要素的内涵。

案例分析：结合地衣结构发现的具体案例，分析其中蕴含的思政要素。例如，分析科学家们在研究过程中的合作方式、创新思维和生态保护意识等，引导学生学习和思考。

小组讨论：组织学生围绕地衣结构的发现史进行小组讨论。可以提出一些问题，比如"地衣结构的发现对我们有什么启示""如何在学习和生活中培养科学探索精神"等，引导学生积极思考，培养他们的团队协作能力和表达能力。

2. 实践教学

实地考察：如果条件允许，可以组织学生进行实地考察，观察地衣的生长环境和形态特征，让学生亲身体验地衣的生态价值，增强他们的生态保护意识。

实验探究：开展与地衣相关的实验，比如地衣的培养和观察、地衣对环境因素的响应等。让学生在实验中感受科学探索的过程，培养他们的实践能力和创新精神。

三、教育教学效果评估

1. 多元化考核

在课程考核中，除了考查学生对地衣结构知识的掌握程度外，还应注重对思政要素的考核。可以采用考试、作业、实践报告、课堂表现等多种形式进行考核，综合评价学生的学习成果。

2. 反馈与改进

及时向学生反馈考核结果，指出他们在思政方面的优点和不足，引导学生进行自我反思和改进。同时，教师根据学生的反馈意见不断改进教学方法和内容，提高教学质量。

总之，将地衣结构的发现史中的课程思政要素融入教育教学中可以丰富教学内容，提高学生的学习兴趣和综合素质。通过培养学生的科学探索精神、合作与交流能力和生态保护意识，为他们的未来发展奠定坚实的基础。

📁 参考文献

[1] 王彦芹，艾尼瓦尔·吐米尔，朱新霞，等. 生物科学类专业课程思政案例集 [M]. 北京：中国农业科学技术出版社，2023.

[2]《植物保护专业课程思政案例库》编委会. 植物保护专业课程思政案例库 [M]. 重庆：西南大学出版社，2022.

发现 DNA 双螺旋结构的沃森
和克里克

詹姆斯·杜威·沃森（James Dewey Watson，1928 年 4 月 6 日—），美国分子生物学家，20 世纪分子生物学的带头人之一，1953 年和克里克发现 DNA 双螺旋结构，被誉为"DNA 之父"。弗朗西斯·哈利·康普顿·克里克（Francis Harry Compton Crick，1916 年 6 月 8 日—2004 年 7 月 28 日），英国生物学家、物理学家、神经科学家。沃森、克里克的共同研究方向是蛋白质的 X 射线衍射，1951 年克里克与沃森相遇，他们共同完成了一个伟大的成就，那就是揭开了 DNA 的双螺旋结构之谜。他们两人利用获得的 X 射线衍射实验的结果建构了 DNA 的精确模型，这是 20 世纪最重大的自然科学成果之一。它不仅使遗传的研究深入到分子层次，也为人类深入研究生命的基本机理和遗传信息的传递方式提供了基础。由于提出了 DNA 的双螺旋模型学说，沃森和克里克及 M. H. F. 威尔金斯一起获得了 1962 年诺贝尔生理学或医学奖。

一、DNA 双螺旋结构的发现过程

在生命科学的历史长河中，有一项发现如同一颗璀璨的明星，照亮了我们对生命本质的理解之路，那就是 DNA 双螺旋结构的揭示。而沃森和克里克这两位科学巨匠正是这一伟大发现的主角。

然而，DNA 双螺旋结构的发现却是一个复杂而曲折的过程。早在 1868 年，瑞士医生米歇尔就发现了核酸，但由于当时的技术限制，他未能解释生物遗传的多样性，从而错过了遗传物质的发现机会。20 世纪 30 年代，DNA 的化学构成便确定了，它由 4 种核苷酸的基本单位构成，而每种核苷酸又由一个碱基、一个脱氧核糖、一个磷酸基团组成，其中碱基有四种，分别是腺嘌呤、鸟嘌呤、胸腺嘧啶和胞嘧啶。20 世纪 40 年代末和 50 年代初，在 DNA 被确认为遗传物质之后，生物学家们不得不面临一个巨大难题：DNA 应该有着什么样的结构才能担当遗传的重任？它必须能够携带遗传信息，能够自我复制传递遗传信息，能够让遗传信息得到表达以控制细胞活动，并且能够突变并保留突变。这四点缺一不可，如何建构一个 DNA 分子模型解释这一切？

20 世纪 50 年代，科学界对遗传物质的本质充满了好奇，产生了巨大的探索热情。

当时，已经有一些科学家在研究 DNA 的化学组成和物理性质，但对于其结构和功能的关系还存在许多未知。恰逢这时，沃森和克里克在英国剑桥大学的卡文迪许实验室相遇，两人都坚信 DNA 是遗传信息的携带者，并且都渴望揭示其结构的秘密，于是便开始了他们的合作，其中既有个人对科学的执着追求，也得益于当时卡文迪许实验室浓厚的学术氛围以及丰富的研究资源。其实沃森和克里克的研究并非一帆风顺，他们最初提出的模型是存在错误的，但他们没有放弃，而是不断从其他科学家的研究成果中汲取灵感。

1952 年，美国化学家鲍林发表了关于 DNA 三链模型的研究报告，这种模型被称为 α 螺旋。沃森与威尔金斯、富兰克林等讨论了鲍林的模型。威尔金斯出示了富兰克林在一年前拍下的 DNA 的 X 射线衍射照片，沃森看出了 DNA 的内部是一种螺旋形的结构，他立即产生了一种新概念：DNA 不是三链结构而应该是双链结构。沃森和克里克继续循着这个思路深入探讨，极力将有关这方面的研究成果集中起来。他们根据各方面对 DNA 研究的信息和自己的研究、分析得出一个共识：DNA 应该是一种双链螺旋结构。这真是一个激动人心的发现！沃森和克里克立即行动，马上在实验室中联手开始搭建 DNA 双螺旋模型。

沃森和克里克运用中心法则来进行 DNA 分子排列：他们先提出的是碱基在外侧的三螺旋结构，后提出碱基在内侧的双螺旋结构，最后才提出碱基互补配对的双螺旋结构，并根据这个构想采取分子建模的方法解决 DNA 结构问题。一方面，在建模过程中他们把实验检验和模型调整有机地结合起来，模型由三条链到两条链，由链在内到链在外，由碱基同类配对到互补配对，主要的分子力由离子键到氢键，在每步调整过程中都考虑 X 射线衍射实验和生物化学实验的结果，使他们得以不断修正错误逐步走向正确；另一方面，科学成果是科学家合作的结果，沃森和克里克之间的合作就是两位不同国籍、不同学科的专家之间的良好合作，他们两人专业互补、配合默契，没有这种合作，单靠一人的努力是不能获得成功的。

另外，沃森和克里克与其他科学家之间也有良好的合作，比如从晶体学家威尔金斯和富兰克林那里获得了 X 射线衍射实验的清晰照片和必要数据，为他们建立模型奠定了实验基础；数学家格里菲斯对碱基受力的计算和生物化学家查伽夫关于不同类碱基的 1：1 比例的想法促使他们形成互补配对的思想；结构化学家多诺休指出他们错误地使用了碱基的化学结构式，提出了正确的酮基形式，为实现氢键的碱基互补配对提供了物质基础。

从 1953 年 2 月 22 日起开始奋战，他们夜以继日、废寝忘食，终于在 3 月 7 日将他们想象中美丽无比的 DNA 模型搭建成功了。1953 年 4 月 25 日，25 岁的沃森和 37 岁的克里克在《自然》杂志发表仅 1000 余字和一幅插图的短论文，公布他们在英国剑桥卡文迪许实验室解开了人类遗传学的秘密：DNA 是一个双螺旋结构，形状像一个长长的、轻微扭曲的梯子。

DNA 双螺旋结构是由两条反向平行的脱氧核糖核酸单链组成，这两条链通过碱基间的氢键连接在一起，形成了一个双螺旋结构。碱基 A 与 T 之间形成 2 个氢键，C 和 G 之间形成 3 个氢键，这种配对方式使得 DNA 的结构得以稳定。DNA 双螺旋结构的表面形成了两条凹沟，一条较宽称为大沟，一条较浅称为小沟，这些都是由于碱基对堆积和糖-磷酸骨架扭转造成的。

二、沃森和克里克取得成功的原因

事实上，1953 年发现 DNA 双螺旋结构的历史条件已经成熟，DNA 双螺旋结构建立的主要依据分别是：①遗传学确认遗传物质是 DNA；②生物化学对 DNA 化学结构式的研究；③X 射线晶体学对 DNA 纤维的 X 射线衍射分析；④结构化学对化学键尤其是对氢键的认识；⑤分子建模方法的应用。走到这结构大门前的人中除了沃森和克里克外，还有鲍林、富兰克林和威尔金斯。相比之下，沃森和克里克无论在晶体学或结构化学方面都是新手，研究 DNA 分子结构并非他们的任务，他们也没有做过任何 DNA 的 X 射线衍射实验来直接获得有关数据，甚至还未全面掌握探讨此问题所需的各方面知识，但是为什么 DNA 双螺旋结构既不是由结构化学奠基人、多肽 α 螺旋结构的发现者鲍林发现，也不是由取得了丰富 DNA 的 X 射线衍射实验数据的晶体学家富兰克林和威尔金斯发现，而是由沃森和克里克发现了呢？这充分说明，科技创新与正确的科学方法和良好的科学合作以及深邃的科学洞察力和执着探索精神是分不开的。

当然，沃森和克里克的成功并非偶然，他们的科学方法和精神值得我们学习和借鉴。他们善于整合和利用多学科的知识和技术，将化学、物理学和生物学的知识融会贯通，为解决 DNA 结构问题提供了全新的视角。他们具有强烈的创新精神和敢于挑战权威的勇气。在当时，许多科学家认为蛋白质是遗传物质，而沃森和克里克能够突破传统观念，坚定地探索 DNA 的结构和功能。他们还展现了坚持不懈、勇于修正错误的品质。在研究过程中，他们经历了多次失败和挫折，但始终保持对科学真理的追求，不断改进和完善自己的模型。

三、发现 DNA 双螺旋结构的意义

DNA 双螺旋结构的发现不仅推动了分子生物学的发展，也为基因组学、生物工程等领域的发展奠定了基础。通过对 DNA 的研究，科学家们能够更好地理解生命的本质并发现和研究新的治疗方式和预防措施，这将改善我们的医疗和生活质量。此外，DNA 双螺旋结构的发现也是人类智慧的象征，它揭示了生命的基本规律，为人类探索生命奥秘提供了重要的线索。

DNA 双螺旋结构的发现是生物学史上的一个里程碑：从科学角度来看，它揭示了遗传信息的存储和传递方式。碱基互补配对原则解释了 DNA 如何进行复制，保证了遗传信息的精确传递。这一发现为分子生物学的发展奠定了基础，推动了遗传学、生物化学等相关领域的快速进步。在医学和生物技术方面，对 DNA 结构的理解使得基因工程、疾病诊断和治疗等领域取得了突破性的进展。例如，基因治疗就是基于对 DNA 结构和功能的深入认识，通过修复或替换有缺陷的基因来治疗疾病。而在更广泛的层

面上，DNA 双螺旋结构的发现改变了我们对生命的认识。它让我们明白生命的复杂性和精妙性是建立在分子水平上的有序结构和规律之上的，激发了人们对生命奥秘的更深层次的探索。

此外，沃森和克里克对于 DNA 双螺旋结构的发现成为生物学教学的重要内容，激发了无数年轻人对生命科学的兴趣和追求，培养了一代又一代的科学家，继续在生命科学领域开拓创新。同时，在科学研究方面，它开启了分子生物学的新时代。后续的科学家们在沃森和克里克的基础上，深入研究了 DNA 的复制、转录、翻译等过程以及基因表达调控、基因突变等重要问题。

教学分析

一、课程思政要素挖掘

1. 勇于探索的科学精神

沃森和克里克在解析 DNA 双螺旋结构的过程中不畏困难，勇于挑战未知领域。他们敢于突破传统观念，大胆假设、小心求证，展现出了强烈的探索精神。这种精神可以激励学生在学习和研究中勇于尝试新方法、新途径，不断开拓创新。

他们在面对复杂的科学问题时，坚持不懈地进行探索，历经多次失败仍不放弃。这教导学生在面对困难和挫折时要有坚韧不拔的毅力，持之以恒地追求真理。

2. 合作共赢的团队意识

沃森和克里克的成功离不开他们之间的密切合作。两人优势互补，共同攻克难题，体现了团队合作的重要性。在教学中可以引导学生认识到团队合作的力量，培养学生的团队协作精神和沟通能力。

他们还与其他科学家进行交流与合作，汲取他人的智慧和经验。这启示学生要学会与他人合作，尊重不同的观点和意见，共同推动科学进步。

3. 严谨求实的科学态度

沃森和克里克在研究过程中始终保持严谨的科学态度。他们对实验数据进行仔细分析，不断修正自己的假设，确保研究结果的准确性和可靠性。这种严谨求实的态度可以培养学生在学习和研究中注重细节、以科学的方法获取知识的能力。

他们的研究成果也经过了严格的验证和审查，体现了科学的严谨性。这可以教育学生在学术研究中要遵守科学规范，不弄虚作假，树立正确的学术道德观念。

4. 对科学的热爱与执着

沃森和克里克对科学充满了热爱，他们将自己的全部精力投入DNA结构的研究中。这种对科学的热爱可以激发学生的学习兴趣和内在动力，让他们明白只有对所学专业充满热情，才能在学习和研究中取得优异的成绩。

他们的执着追求也体现了科学家的使命感和责任感。可以引导学生认识到科学研究的意义和价值，培养他们为科学事业奉献的精神。

二、融入教育教学的方法

1. 课堂教学

故事讲述：在课堂上讲述沃森和克里克解析 DNA 双螺旋结构的故事，让学生了解他们的探索历程和精神品质。通过生动的故事激发学生的学习兴趣，同时让他们深刻体会到思政要素的内涵。

案例分析：结合沃森和克里克的研究案例，分析其中蕴含的思政要素。例如，分析他们在合作过程中的沟通技巧、在面对困难时的解决方法等，引导学生学习和思考。

小组讨论：组织学生围绕沃森和克里克的精神品质进行小组讨论。可以提出一些问题，比如"沃森和克里克的成功给我们带来了哪些启示""在学习和生活中，如何培养自己的科学精神"等，引导学生积极思考，培养他们的团队协作能力和表达能力。

2. 实践教学

实验探究：开展与 DNA 结构相关的实验，让学生亲身体验科学研究的过程。在实验中培养学生的科学精神和实践能力，同时让他们体会到沃森和克里克在研究中的艰辛和付出。

项目研究：组织学生进行小型的科研项目研究，让他们在团队合作中解决实际问题。通过项目研究培养学生的团队合作精神、创新能力和科学态度。

三、教育教学效果评估

1. 多元化考核

在课程考核中，除了考查学生对 DNA 结构知识的掌握程度外，还应注重对思政要素的考核。可以采用考试、作业、实践报告、课堂表现等多种形式进行考核，综合评价学生的学习成果。

2. 反馈与改进

及时向学生反馈考核结果，指出他们在思政方面的优点和不足，引导学生进行自我反思和改进。同时，教师根据学生的反馈意见不断改进教学方法和内容，提高教学质量。

总之，将"发现 DNA 双螺旋结构的沃森和克里克"的课程思政要素融入教育教学可以丰富教学内容，提高学生的学习兴趣和综合素质。通过挖掘和利用沃森和克里克的精神品质培养学生的勇于探索、合作共赢、严谨求实和对科学的热爱与执着等品质，为他们的未来发展奠定坚实的基础。

📁 **参考文献** •••

[1] 王彦芹，艾尼瓦尔·吐米尔，朱新霞，等. 生物科学类专业课程思政案例集 [M]. 北京：中国农业科学技术出版社，2023.

[2]《植物保护专业课程思政案例库》编委会. 植物保护专业课程思政案例库 [M]. 重庆：西南大学出版社，2022.